Grundlagen probabilistischer Zurechnung im Strafrecht

Frankfurter kriminalwissenschaftliche Studien

Bd./Vol. 85

PETER LANG
Frankfurt am Main · Berlin · Bern · Bruxelles · New York · Oxford · Wien

Jörg Ziethen

Grundlagen probabilistischer Zurechnung im Strafrecht

PETER LANG
Europäischer Verlag der Wissenschaften

Bibliografische Information Der Deutschen Bibliothek
Die Deutsche Bibliothek verzeichnet diese Publikation in der Deutschen Nationalbibliografie; detaillierte bibliografische Daten sind im Internet über <http://dnb.ddb.de> abrufbar.

Zugl.: Frankfurt (Main), Univ., Diss., 2004

D 30
ISSN 0170-6918
ISBN 3-631-52822-1

www.peterlang.de

Meinen Eltern

Vorwort

Von ›probabilistischer Kausalität‹ zu sprechen, heißt, ein Unwort zu gebrauchen. Wenn man kritischen Zungen Glauben schenkt, so ist die Rede von probabilistischer Kausalität so »sinnlos« wie das Sprechen von einem »gegrillten Schneeball«. Nun, in dieser Arbeit werden Schneebälle gegrillt. Es geht um die Grundlage für die einheitliche Beschreibung deterministischer und indeterministischer Geschehensverläufe zum Zwecke der Zurechnung im Strafrecht. Dies geschieht nicht aus Freude an einem absurden akademischen Barbecue. Vielmehr geht es in einem ganz traditionellen wissenschaftstheoretischen Sinne darum, zwischen Bestehendem (der deterministisch-kausalen Zurechnungsdogmatik) und Phänomen (der Zurechnung trotz Fehlen deterministisch-kausalen Gesetzeswissens) eine Synthese zu schaffen, die vom Fundament her konzipiert ist: den Grundbegriffen der Zurechnung. In diesem Sinne handelt der folgende Beitrag von den ›Grundlagen probabilistischer Zurechnung‹.

Die Arbeit wurde im Wintersemester 2003/04 dem Fachbereich Rechtswissenschaft der Johann Wolfgang Goethe-Universität in Frankfurt am Main als Dissertation vorgelegt. Rechtsprechung und Literatur sind bis Ende 2003 berücksichtigt.

Für wertvolle Hinweise und Anregungen sowie für die umfassende und vorbildliche Betreuung danke ich Herrn Professor Dr. Ulfrid Neumann. Er hat diese Arbeit als Doktorvater in jeder Phase ihrer Entstehung mit großer Fürsorge bedacht und maßgeblich vorangebracht. Danken möchte ich auch dem Zweitgutachter Herrn Professor Dr. Klaus Günther für sein elaboriertes und zügiges Votum.

Gerne sage ich schließlich den Helfern in der zweiten Reihe Dank, die mich bei der Entstehung dieser Arbeit ausdauernd unterstützt haben. Ohne ihre Hilfe hätte ich an mancher steilen Wegstrecke Sisyphos die Hand gereicht. Ich danke daher der Studienstiftung des deutschen Volkes, die mich durch weite Teile des Promotionsstudiums mit einem Stipendium ausgestattet hat; ich danke meinem Vater, der in unzähligen Gesprächen seinen scharfen analytischen Verstand in den Dienst so vieler für ihn fachfremder Fragen gestellt hat; ich danke Herrn Privatdozent Dr. Frank Saliger, der viele seiner Arbeitspausen meinen Problemchen und Problemen zu widmen bereit war; ich danke schließlich Frau Dr. Natascha Doll, die mich ermunterte, anspruchsvollen Fragen die ihnen gebührende Zeit zu widmen.

Frankfurt a.M., im Juli 2004 *Jörg Ziethen*

Inhaltsverzeichnis

»Für das Strafrecht gibt es keine andere Grundlage als den Determinismus.«
FRANZ v. LISZT

I. Einführung

Die vorliegende Arbeit befasst sich mit der Frage nach der Zurechnung probabilistisch bewirkter Erfolge im Strafrecht. Sie möchte der strafrechtswissenschaftlichen Diskussion durch die folgenden beiden Beiträge dienen: Zum einen soll ein einheitlicher theoretischer Vorstellungsraum für deterministische und indeterministische Geschehensverläufe etabliert werden. Zum anderen sollen innerhalb dieses Vorstellungsraums die deskriptiven Grundbegriffe der Zurechnung begründet werden.

Zu diesem Zweck gliedert sich die vorliegende Untersuchung folgendermaßen: Im Anschluss an die Einführung (I) erfolgt die Auseinandersetzung mit dem Stand der Diskussion. In deren Verlauf wird zugleich die Notwendigkeit begründet, sich mit der Zurechnung probabilistisch bewirkter Erfolge zu befassen (II). Dem folgt die Erörterung der empirischen und dogmatischen Voraussetzungen des hier vertretenen probabilistischen Lösungsansatzes (III). Anschließend wird ein Vorschlag für die Systematisierung der Konstellationen probabilistischer Zurechnung entwickelt (IV). Schließlich werden die wesentlichen Ergebnisse der Diskussion zusammengefasst (V).

Im Einzelnen wird dabei die Thematik folgendermaßen abgehandelt: In die Untersuchung führt ein von Koriath diskutiertes akademisches Fallbeispiel ein, mit Hilfe dessen sich die in der strafrechtsdogmatischen Auseinandersetzung anzutreffenden Lösungsstrategien veranschaulichen lassen (II, 1). Diese Lösungsstrategien werden im Anschluss diskutiert. Dabei zeigt sich, dass der klassische deterministische Ansatz unzureichend ist (II, 2). Die Alternative hierzu besteht in Lösungen, welche auf wahrscheinlichkeitstheoretischen Überlegungen beruhen.

Im Hinblick auf diese lassen sich grundsätzlich eine abstrahierende, auf die Gesamtheit eines Zufallsvorgangs bezogene ›statistische‹ Konzeption und eine konkretisierende, auf den einzelnen Zufallsvorgang bezogene ›probabilistische‹ Konzeption unterscheiden. Von den beiden Alternativen wird in der Arbeit die zweitgenannte favorisiert. Dies beruht darauf, dass sich der statistische Ansatz als nicht hinreichend generalisierungsfähig und überdies als wertungswidersprüchlich erweist (II, 3). Dem gegenüber ist der probabilistische Lösungsansatz auf der Grundlage der Risikoerhöhungstheorie seit Längerem gut etabliert und konzeptionell überzeugend (II, 4). Seiner Ausgestaltung gilt daher das Interesse im Folgenden. Zu diesem Zweck werden die metaempirischen und metadogmatischen Grundlagen der probabilistischen Zurechnung mit dem Ergebnis erörtert, dass Determinismus und Indeterminismus als gleichberechtigte Eigenschaften empirischer Modelle zu akzeptieren sind (III, 1). Entsprechend konkretisiert sich das Interesse auf die Dogmatisierung des probabilistischen Begriffs des Bewirkens (III, 2). Die Grundlage hierfür bildet das aus der Erkenntnistheorie Stegmüllers stammende Modell diskreter Zustandssysteme (IV, 1), welches zur Erweiterung von Engischs Theorie der gesetzmäßigen Bedingung herangezogen wird. Aus der Synthese beider Theorien ergibt sich eine einheitliche Vorstellung deterministischer und indeterministischer Abläufe, von der ausgehend vier Grundkonstellationen probabilistischer Zurechnung unterschieden werden können (IV, 2). Im Schlussteil der Arbeit werden schließlich Einzelfragen diskutiert, die sich aus dieser Differenzierung ergeben (IV, 3).

Insgesamt gelangt die vorliegende Untersuchung zu dem folgenden Ergebnis: Entgegen der herrschenden Zurechnungsdogmatik kann in Konstellationen probabilistischen Bewirkens die Zurechnung erfolgen, wenn der Handelnde den Geschädigten von der autonomen Risikoverwaltung verdrängt hat. Daraus resultiert im Allgemeinen die Verantwortlichkeit aus einem Verletzungstatbestand. Entgegen der Risikoerhöhungslehre stützt sich diese Verantwortlichkeit aber nicht bereits auf die im Verhalten liegende Wahrscheinlichkeitserhöhung als solche.

Vielmehr bedarf es einer von der Handlung zum Erfolg reichenden durchgängigen Gefahrsteigerung, zu deren Nachweis es grundsätzlich sowohl einer Modellvorstellung über den sukzessionsgesetzlichen Zusammenhang von Handlung und Erfolg als auch der Feststellung des konkreten Ereignisverlaufs im Einzelfall bedarf.

II. Problemstellung

Das folgende Kapitel dient der Einführung in den Gegenstand der Untersuchung. Zunächst wird die Problematik der Zurechnung probabilistischer Erfolge anhand eines einführenden Beispiels erläutert (II, 1). Aus der Diskussion dieses Beispiels gehen drei unterschiedliche Lösungsansätze hervor, mit deren näherer Kritik sich die nachfolgenden Abschnitte (II, 2 bis II, 4) im Einzelnen befassen. Im Vordergrund steht dabei die Frage der Generalisierbarkeit, die im Hinblick auf eine einheitliche Grundlegung der Zurechnung probabilistischer Erfolge konstitutiv ist. Die Diskussion führt zu dem Ergebnis, dass von den anhand des Beispiels aufgezeigten Lösungswegen nur der probabilistische Ansatz erfolgversprechend zu beschreiten ist.

1. Einführendes Beispiel

Zur strafrechtlichen Tatbestandslehre im Engeren gehört die Lehre vom objektiven Unrechtstatbestand. Folgt man den überwiegenden Stimmen im Schrifttum sowie der Praxis, so ist für den objektiven Unrechtstatbestand die Frage konstitutiv, ob ein gewisses sozialschädliches Ereignis (Erfolg) einer gewissen Person als ›ihr Werk‹ zugeschrieben werden kann.[1] Die Beantwortung dieser Frage erfolgt gewöhnlich in zwei Stufen (Kausalität und objektive Zurechnung): Zunächst wird untersucht, ob der Erfolg ursächlich auf eine Handlung jener Person zurückzuführen ist. Anschließend wird untersucht, ob dieser Kausalzusammenhang bestimmten normativen Kriterien genügt. Die Zuschreibung des Erfolgs gelingt, wenn ein Kausalzusammenhang vorliegt und unter normativen Gesichtspunkten keine Kontraindikation gegen die Zurechnung besteht.

1 Vgl. den bibliographisch fast erschöpfenden Nachweis bei Haas *Kausalität und Rechtsverletzung* 139.

Entsprechend der positiven Indizwirkung der Kausalität für die Qualifikation des Erfolgs als Werk des Handelnden hat die Dogmatik verschiedene Ansätze zur Begründung des Kausalzusammenhangs hervorgebracht. Namhaft etabliert sind bekanntlich vor allem die von der Rspr. favorisierte[2] Condicio sine qua non-Formel sowie die im Schrifttum bevorzugte[3] Formel der gesetzmäßigen Bedingung. Dem gegenüber fehlt den Regeln der ›objektiven Zurechnung‹ eine vergleichbare formelmäßige Darstellung.[4] Vielmehr ist die Lehre ist damit befasst, Fallgruppen, bei denen die Verantwortlichkeit für den Erfolg trotz Kausalität verneint werden soll, auf einheitliche Prinzipien zurückzuführen.[5] Kleinster gemeinsamer Nenner der in Literatur und Praxis herrschenden Dogmatik ist dabei die Akzessorietät des Erfolgseintritts zu dem durch die Handlung begründeten Normverstoß: Die Handlung muss gerade auf Grund derjenigen Eigenschaft, welche ihre Rechtswidrigkeit begründet, für den Erfolg ursächlich sein. Dies bedeutet kehrseitig, dass das zur Handlung alternative rechtmäßige Verhalten sich als ›Entscheidung gegen den Erfolg‹ darstellen lässt, welche der Handelnde ausgeschlagen hat. Dogmatisch manifestiert sich diese Überlegung, die auf eine symmterische Antithese von Unrecht und Erfolg einerseits und Recht und Nichterfolg anderseits zielt, in der Frage, ob bei ›rechtmäßigem Alternativverhalten‹ der Erfolg ›mit an Sicherheit grenzender Wahrscheinlichkeit‹ ausgeblieben wäre.[6]

Die Beantwortung eben dieser Frage bereitet bei probabilistischen Schadensereignissen regelmäßig ein Problem. Veranschaulicht werden kann

2 St.Rspr. Grundlegend RG*St 1*, 373; zuletzt RG*St 77*, 17; nachfolgend BGH*St 1*, 332. Weitere Nachweise bei Lenckner *Sch/Sch Vor § 13* Rn 73.

3 Vgl. statt vieler: Jescheck/Weigend *AT* § 28 II 4; Roxin *AT/1* § 11 Rn 14; Lenckner *Sch/Sch Vor § 13* Rn 75f.

4 So auch Gropp *AT § 5* Rn 42.

5 Insbesondere die Risikoverringerung, das Fehlen eines ›rechtlich relevanten Risikos‹, das Fehlen eines ›Risikozusammenhangs‹, das Fehlen eines ›Pflichtwidrigkeitszusammenhangs‹ sowie die Zurechnungsverlagerung auf den Geschädigten selbst oder Dritte; vgl. Gropp *a.a.O.*

dies an dem folgenden, von Koriath im Zusammenhang von ›Kausalität und Zurechnung‹ formulierten Beispiel[7]: Man nehme an, ein Würfel werde derart manipuliert, dass eine bestimmte Augenzahl, z.B. die ›sechs‹[8], relativ häufiger (aber nicht notwendig mit Gewissheit) gewürfelt wird, als es bei einem regulären Würfel der Fall ist. Geht man davon aus, dass nur die Verwendung eines regulären Würfels ordnungsgemäß ist, so ergibt sich – abgesehen von der Hyperbolie des Unwerts –, dass das Werfen des manipulierten Würfels eine ›Unrechtshandlung‹ darstellt. Bringt nun diese Unrechtshandlung einen Sechserwurf als Erfolg hervor, so stellt sich folglich die Frage nach dessen Zurechnung. Diese Frage ist gemäß dem eingangs skizzierten zweistufigen Konzept der herrschenden Dogmatik, differenziert, aber im Ergebnis negativ, zu beantworten: Zunächst kann in Übereinstimmung mit den üblichen Kausalformeln die Kausalität der Handlung für den Erfolg positiv festgestellt werden[9]. Denn es ergibt sich sowohl gemäß der Condicio sine qua non-Formel, dass ohne die Handlung (das Werfen des Würfels) der Erfolg ausgeblieben wäre (weil überhaupt kein Wurfereignis stattgefunden hätte), als auch ist gemäß der Formel der gesetzmäßigen Bedingung das Bestehen eines naturgesetzmäßigen Zusammenhangs zwischen dem Werfen des Würfels und seiner Ruheposition zu bejahen

6 Jakobs *AT* 7/12; Jescheck/Weigend *AT* § 28 II 4; Kühl *AT § 4* Rn 22; Lenckner *Sch/Sch Vor § 13* Rn 75; Roxin *AT/1 § 11* Rn 1; Rudolphi *SK Vor § 1* Rn 41. Weitere Nachweise bei Haas *Kausalität und Rechtsverletzung* 154.

7 Das Beispiel folgt Koriath *Grundlagen strafrechtlicher Zurechnung* 478.

8 Koriath wählt ohne Unterschied in der Sache die Augenzahl ›drei‹. Die hiesige Konkretisierung auf die Augenzahl ›sechs‹ begründet sich mit der Anschaulichkeit der Fortführung des Beispiels (Verwendung des Würfels in einem Gewinnspiel).

9 Anders hingegen Koriath *a.a.O.* 478: »Ist man […] berechtigt zu sagen, die Ursache dafür, daß ich im Wurf eine [›sechs‹] gewürfelt habe, liegt in der nämlichen Manipulation des Würfels? Ich glaube, das ist nicht der Fall, denn durch die Manipulation ist wohl eine Abweichung von der statistischen Normalverteilung wahrscheinlicher geworden; aber diese Erhöhung der Wahrscheinlichkeit ist keine *Determination* eines *individuellen* Ereignisses […]« (Hervorh. a.a.O.; Erg. J.Z.; zur Erg. vgl. auch vorstehend Fn. 8).

(allerdings ohne dass dieser gesetzmäßige Zusammenhang explizit gemacht werden könnte, denn allgemein ist das Ergebnis eines Würfelwurfs nicht aus bestehenden Kausalgesetzen zu deduzieren). Dem gegenüber begründet die sich im zweiten Schritt anschließende Frage nach der Zurechenbarkeit des Erfolgs die insgesamt negative Antwort. Den Ausschlag hierfür gibt der Mangel an Exklusivität von rechtmäßigem Alternativverhalten und Erfolg: Die tatsächlich vollzogene Handlung ist nur deshalb unrechtmäßig, weil ein *irregulärer* Würfel geworfen wurde. Demnach hätte sich der Handelnde für das Recht entscheiden können, wenn er sich eines regulären Würfels bedient hätte. Indessen ist es beim Werfen eines regulären Würfels keineswegs gewiss, dass der Erfolg ausgeblieben wäre. Denn der Wurf einer ›sechs‹ ist mit einem regulären Würfel nicht unmöglich, sondern zu einem Sechstel wahrscheinlich. Die Frage, ob bei rechtmäßigem Alternativverhalten der Erfolg mit an Sicherheit grenzender Wahrscheinlichkeit vermieden worden wäre, muss daher verneint werden. Daraus folgt nach Maßgabe der herrschenden Dogmatik im Ergebnis, dass die Manipulation keinen zurechenbaren Erfolg hatte.

Nimmt man dieses Ergebnis zunächst hin, so impliziert es bei schematischer Anwendung im Besonderen, dass der Gebrauch des manipulierten Würfels bei einem Gewinnspiel (bei dem exemplarisch zwei Spieler gegen Geld unter Verwendung jeweils eines eigenen Würfels so lange würfeln, bis einer von beiden eine höhere Augenzahl erzielt) keinen vollendeten Betrug begründen kann, weil es an einem zurechenbaren Schaden fehlt: Jedes Mal, wenn dem unredlichen Spieler, welcher den manipulierten Würfel gebraucht, auf Grund eines Sechserwurfs ein Gewinn auskehrt wird, gilt es zu beachten, dass er auch mit einem regulären Würfel einen Gewinnwurf hätte erzielen können. – Gegen dieses augenscheinlich fragwürdige Ergebnis regt sich indessen Widerstand. Denn es erscheint nicht ohne weiteres plausibel, dass dem unredlichen Spieler seine ursprüngliche Gewinnchance auch nach der Manipulation zu Gute kommen sollte, zumal offenbar ist, dass sich die Manipulation bei irgendeinem Wurf ergebniserheblich niederschlagen wird.

Schließlich erscheint bereits die Schaffung der für den redlichen Spieler unfairen Gewinnchance rechtswidrig.

Präzisiert man diese Einwände, so eröffnen sich zur Abwendung des negativen Ergebnisses die folgenden drei Lösungswege: (1) Als Schaden des getäuschten Mitspielers wird nicht erst der Verlust seines Spieleinsatzes durch die Auskehrung an den unredlichen Spieler angesehen, sondern bereits sein Einsatz zu einem Spiel, bei welchem die Gewinnchance geringer ist, als er hat annehmen dürfen. Der ›Erfolg‹ des unredlichen Spielers besteht also darin, dass er seinen Mitspieler eine minderwertige Gewinnchance erwerben lässt, die dieser ohne die Täuschung über die Verwendung des manipulierten Würfels nicht zu erwerben bereit gewesen wäre. – (2) Man verzichtet darauf, bei jedem einzelnen verlorenen Spiel danach zu fragen, ob der redliche Mitspieler auch bei Verwendung eines regulären Würfels unterlegen gewesen wäre, sondern begnügt sich mit der Feststellung, dass dies für *irgendein* gewonnenes Spiel mit an Sicherheit grenzender Wahrscheinlichkeit‹ auszuschließen ist. – (3) Man begnügt sich mit der Feststellung, dass die Manipulation am Würfel die Wahrscheinlichkeit für einen Sechserwurf erhöht hat, so dass dem unredlichen Spieler auf Grund der positiven Wahrscheinlichkeitsdifferenz *jeder einzelne* Sechserwurf zugerechnet wird.

Hinter diesen Lösungswegen stehen die folgenden Überlegungen: Der erstgenannte Ansatz zielt darauf hin, die indeterministische Verzweigung des Geschehens (konkret: das jeweilige Werfen des Würfels) aus der Betrachtung gewissermaßen auszuklammern. Dies geschieht in unmittelbarer Anlehnung an den Tatbestand des Betrugs durch die Vorverlagerung des Schadens, so dass sich im Ergebnis das relevante deliktische Geschehen auf einen deterministischen Handlungsstrang verkürzt (von der Täuschung über die Qualität des Würfels bis zum Leisten des Spieleinsatzes). In Ansehung dessen kann der erstgenannte Ansatz anschaulich als ›deterministischer Lösungsansatz‹ bezeichnet werden. Sein Charakteristikum besteht darin, dass er die Schwierigkeiten bei der Anwendung der eingangs benannten Zurechnungsregeln durch die Vorverlagerung des Erfolgs umgeht.

Der zweitgenannte Ansatz zielt hingegen darauf hin, die Prämisse der Exklusivität von rechtmäßigem Alternativverhalten und Erfolg einer abstrahierenden Interpretation zu unterwerfen, welche die Betrachtung von der Ebene des konkreten Geschehens ablöst. ›Erfolg‹ ist in diesem Sinne nicht das einzelne Wurfereignis (Erzielen einer ›sechs‹ im Wurf X), sondern die im Ganzen erhöhte Anzahl von Wurfereignissen bestimmter Art. Diese Abstraktion erlaubt es, die Antwort auf die Frage nach der Erfolgstauglichkeit des rechtmäßigen Alternativverhaltens auf eine statistische Aussage zu stützen, die – wenn sie im Grenzbereich zur Gewissheit liegt – die im indeterministischen Geschehen begründete tatsächliche Unsicherheit überwindet.[10] Angesichts dieser Methode wird der zweitgenannte Weg im Folgenden ›statistischer Lösungsansatz‹ genannt.

Der drittgenannte Weg beruht dem gegenüber auf dem Gedanken, das ursprünglich anvisierte schädigende Ereignis (konkret: den Wurf der Augenzahl ›sechs‹ im Wurf X) als ›Erfolg‹ im Sinne der dogmatischen Betrachtung zu erhalten. Dies grenzt ihn vom statistischen Lösungsweg ab. Statt dessen hat er mit dem deterministischen Ansatz gemeinsam, dass die Betrachtung auf der Ebene des konkreten Geschehens verbleibt. In Abkehr von den beiden erstgenannten Ansätzen tritt der drittgenannte Ansatz jedoch mit der Prämisse der Exklusivität von rechtmäßigem Alternativverhalten und Erfolg in unmittelbaren Konflikt. Denn an die Stelle der Frage danach, ob der Erfolg mit an Sicherheit grenzender Wahrscheinlichkeit ausgeblieben wäre, tritt die Frage, ob die Handlung das Risiko des Eintritts des Erfolgs erhöht hat. Weil diese Frage auf das Bestehen einer positiven Wahrscheinlichkeitsdifferenz

---

10 Exemplarisch ergibt sich für den Fall, dass unter zwölf Würfen des irregulären Würfels sechsmal die ›sechs‹ erzielt wird, eine Wahrscheinlichkeit von über 99% dafür, dass wenigstens eine ›sechs‹ bei Verwendung eines regulären Würfels nicht erzielt worden wäre. Vgl. dazu die Berechnung im Anhang I (S. 169).

abzielt, kann daher vom drittgenannten schließlich als dem ›probabilistischen Lösungsansatz‹ gesprochen werden.

Ausgehend hiervon befasst sich die Untersuchung im Folgenden mit der Diskussion der drei benannten Lösungsansätze. Dabei wird nach dem Gesichtspunkt fortschreitender Relevanz für den weiteren Gang der Untersuchung zunächst der deterministische Lösungsansatz als der Ansatz des geringsten Interesses erörtert. Ihm folgt der statistische Lösungsansatz. Schließlich wird der probabilistische Lösungsansatz diskutiert.

2. Deterministischer Lösungsansatz

Abschnitt II, 2 befasst sich daher mit der Diskussion des deterministischen Lösungsansatzes. Zu diesem Zweck erfolgt zunächst die Auseinandersetzung mit dem Eingangsbeispiel. Das Ziel der Diskussion besteht darin, den Grundgedanken des deterministischen Lösungsansatzes näher zu entwickeln (2.1). Dem folgt die Erörterung der Theorie der schadensgleichen Vermögensgefährdung beim Betrug als der am meisten fortgeschrittenen Generalisierung des deterministischen Ansatzes in der wissenschaftlichen Diskussion (2.2). Schließlich wird der deterministische Ansatz der Kritik unterzogen. Die Kritik führt zu dem Ergebnis, dass der deterministische Lösungsansatz nicht hinreichend verallgemeinerungsfähig ist, um als Grundlage für eine einheitliche Theorie der Zurechnung probabilistischer Erfolge zu dienen (2.3).

2.1 Diskussion des Beispiels

Die grundlegende Idee des deterministischen Lösungsansatz besteht in der Reduktion des insgesamt indeterministischen Geschehens auf einen deterministisch-kausalen Handlungsstrang durch die Vorverlagerung der Erfolgs. Der Vorteil der Reduktion besteht darin, dass auf einen deterministisch-kausalen Handlungsstrang die eingangs bezeichneten Regeln der Zurechung im Grundsatz problemlos zur Anwendung gebracht werden können. In Ansehung des Beispiels bedeutet dies konkret: Verkürzt man das deliktische Geschehen im Würfelbeispiel auf die Täuschung über die Verwendung eines manipulierten Würfels und das Leisten des Einsatzes zum Spiel, so ist es möglich, die folgenden Feststellungen zu treffen: Die Täuschung über die Eigenschaften des Würfels induziert beim redlichen Mitspieler einen Irrtum über seine Gewinnchance, und der Irrtum motiviert seinerseits die Bereitschaft, sich am Spiel zu beteiligen. Folglich kann im Hinblick auf den Betrugstatbestand zunächst festgestellt werden, dass die Täuschung über die Fairness des Würfels (Unrechtshandlung) in der Vermögensverfügung durch Leisten des Spieleinsatzes kausal wirklich ist. Fernerhin gilt – abgesehen von der Frage, ob das Würfelspiel um Geld öffentlich-rechtlichen Vorschriften genügt –, dass es bei rechtmäßigem Alternativverhalten, also der Anzeige, dass der Würfel zu Gunsten des ›sechs‹ verändert worden ist, *mit Sicherheit* nicht zu einem Spiel gekommen wäre, bei welchem der redliche Spieler den tatsächlich getätigten Einsatz geleistet hätte.

Die Reduktion des indeterministischen Geschehensverlaufs auf einen deterministisch-kausalen Handlungsstrang ist jedoch nur dann zielführend, wenn das in der Betrachtung verbleibende Geschehen für sich genommen noch tatbestandliche Qualität hat. Für das Würfelbeispiels bedeutet dies konkret gesprochen: Zum Tatbestand des Betrugs ist nicht nur das Vorliegen einer Vermögensverfügung erforderlich, sondern auch ein auf dieser Vermögensverfügung zurechenbar beruhender Schaden. Zu fragen ist daher im Weiteren, ob der redliche Spieler durch das Leisten des getätigten Einsatzes auch einen Schaden erlitten hat. Hierfür spricht in Ansehung des Beispiels die folgende Überlegung: Zum Vermögen als dem Schutzgut des Betrugstatbestands gehören nach allgemeiner Ansicht nicht nur dingliche Rechtspositionen, sondern auch tatsächliche Anwartschaften, sofern sie hinreichend bestimmt sind[11]. Diese werden im Rechtsverkehr, namentlich bei Spekulationsgeschäften, durchaus auch geldwert bemessen. Ein Schaden kann daher im Besonderen aus einer negativen Differenz zwischen der Leistung des Geschädigten und der von ihm erworbenen, mit einer Gewinnchance verbundenen Gegenleistung resultieren.

---

11 Cramer *Sch/Sch § 263* Rn 87.

Bezugnehmend auf das Beispiel konkretisiert sich dieser Gedanke wie folgt: Die Leistung des redlichen Spieler besteht darin, dass er seinen Einsatz (der Anschaulichkeit wegen exemplarisch: ein Geldstück) in den ›Pool‹ einbezahlt.[12] Vor dem Leisten des Einsatzes hatte er also Besitz und Eigentum an diesem Geldstück inne. Der wirtschaftliche Wert dieser Vermögensposition entspricht dem Nominalbetrag des Geldstücks (exemplarisch: 1 Währungseinheit). Mit dem Einsatz erwirbt der redliche Spieler hingegen eine aufschiebend bedingte Übereignungsofferte[13], die auf die im Pool befindlichen Münzen im Wert von zwei Einheiten gerichtet ist. Der Wert dieser Vermögensposition entspricht dem Produkt aus der Wahrscheinlichkeit für die Realisierung der Bedingung, unter welcher die Übereignungsofferte des Mitspielers steht, und dem Wert der bedingten Offerte[14], im Falle der Verwendung eines fairen Würfels also $½ \cdot 2 = 1$ Währungseinheit, im Falle der Verwendung des manipulierten Würfels hingegen $(½ - x) \cdot 2 = 1 - 2x < 1$ Währungseinheit (weil $x > 0$; exemplarisch ergibt sich bei Verdoppelung der Wahrscheinlichkeit eines Sechserwurfs ein Wert der Gegenleistung von nur 0,80 Währungseinheiten[15]). Augenscheinlich wird also durch die Verwendung des manipulierten Würfels die Parität von Leistung und Gegenleistung gestört. Dies impliziert einen Vermögensschaden des redlichen Spielers.

---

12 Zivilrechtlich ist dieser Vorgang so zu werten, dass der Spieler den Alleinbesitz und das Alleineigentum an dem Geldstück zu Gunsten des Mitbesitzes und des Miteigentums an allen im Pool befindlichen Geldstücken aufgibt und zugleich konkludent die unter der aufschiebenden Bedingung (§ 158 Abs. 1 BGB) des Unterliegens beim Würfelwerfen stehende Offerte abgibt, seinen Mitbesitz und seinen Miteigentumsanteil auf den anderen Spieler zu übertragen (§ 929 Satz 2 BGB). Das spiegelbildliche Verhalten des Mitspielers ist analog zu deuten. Beide Spieler nehmen die Offerten des jeweils anderen konkludent an.

13 Vgl. vorstehend Fn. 12.

14 Auf die Frage, ob der Markt allgemein unsichere Forderungen geringer bewertet, muss vorliegend nicht eingegangen werden, weil der redliche Spieler insoweit volle Kenntnis hat. Denn er partizipiert ja wissentlich an einem *Gewinn*spiel.

15 Vgl. dazu die Berechnung im Anhang II (S. 170).

Stützung erfährt dieses Ergebnis dadurch, dass in tatsächlich zur Entscheidung gelangten ähnlichen Konstellationen die Rspr. mit Zustimmung der kommentierenden Literatur einen vollendeten Betrug bejaht hat, so exemplarisch im Falle des Losverkaufs, bei welchem der Verkäufer das Los mit dem Hauptgewinn zurückgehalten hat[16]. Das maßgebliche Argument, dass der Erwerber durch die *geringere Gewinnchance* geschädigt sei[17], findet im Würfelbeispiel seine unmittelbare Entsprechung.

Für den Eingangsfall ergibt sich somit, dass der deterministische Ansatz den Weg zu einer dogmatisch tragfähigen Lösung weist. Es besteht folglich ein Interesse an der näheren Diskussion der Frage, ob der Ansatz auf ein generalisierbares Konzept zurückzuführen ist, das als Grundlage einer allgemeinen Theorie der Zurechnung probabilistischer Erfolge fungieren kann.

2.2 Generalisierung des deterministischen Lösungsansatzes

Soweit ersichtlich ist, fehlt es an der allgemeinen dogmatischen Ausarbeitung des deterministischen Lösungsansatzes. Plausibel erscheint dieser Mangel allgemeinen Interesses zunächst auf Grund der relativen Unscheinbarkeit des deterministischen Ansatzes. Denn der Grundgedanke, den tatbestandlichen Erfolg im Vorfeld der indeterministischen Verzweigung des Geschehensverlaufs zu lokalisieren, steht in enger Abhängigkeit zum jeweiligen Tatbestand des Besonderen Teils. Dies schließt zwar die Entwicklung einer allgemeine Lehre nicht aus, jedoch ist die Problemstellung dadurch der unmittelbaren Wahrnehmung einer auf die allgemeinen Grundlagen der Zurechung konzentrierten Dogmatik in gewissem Maße entzogen.

Auf weniger fortgeschrittenem Abstraktionsniveau sind allerdings Grundzüge des skizzierten Lösungswegs durchaus erkennbar. Ins-

16 Einen Betrug bejahend: BGH*St 8*, 289; auch OLG Hamm *NJW 1957*, 1162. Zustimmend Schröder *JR 1962*, 431.

17 Cramer *Sch/Sch* § 263 Rn 114.

besondere bringt im Kontext des Betrugs die – im Einzelnen umstrittene[18] – Lehre von der schadensgleichen Vermögensgefährdung entsprechende Überlegungen hervor. Die Lehre von der schadensgleichen Vermögensgefährdung zielt auf die These hin, dass ein Vermögensschaden nicht notwendig erst durch den effektiven Übergang einer Vermögensposition begründet werde[19], sondern bereits dadurch entstehen könne, dass ein Vermögenswert einer konkreten Gefahr ausgesetzt ist, die bei wirtschaftlicher Betrachtung bereits eine Verschlechterung der gegenwärtigen Vermögenslage bedeute[20]. Ein klassisches Beispiel in diesem Sinne ist der durch Täuschung im Prozess erwirkte Erlass eines, insbesondere auch eines vorläufig vollstreckbaren[21] Urteils: Der Erlass eines Urteils berührt als solches die sachliche Integrität des betroffenen Vermögens (noch) nicht. Vielmehr bedarf es dazu eines selbständigen Vollstreckungsakts. In Bezug auf diesen Vollstreckungsakt gilt zum einen, dass nicht allgemein vorausgesetzt werden kann, dass ihn der Prozessbetrüger auch tatsächlich initiiert. Es ist also keineswegs determiniert, dass es zu einem Übergang von Vermögenswerten kommt. Zum anderen mangelt es einem *vorläufig vollstreckbaren* Urteil an Rechtskraft. Es existiert also die Möglichkeit, dass die durch eine etwaig veranlasste Vollstreckung bewirkte tatsächliche Vermögensverschiebung wieder rückabgewickelt wird. Auf Grund dessen besteht also bei Betrachtung ex ante eine aus zwei Quellen gespeiste Wahrscheinlichkeit dafür, dass eine reale Einbuße am betroffenen Vermögen ausbleiben wird.

Dennoch bejaht die Rspr.[22] mit Zustimmung der kommentierenden Literatur[23] einen bereits mit Erlass des Urteils vollendeten Betrug. Aus-

---

18 BGH*St 21,* 112; *23,* 300; *34,* 294; *StV 1987,* 535. Vgl. ausführlich Cramer *Sch/Sch § 263* Rn 143ff.

19 Kühl *Lackner § 263* Rn 40.

20 Cramer *Sch/Sch § 263* Rn 143.

21 Vgl. bereits RG*St 75,* 399.

22 BGH *NStZ 1992,* 233. Weitere Nachweise bei Cramer *Sch/Sch § 263* Rn 144.

23 Vgl. Cramer *Sch/Sch § 263* Rn 144 m.w.N.

schlaggebend für die Bejahung eines Schadens am Vermögen ist die Überlegung, dass das Vermögen als Wirtschaftsgut nicht nur gegenüber dem effektiven Ausfall eines Werts sensibel ist, sondern bereits gegenüber sonstigen Veränderungen, die im Wirtschaftsverkehr eine abschlägige Bewertung nach sich ziehen, insbesondere also Veränderungen, welche den zukünftigen Bestand betreffen, weil zweifelhafte Positionen allgemein im Marktwert geringer veranschlagt werden.

Dies impliziert zunächst, dass ein Vermögensschaden auch ohne eine substanzielle Läsion des betroffenen Vermögens anzunehmen ist. Selbst wenn also der Prozessbetrüger die Vollstreckung nicht betreibt, gilt das Vermögen, in das zu vollstrecken wäre, als geschädigt. Genau daran erweist sich der Effekt des deterministischen Ansatzes: Es kommt auf das spätere konkrete Realgeschehen nicht mehr an, weil die tatbestandliche Betrachtung auf den bereits abgeschlossenen Geschehensverlauf konzentriert ist, aus welchem die Eventualitäten des posterioren Geschehens ausgeklammert sind. Entsprechend zählt die herrschende Meinung auch den praktisch bedeutsamen Fall des Erwerbs einer minderwertigen Forderung, namentlich wegen mangelnder Bonität des Schuldners[24] oder fehlender Sicherheiten[25] zum Vermögensschaden: Die ungesicherte Forderung gegen den illiquiden Schuldner ist in Anbetracht der ungewissen Zukunft *hier und jetzt* merkantil minderwertig, gleichgültig, ob die Forderung realiter (doch) erfüllt werden mag.

2.3 Kritik des deterministischen Lösungsansatzes

Betrachtet man diese Beispiele, so ergibt sich zunächst, dass der deterministische Ansatz nicht nur für das Eingangsbeispiel, sondern für zahlreiche betrugsrelevante Konstellationen den Weg zu einer erfolgversprechenden Lösung weist. Dies legt die Vermutung nahe, dass der deterministische Lösungsansatz im Betrugstatbestand eine besonders fruchtbare Grundlage findet – ohne dass dies freilich seine tatbe-

24 BGH*St 15*, 24; *BB 1992*, 523.

25 BGH *wistra 1988*, 188; *wistra 1993*, 265; Kühl *Lackner § 263* Rn 42.

standsübergreifende Generalisierung a priori ausschließt, zu deren wesentlichen Voraussetzungen eine positive Antwort auf Frage nach der Redukabilität des indeterministischen Geschehens im Allgemeinen gehört.

Gemeinsam ist den betrachteten Konstellationen, dass die zeitliche Vorverlagerung des Erfolgs (aus den Beispielen: das Leisten des Spieleinsatzes; der Erlass des Urteils; der Erwerb der ungesicherten Forderung) das nicht determinierte Geschehen aus dem tatbestandlichen Focus verdrängt und es in das Verhältnis zeitlicher Posteriorität rückt. Diese zeitliche Vorverlagerung lässt die bei indeterministischen Geschehensverläufen ex ante bestehende ›Pluralität der Möglichkeiten‹ gewissermaßen wieder aufleben. Voraussetzung dafür, dass trotz der damit wiederentstehenden tatsächlichen Ungewissheit das Vorliegen eines Schadens bejaht werden kann, ist folglich, dass das Schutzgut des jeweiligen Tatbestands allgemein die Potenzialität eines nachfolgenden Geschehens abbilden kann. Denn nur dann begründet eine wahrscheinlichkeitsverändernde Handlung einen ›Verlust‹ an Potenzialität, in dem sich der Erfolgsunwert des Verhaltens manifestiert. Der deterministische Lösungsansatz ist somit nur dann ertragreich umzusetzen, wenn das Schutzgut des jeweiligen Tatbestands gegenüber Potenzialitätseinbußen sensibel ist.

Dem Vermögen als dem Schutzgut des Betrugstatbestands kommt diese Qualität zu, weil das Vermögen originär auf das Zukünftige gerichtet ist. Bereits dem Wortsinne nach meint ›(ver)mögen‹ die Synthese aus ›wollen‹ und ›können‹. Wer vermag, der verfügt über das Potenzial, *zukünftig* wirklich werden zu lassen.[26] Auch bei wirtschaftlicher Betrachtung zählt zum Vermögen eben nicht das bloße *Haben* hier und jetzt, weil – tempus fugit – das Hier und Jetzt merkantil nicht fassbare Größen sind. Vielmehr wird der *aktuelle* Marktwert durch das zukünftige Ha-

---

26 Zur Etymologie des Substantivums ›Vermögen‹ und seiner Verwandtschaft zum althochdt. Verbum ›furimugan‹ (Kraft haben) vgl. Kluge *Etymologisches Wörterbuch* 859 und Wahrig *Deutsches Wörterbuch* 1336.

ben-*Werden* bestimmt. Dies erweist sich an der Börse tagtäglich: Nicht der *Bestand* eines Unternehmens verändert sich ggf. binnen Minutenfrist, sondern seine (mutmaßliche) Zukunfts*prognose*.

Grundlegende Voraussetzung für die geforderte Sensibilität des Schutzguts gegenüber wahrscheinlichkeitsverändernden Interventionen ist, dass es sich um ein ›Irrealrechtsgut‹ handelt. Denn der Verlust an Potenzialität ist ein Irrealverlust. Die sich in einer Wahrscheinlichkeitsdifferenz quantifizierende Modifikation der Möglichkeiten kann nur dann als schadens*gleiche* (!) *Gefährdung* antizipiert werden, wenn diese vom Schutzgut selbst reflektiert wird. Daraus folgt kehrseitig, dass der deterministische Ansatz für Realrechtsgüter keine dogmatisch operationalisierbare Lösung verspricht. Denn Realia können einen zukünftigen Schaden nicht in der Gegenwart verbuchen. Um ein Beispiel zu geben: Die Verminderung der Überlebenschance durch Schaffung einer Todesgefahr – etwa auf Grund der Beibringung eines im Grenzbereich zur Dosis letalis bemessenen Gifts – ist als solche, d.h. unabhängig vom Eintritt des Todes, keine ›Tötung‹ im Sinne des § 212 StGB. Entsprechendes gilt von der Körperverletzung, der Sachbeschädigung etc.

Ausgehend hiervon erscheint die Generalisierbarkeit des deterministischen Lösungsansatzes limitiert. Es handelt sich vielmehr um ein Konzept, das nur für Tatbestände erfolgreich umzusetzen ist, die ein Irrealrechtsgut zum Gegenstand haben, welches seine Wertbestimmung zumindest auch aus Erwartungen über das Zukünftige bezieht. Dies gilt insbesondere für die Vermögensdelikte, weil ihr Schutzgut die spezifische Eigenschaft aufweist, Potenzialitätsverluste zu antizipieren. Abschließend kann damit zu der eingangs aufgeworfenen Frage folgendermaßen Stellung bezogen werden: Der deterministische Lösungsansatz findet – wohl ausschließlich – im Betrugstatbestand eine geeignete Grundlage. Hingegen ist insgesamt seine Generalisierbarkeit in einem Maße, wie es für die Formulierung einer allgemeinen Zurechnungslehre erforderlich wäre, zu verneinen. Deswegen ist der deterministische Ansatz im Weiteren nicht von Interesse. Im nächsten Abschnitt wird daher der eingangs zweitgenannte statistische Lösungsansatz diskutiert.

3. Statistischer Lösungsansatz

Abschnitt II, 3 widmet sich der Diskussion des statistischen Lösungsansatzes. Zunächst erfolgt die Auseinandersetzung mit den Grundlagen des statistischen Lösungsansatzes, wie sie in den Produkthaftungsentscheidungen der Rspr. beispielhaft in Erscheinung treten (3.1). Anschließend konzentriert sich die Diskussion auf die im Schrifttum vorgetragenen Überlegungen zur statistischen Zurechnung (3.2). Dem schließt sich die Kritik des statistischen Lösungsansatzes an. Deren wesentliches Ergebnis besteht in der Zurückweisung des Ansatzes aus operativen und normativen Gründen (3.3).

3.1 Ansätze statistischer Zurechnung in der Rechtsprechung

Der statistische Lösungsansatz ist – vergleichbar dem deterministischen Lösungsansatz – weder der Form noch der Sache nach strafrechtsdogmatisch allgemein etabliert. Anders als beim deterministischen Lösungsansatz lassen sich jedoch sowohl in der Rechtssprechung als auch in der Literatur zahlreiche Überlegungen zur statistischen Begründung der Zurechnung nachvollziehen. Diese können zunächst folgendermaßen systematisiert werden: Gemeinsamer Nenner aller Überlegungen zur statistischen Begründung der Zurechnung ist der hier als ›statistischer Lösungsansatz‹ bezeichnete Gedanke, die Anwendung statistischer Gesetze durch Abstraktion von der Ebene des konkreten Geschehens zu ermöglichen. Relatum der Zurechnung ist dem gemäß nicht das individuelle Schadensereignis, sondern die Gesamtheit der Schadensereignisse, innerhalb derer ›irgendein‹ Erfolg als Werk des Täters betrachtet wird. In der Sache bedeutet dies eine ›Parametrisierung‹ des Erfolgs, die insbesondere bei höchstpersönlichen Rechtsgütern an die Stelle eines bestimmten (aliquis) von der Straftat nachteilig Betroffenen einen unbenannten (quivis) Geschädigten treten lässt. Diese Parametrisierung ist indessen nur dort sinnvoll, wo es an einem Kausalwissen fehlt, bei dessen Vorliegen eine explizite und strikte singuläre Erklärung des Erfolgs resp. eine Prognose über das hypothetische rechtmäßige

Alternativverhalten möglich wäre. Denn nur dann verschafft die Abstraktion von der Ebene des konkreten Geschehens eine Entlastung insbesondere im Hinblick auf die Frage nach der Exklusivität von rechtmäßigem Alternativverhalten und Erfolg.

Dies bedeutet zunächst, dass der statistische Lösungsansatz implizit das Maximalerfordernis deduktiv-nomologischer Kausalerklärungen als deskriptive Grundlage der Zurechnung negiert – ohne allerdings kehrseitig ein Minimalerfordernis für das maßgebliche Kausalwissen zu benennen. Hinsichtlich der Diskussion des statistischen Lösungsansatzes können folglich zwei Fragestellungen unterschieden werden: eine engere, die sich auf den normativen Aspekt der Parametrisierung des Schadens konzentriert, und eine weitere, welche den deskriptiven Aspekt des Mindeststandards des zur Anwendung gelangenden Kausalwissens umfasst.

Historisch betrachtet tritt zunächst die zweitgenannte Fragestellung in das Zentrum des dogmatischen Interesses. Ausgangspunkt ist das Contergan-Verfahren, bei welchem bekanntlich bereits die Frage umstritten war, ob die Einnahme eines Schlafmittels mit dem Wirkstoff Thalidomid bei Schwangeren ursächlich dafür war, dass deren Kinder mit Schädigungen am Nervensystem und Fehlbildungen der Extremitäten (Dysmelie-Syndrom) zur Welt kamen. Gegenüber dieser Frage ist die Frage nach der Individualisierung der geschädigten Kinder systematisch zweitrangig. Dem entsprechend setzt sich das zur Entscheidung berufene LG Aachen zunächst mit der Begründung des Kausalzusammenhangs und den an die forensische Kausalfeststellung anzutragenden Standards auseinander. Dabei hat die Kammer in tatsächlicher Hinsicht in der Sache das Bestehen eines generellen Zusammenhangs von Wirkstoff und Schädigung bejaht, obwohl sich die im Verfahren gehörten Sachverständigen uneinig gezeigt hatten. Die Grundlage für die positive Überzeugung des Gerichts bildete die enge räumliche und zeitliche Korrelation zwischen dem Vertrieb des Medikaments und dem Auftreten des Dysmelie-Syndroms, die sich von der makrostatistischen Ebene[27] bis zum Mikrozensus[28] nachvollziehen ließ. Untermauert wurde das Ergebnis durch entwicklungsphysiologische Analysen und die tierexperimentelle Reproduzierbarkeit der Fehlbildungen.[29] Auf der anderen Seite fehlte es nicht an Hypothesen, welche die kausale Interpretation der Korrelation in Frage zu stellen versuchten. Als konkurrierende Faktoren wurden insbesondere der radioaktive Niederschlag durch Atombombenversuche, der Fernsehkonsum der Mütter, misslungene Abtreibungsversuche, genetische Dispositionen etc. benannt.[30] In rechtlicher Hinsicht stützte sich das Gericht auf das Institut der freien Beweiswürdigung, welches es in dem Sinne verstand, dass die forensische Tatsachenfeststellung ihre Legitimation aus der subjektiven Überzeugung des erkennenden Gericht beziehe, so dass es weder eines Konsenses der beteiligten Sachverständigen bedürfe, noch generell an die tatgerichtlichen sachlichen Feststellungen der Maßstab einer naturwissenschaftlichen Beweisführung anzulegen sei.[31]

---

27 Vgl. Maiwald *Kausalität und Strafrecht* 93. Dort wird berichtet dass die relative Häufigkeit des Dysmelie-Syndroms vor Vertrieb des Präparats bei eins zu vier Millionen (bei durchschnittlich ca. 1 Mio. Geburten pro Jahr) lag, während im Vertriebszeitraum in der Bundesrepublik binnen vier Jahren über 850 Fälle auftraten. In angrenzenden Gebieten, in denen Thalidomidpräparate nicht vertrieben wurden, etwa in Frankreich oder in der DDR, bleib ein solcher sprunghafter Anstieg hingegen aus.

28 So referiert der Beschluss, dass »Familien bekannt sind, in denen neben dem betroffenen Kind sowohl vor als auch nach der Thalidomidära bis zu drei gesunde Kinder zur Welt kamen, umgekehrt aber keine Fälle beobachtet wurden, in denen ein Elternteil oder – von den während der Thalidomidära geborenen Zwillingsfällen abgesehen – ein Geschwisterteil ebenfalls Mißbildungen aufweist« (*JZ 1971*, 513).

29 Schulz *Kausalität und strafrechtliche Produkthaftung* 67.

30 Eine ausführliche Übersicht findet sich bei Hilgendorf *Strafrechtliche Produzentenhaftung* 115f.

31 In der maßgeblichen Passage der Gründe heißt es: »Dabei ist unter dem Nachweis im Rechtssinne keineswegs der sogenannte naturwissenschaftliche Nachweis zu verstehen. [...] Der für die strafrechtliche Beurteilung allein maßgebliche Beweis ist – erst und schon – erbracht, wenn das Gericht von den zu beweisenden Tatsachen nach dem Inbegriff der Hauptverhandlung überzeugt ist. Dementsprechend beruht der strafrechtliche Beweis, der Eigenart geisteswissenschaftlichen Erkennens

In der Strafrechtswissenschaft hat diese Auffassung ein geteiltes Echo gefunden. In einer der frühen Stellungnahmen hat federführend Armin Kaufmann die – emphatisch vorgetragene[32] – These vertreten, dass das (ungeschriebene) Tatbestandsmerkmal der ›Verursachung‹ die Vielzahl der natürlichen Kausalgesetze in die Rechtsnorm selbst integriere, so dass sie als Bestandteil des materiellen Rechtssatzes entgegen der Auffassung des LG Aachen der prozessualen Überzeugungsbildung des Gerichts entzogen seien[33]. Vielmehr beschränke sich die richterliche Feststellungskompetenz allein auf die Frage, ob ein *unbestrittenes* Kausalgesetz existiere. An diese These schließt sich der bis heute schwelende Streit um den prozessualen Status des Kausalgesetzes an.[34] Auf der anderen Seite hat sich in einer der späteren Stellungnahmen Kuhlen in Übereinstimmung mit der gerichtlichen Argumentation grundlegend dahingehend geäußert, dass »die ›Frage der Pathogenese‹ [...] für die Annahme der Kausalität im Rechtssinne bedeutungslos«[35] sei. Vielmehr verwende der Richter »*seine* Standards für eine ausreichende Kausalerklärung, die letztlich im materiellen Strafrecht verankert sind, nach dem es ausreicht, daß eine Handlung für einen Erfolg irgendwie kausal ist«[36].

Mit beiden Argumenten hat sich auf höchstrichterlicher Ebene schließlich auch der BGH in späteren sachlich nahestehenden Verfahren aus-

---

gemäß, nicht auf einem unmittelbar einsichtigen Denken, sondern auf dem Gewicht eines die Gründe abwägenden Urteils über den Gesamtzusammenhang des Geschehens. [Daher] kommt es nicht auf die für den naturwissenschaftlichen Nachweis gebotene *objektive*, sondern nur auf *subjektive* Gewißheit an« (*JZ 1971*, 510).

32 Vgl. das durch den Endreim auch rhetorisch exponierte ›Fazit‹ Kaufmanns *JZ 1971*, 575: »Das *zeitlose Naturgesetz ist der Überzeugungsbildung des Richters entzogen*; wenigstens dieser Entscheidung ist der Richter enthoben – zur Minderung seiner Bürde wie zur Wahrung seiner Würde« (Hervorh. a.a.O.).

33 Kaufmann *Tatbestandsmäßigkeit und Verursachung* 575.

34 Vgl. dazu Günther *Kausalität im Strafprozeß* 215ff.

35 Kuhlen *Strafrechtliche Produkthaftung* 70.

36 Kuhlen *a.a.O.* 75.

einandergesetzt. Dem zunächst zur Entscheidung gelangten Erdal-Prozess lag in tatsächlicher Hinsicht eine tierexperimentell reproduzierbare enge zeitliche Korrelation zwischen der Verwendung eines Produkts (Ledersprays) und dem Auftreten eines Gesundheitsschadens (Lungenödem) bei den entsprechenden Anwendern zu Grunde, ohne dass im Verfahren Klarheit über den ausschlaggebenden Wirkstoff zu erbringen war. Unter ausdrücklicher Bezugnahme auf Kuhlen billigte der BGH die Annahme eines Kausalzusammenhangs durch das Tatgericht mit dem Argument, dass es neben der Feststellung des Bestehens genereller Kausalität »zum Nachweis des Ursachenzusammenhangs nicht noch weiter erforderlich [ist], daß festgestellt wird, warum diese Beschaffenheit schadensursächlich werden konnte, was also nach naturwissenschaftlicher Analyse und Erkenntnis letztlich der Grund dafür war«[37]. Auf die von Kaufmann vorgetragenen Bedenken kam der BGH hingegen im Holzschutzmittel-Verfahren zu sprechen. In der Entscheidung missbilligte der BGH zwar die tatrichterliche Feststellung der Kausalität, der sachlich eine unscharfe Korrelation zwischen der Verwendung eines Produkts mit einem bekanntermaßen bioziden Wirkstoff (Pentachlorphenol bzw. Lindan) und dem Auftreten diffuser Allgemeinbeschwerden der Anwender[38] zu Grunde lag. Dennoch setzte sich der BGH ausführlich mit den rechtlichen Grundlagen der tatrichterlichen Kausalfeststellung auseinander. Im ausdrücklichen Widerspruch zu Kaufmann führt der BGH dabei aus, dass das forensische Kausalurteil keineswegs die Frage der Existenz eines Naturgesetzes berühre. Zwar enthalte »die für einen konkreten Fall auf Grund einer Gesamtwürdi-

37 BGH *NJW 1990*, 2562.

38 Vgl. Schulz *Kausalität und strafrechtliche Produkthaftung* 71: »Das Krankheitsbild ist [...] relativ inhomogen. Vorgebracht wurden Beeinträchtigungen der Atmungsorgane [...], allergietypische Hautreizungen wie Ausschläge, Störungen des Magen-Darm-Trakts und des Nervensystems und allgemeine Abwehrschwäche. Die geltend gemachten Symptome ergeben, wie die Verteidigung vortrug, ein nahezu vollständiges Verzeichnis aller bei Menschen überhaupt vorkommenden pathologischen oder auch nur unerwünschten Zustände von A (Abgeschlagenheit) bis Z (Zittern).«

gung getroffene Feststellung über die Wirkung eines Stoffes inzidenter auch eine Aussage über dessen generelle Wirksamkeit«[39]. Treffe das Tatgericht allerdings eine derartige Feststellung, dann entscheide es nicht »die wissenschaftlich umstrittene Frage ›über die Existenz eines Naturgesetzes‹«, sondern erfülle lediglich die Aufgabe, auch dann unter Würdigung aller Beweismittel einen konkreten Rechtsfall auf der Grundlage des gegenwärtigen Wissensstandes zu entscheiden, wenn sich das Gericht auf einen fachwissenschaftlichen Konsens (noch) nicht berufen könne[40].

Die gemeinsame Stoßrichtung der benannten Entscheidungen geht dahin, die zum Zeitpunkt der Entscheidung jeweils (noch) bestehenden Lücken im den spezifischen naturwissenschaftlichen Erkenntnissen zu marginalisieren, die eine kunstgerechte Kausalfeststellung im Sinne der tradierten Formeln verhindern. Vielmehr soll die tatrichterliche Kausalfeststellung trotz Fehlens eines tatsächlich verfügbaren Kausalgesetzes akzeptiert werden. Entsprechend hat bereits das LG Aachen im Contergan-Beschluss signalisiert, dass es an den (fehlenden) spezifischen Antezedensdaten einer (hypothetischen) vollständigen Kausalerklärung kein rechtliches Interesse erkenne[41]. Auf der gleichen Linie liegt die Lederspray-Entscheidung, die auf eine Art indirekte Beweisführung hinausläuft: Zur Stützung des Kausalurteils bedürfe es keines expliziten Kausalgesetzes, vielmehr genüge es, dass bei Bestehen eines positiven statistischen Zusammenhangs »alle anderen in Betracht kommenden

---

39 BGH*St 41*, 216.

40 BGH *a.a.O.*

41 Vgl. LG Aachen *JZ 1971*, 511: »Die Frage der Pathogenese [...] ist nur von medizinisch-wissenschaftlichem Interesse. Für die Entscheidung über die Kausalität im Rechtssinne ist sie bedeutungslos, weil es insoweit nur auf die Frage ankommt, ob Thalidomid als Faktor hinweggedacht werden kann, ohne daß der Erfolg [...] entfiele. [...] Daß das Thalidomid seine schädliche Wirkung nur bei Vorliegen besonderer prädisponierender Faktoren entfaltet, ändert an seiner Ursächlichkeit nichts.«

Schadensursachen [...] ausgeschlossen werden können«[42]. Der Sache nach soll also das erkennende Gericht die Plausibilitätsprüfung eines empirischen Induktionsschlusses antizipieren, dessen nähere Ausgestaltung den Fachwissenschaften zur (zukünftigen) Ausführung überlassen ist. Schließlich verdeutlicht der BGH in der Holzschutzmittel-Entscheidung ausdrücklich, dass die forensische Beweisführung nicht mit einem naturwissenschaftlichen Ansprüchen genügenden logisch strikten Erkenntnisverfahren gleichzusetzen sei[43]. Vielmehr könne das Gericht im Wege der freien Beweiswürdigung »zu Ergebnissen gelangen, die Vertreter der maßgeblichen naturwissenschaftlichen Fachrichtungen mit ihren Methoden allein [noch] nicht belegen können«[44].

An dieser Auffassung hat sich in mehrfacher Hinsicht die Kritik der Literatur entzündet. Zum einen wird beklagt, dass sich die Rspr. mit dem Rückzug auf das Gebiet der Beweiswürdigung der sachlichen Kontrolle ihrer Entscheidungen entziehe[45]. Die Kritik begründet sich damit, dass in den innerlichen Vorgang der Gewinnung einer Überzeugung nicht von außen eingedrungen werden könne. Insbesondere fehle es an der Möglichkeit, die Einhaltung von Standards rationaler Entscheidungsfindung zu überprüfen.[46] Stützung findet diese Kritik in dem

---

42 BGH *a.a.O.*

43 BGH*St 41,* 216: »Ein Ursachenzusammenhang zwischen einer Holzschutzmittelexposition und einer Erkrankung ist nicht nur etwa dadurch nachweisbar, daß entweder die Wirkungsweise der Holzschutzmittelinhaltsstoffe auf den menschlichen Organismus naturwissenschaftlich nachgewiesen oder alle anderen möglichen Ursachen einer Erkrankung aufgezählt und ausgeschlossen werden. Ein Ausschluß anderer Ursachen kann vielmehr – ohne deren vollständige Erörterung – auch dadurch erfolgen, daß nach einer Gesamtbewertung der naturwissenschaftlichen Erkenntnisse und anderer Indiztatsachen die – zumindest – Mitverursachung des Holzschutzmittels zweifelsfrei festgestellt wird.«

44 BGH*St 41,* 215.

45 Kritisch z.B. Hassemer *Produktverantwortung* 31f.

46 Vgl. Hassemer *a.a.O.*: »Schnell [hat sich das Gericht] in diejenige Zone zurückgezogen, in der jedweder tatrichterliche Umgang mit Kausalitätsfragen scheinbar unangreifbar vonstatten gehen darf – in die Zone der intrinsisch organisierten

mit der richterlichen ›Subjektivierung‹ des Kausalurteils einhergehenden Verlust an inhaltlicher Qualität der tatgerichtlichen Kausalprüfung. Denn während im Contergan-Verfahren noch eine ausführliche Auseinandersetzung mit dem statistischen Material und den konkurrierenden Hypothesen stattgefunden hat, ist im Lederspray-Verfahren eine deutlich dünnere Tatsachenbasis ausgewiesen. Im Holzschutzmittel-Verfahren schließlich sanktioniert der BGH den Verzicht auf das Erfordernis der umfänglichen Alternativenprüfung und gibt damit das methodische Herzstück der inferenzstatistischen Ursachenforschung preis[47].

Zum zweiten wird der bereits von Kaufmann formulierte Vorwurf der Kompetenzüberschreitung wiederholt. In der jüngeren Auseinandersetzung wird dieser allerdings nicht durch die Anbindung des Kausalgesetzes an den besonderen Tatbestand aus dem materiellen Recht heraus begründet. Im Vordergrund steht vielmehr der verfahrensrechtliche Gesichtspunkt der intersubjektiven Akzeptanz der richterlichen Feststellung. Würde das Gericht unter mehreren widerstreitenden fachwissenschaftlichen Voten eines auf Grund der persönlichen Überzeugung der Urteilspersonen favorisieren dürfen, so fehle der Entscheidung diejenige Überzeugungskraft, welche das Kausalurteil aus dem Bereich bloßer subjektiver Beliebigkeit heraushebe. Vielmehr gerate es in unmittelbare Abhängigkeit zur personellen Besetzung des Spruchkörpers und verliere damit den Rechtsfrieden stiftenden Anspruch auf Achtung kraft sachlicher Autorität.[48]

Schließlich wird erkenntnistheoretisch motivierter Widerspruch geäußert: Kausalität bedeute, dass ein singuläres Ereignis aus den maßgeblichen Kausalgesetzen und deren Antezedensbedingungen dedu-

---

Beweiswürdigung, die bei entsprechender Subjektivierung des Entscheidungsergebnisses hermetisch gegen Irritationen aus einem möglicherweise präzisen Kausalitätsbegriff abgeriegelt werden kann: Wer eine Überzeugung hat, hat sie halt.«

47 Vgl. Koller *Statistische Ursachenforschung* 34ff. Die Inferenzstatistik ist derjenige Teil der Statistik, welcher sich mit der Absicherung eines Untersuchungsergebnisses gegen Zufallsergebnisse befasst; vgl. näher Bortz/Lienert *Kurzgefaßte Statistik* 2.

48 Ausführlich Maiwald *Kausalität und Strafrecht* 108ff.

ziert werden könne, dass also die Wirkung aus der Ursache deduktiv-nomologisch zu erklären sei. Deshalb müsse zur Entscheidung eines konkreten (Einzel-) Falls dasjenige Kausalgesetz, unter das subsumiert werden soll, zwar nicht über jeden fachwissenschaftlichen Streit erhaben, aber doch zumindest ausformuliert sein[49]. Denn nur dann könne eine effektive Kausalerklärung dargestellt und derart eine singuläre Kausalbehauptung begründet werden. Entgegen der Rechtsauffassung der Rspr. sei daher das Kausalgesetz keine bloße Indiztatsache für das Vorliegen eines konkreten Ursachenzusammenhangs, sondern unverzichtbarer Bestandteil der forensischen Kausalfeststellung selbst.

Für die Diskussion des statistischen Lösungsansatzes begründet diese Pluralität des Streitstands zunächst das Erfordernis, die sachliche Auseinandersetzung zu konzentrieren. Dies erfolgt vor dem Hintergrund der folgenden Überlegung: Die referierte, auf die Praxisfälle ausgerichtete Diskussion begegnet einer Problemstellung, die über die eingangs dargestellte spezifische normative Fragestellung des statistischen Lösungsansatzes hinausgeht. Das hinzutretende empirische Problem besteht darin, dass in den Produkthaftungsfällen der Rspr. nicht nur ein striktes Kausalgesetz fehlt, sondern dass die statt dessen verfügbare statistische Kausalhypothese zweifelhaft ist, weil Bedenken gegenüber der kausalen Interpretation der festgestellten Korrelation bzw. der Aussagekraft den erhobenen Daten als solchen bestehen. Im Besonderen sind es diese Zweifel, welche die auf die Kontrollierbarkeit und Objektivität der richterlichen Entscheidung konzentrierte Kritik plausibel machen. Aus der rechtspraktischen Diskussion tritt damit ein scheinbarer Gegensatz zwischen ›gesichertem‹ deduktiv-nomologischem Kausalwissen einerseits und ›unsicherem‹ nichtdeterministischem Kausalhypothesen andererseits hervor, welcher die Diskussion des statistischen Lösungsansatz sachlich unangemessen polarisiert. Denn zwischen ›zeitlosem Naturgesetz‹ auf der einen Seite und richterlicher ›Adhoc-Erkenntnis‹ auf der anderen Seite liegt als vermittelndes Tertium

---

49 Puppe *NK Vor § 13* Rn 85a.

die fachwissenschaftlich fundierte Feststellung eines statistischen Kausalzusammenhangs, wie sie sich am Würfelbeispiel veranschaulichen lässt: Wenn die Manipulation des Würfels (exemplarisch durch Einlegen eines Gewichts in den Würfel oder seine asymmetrische Gestaltung) im forensischen Erkenntnisverfahren festgestellt wird, dann besteht – obwohl der einzelne Wurfvorgang nicht deduktiv-nomologisch explizierbar ist – am ursächlichen Zusammenhang zwischen dem Eingriff und der Veränderung der Häufigkeit gewisser Wurfereignisse kein Zweifel. Die Frage nach einem konkurrierenden ›dritten‹ Kausalfaktor, um dessen Ausschluss resp. über die Methoden für dessen Ausschluss zu streiten wäre, stellt sich folglich nicht.

Die erweiterte Problemstellung der von der Rspr. behandelten Fallkonstellationen erscheint für die vorliegende, auf die allgemeinen Grundlagen der Zurechnung orientierte Untersuchung insgesamt wenig fruchtbar, weil sie letztlich von den im Tatsächlichen begründeten Besonderheiten des zu entscheidenden Falls abhängt. Sie soll daher beiseite gestellt werden. Entsprechend wird für die weitere Diskussion vorausgesetzt, dass zwischen Handlung und Erfolg als den fraglichen Variablen ein signifikanter Zusammenhang besteht, der sich auf der Grundlage systematischer empirischer Beobachtung als kausale Korrelation darstellt, so dass von einer gesicherten – wenn auch nicht notwendigerweise fachwissenschaftlich unbestrittenen[50] – ›statistischen Kausalbeziehung‹ ausgegangen werden kann.

Von Interesse ist hingegen die Frage nach der konkreten Verwendung statistischer Erfahrungssätze zur Begründung der Zurechnung im Einzelfall, der sich auch die Rspr. (zumindest in den die Zurechnung bejahenden Entscheidungen) implizit zu stellen hatte. Im Hinblick hierauf fällt es auf, dass sich die Urteilsbegründungen der Rechtsfrage weitestgehend verschließen, wie eine begründete statistische Kausalhypothese auf den Einzelfall zur Anwendung zu bringen ist. Im Contergan-Beschluss äußert sich das LG Aachen lediglich insoweit, dass »die

---

50 Ebenso Puppe *NK Vor § 13* Rn 86b.

Kammer davon aus[geht], daß sich die Kausalität grundsätzlich auch im Einzelfall nachweisen läßt«[51], ergänzt diese Bemerkung aber zugleich um den Hinweis, »daß dieser Nachweis – vor allem im Zivilprozeß wegen der dort für den Geschädigten schwierigen Beweislage – in einigen Fällen überhaupt nicht zu führen sein wird«[52]. Wie sich daraus im Umkehrschluss ergibt, setzt die Kammer also voraus, dass die Beweisführung im Strafprozess *leichter* gelinge als im Zivilverfahren. Eine nähere Erläuterung für diese Rechtsauffassung, die im Beweisrecht keine unmittelbare Stütze findet – im Gegenteil: während im Strafverfahren der Beschuldigte von der Beweislast materiell *frei* ist[53], kommen im Zivilverfahren ggf. Beweiserleichterungen zu Ungunsten des Beschuldigten (als Beklagten) in Betracht[54] –, gibt die Kammer allerdings nicht. Ebensowenig äußert sich der BGH zum Problemkreis.

Plausibel ist diese Zurückhaltung nur vor dem Hintergrund der Annahme, dass in Zivil- und Strafverfahren nicht die gleichen Feststellungen getroffen werden, so dass sich die behaupteten Unterschiede in der ›Beweislage‹ ergeben. Es ist wiederum Kuhlen, welcher die zu Grunde liegende Hypothese dogmatisch konkretisiert: Strafrecht und Zivilrecht unterschieden sich dadurch, dass es bei der Frage des zivilrechtlichen Schadensausgleichs um ein individualisierbares Zwei-Personen-Verhältnis gehe. Dem gegenüber sei im Hinblick auf die strafrechtliche Verantwortlichkeit »die für §§ 212, 222, 223 und 230 [a.F.] erforderliche Kausalität [...] schon gegeben, wenn als Verhaltensfolge *irgendein* Rechtsgutträger verletzt wurde«[55]. Auf die konkrete Bestimmung des betroffenen Individuums komme es daher nicht an. Im Zusammenwirken dieser mit der bereits oben wiedergegebenen These, nach der es

---

51 LG Aachen *JZ 1971*, 511.

52 LG Aachen *a.a.O.*

53 Vgl. etwa Gollwitzer *L/R*[24] *§ 261* Rn 106f.

54 Zu den beweisrechtlichen Aspekten im Zivilrecht insbesondere bei Produkt- und Umwelthaftungskonstellationen vgl. ausführlich Mummenhoff *Beweis der Kausalität* 117ff.

55 Kuhlen *Strafrechtliche Produkthaftung* 75 (Hervorh. und Erg. J.Z.).

genügen soll, dass eine Handlung für einen Erfolg »*irgendwie* kausal«[56] ist, konkretisiert sich damit der Gedanke, welcher die angeführten Entscheidungen der Rechtsprechung trägt: Für die Kausalfeststellung im strafrechtlichen Sinne soll es genügen, dass der Handelnde *irgendeinen* Rechtsgutinhaber auf *irgendeinem* Weg zu Schaden gebracht hat. In diesem Sinne tritt also in den benannten Produkthaftungsentscheidungen der statistische Lösungsansatz beispielhaft in Erscheinung. Denn in der ›doppelten Parametrisierung‹ der Zurechnungsrelation zu einem quivis quomodocumque ist die für den statistischen Lösungsansatz konstitutive Entindividualisierung des Erfolgs als konstitutives Minus vorausgesetzt.

3.2 Ansätze statistischer Zurechnung im Schrifttum

Explizit tritt die Literatur auf den Gedanken der Entindividualisierung des Erfolgs zu. Dabei lässt sich in der Auseinandersetzung eine ältere, materiellrechtlich orientierte und eine jüngere, kriminalpolitisch ausgerichtete Diskussion des statistischen Lösungsansatzes unterscheiden. Die ältere Diskussion nimmt sachlich ihren Ausgang von der klinischen Arzneimittelprüfung. Die Wahl dieses Bezugspunkts liegt nahe, weil im Kontext klinischer Experimente tatsächliche Zweifel über das Bestehen eines statistischen Kausalzusammenhangs aus der Betrachtung ausgeklammert werden können, so dass ausschließlich die normative Fragestellung der Parametrisierung des Erfolgs im Vordergrund steht. Der initiierende Beitrag geht auf Fincke (1977) zurück. Dieser erörtert bei Erkrankungen mit absehbar tödlichen Folgen die Frage, ob die Versuchsleitung nicht nur wegen eines *versuchten* Tötungsdelikts an *gewissen* Patienten, sondern auch wegen einer »*vollendeten* Tötung ›*irgendwelcher*‹ Patienten« zur Verantwortung zu ziehen sei[57]. Die Fragestellung leitet sich daraus ab, dass bei der wissenschaftlichen Arzneimittelprüfung regelmäßig mindestens zwei Testgruppen gebildet werden, bei

56 Vgl. o. S. 34 mit Fn. 36 und Kuhlen *a.a.O.* 70 (Hervorh. J.Z.).

57 Fincke *Arzneimittelprüfung* 120ff.

denen die eine mit dem zu prüfenden neuen Wirkstoff und die andere als Kontrollgruppe mit einem bisherigen Standardpräparat (sog. Test Verum gegen Verum) behandelt wird. Erweise sich dabei eines der Medikamente als erfolgreicher, so stehe am Ende des Versuchs mit »einer in der forensischen Praxis seltenen Präzision« fest, dass in einer der Kontrollgruppen eine gewisse Anzahl an Patienten (im Beispiel Finckes: »mindestens einhundert« Personen) »unnötig« gestorben seien[58]. In Anbetracht dessen trägt Fincke das für den statistischen Lösungsansatz konstitutive Argument vor, dass für §§ 212, 222 StGB die Identität der getöteten Personen irrelevant sei.[59] Dem Übergang von der konkreten zur abstrakten Betrachtung ist damit der Weg gewiesen. Namhaft Gefolgschaft findet der Gedankengang zunächst bei Samson, der sich in Auseinandersetzung mit dem 1978 neugefassten ArzneiMG unter Bezugnahme auf Fincke dahingehend äußert, dass im Falle der tatbestandliche Qualität (auch einer Körperverletzung) erlangenden Schlechterwirkung des Testpräparats (insbesondere eines Placebos) die Zurechnung der Erfolgs nicht an die Feststellung der Individualität des Geschädigten gebunden sei. Vielmehr genüge die Zurechnung von Erfolgen an »irgendwelchen nicht konkretisierbaren Mitgliedern der Placebo-Gruppe«[60]. In die gleiche Richtung weisen in den 1980er Jahren die Beiträge Meurers[61] und Jordans[62].

---

58 Fincke *a.a.O.* 121.

59 Fincke *a.a.O.* 121 mit einem unspezifizierten Verweis auf Stratenwerth. Zur Untermauerung führt Fincke fernerhin das folgende Beispiel der unentwirrbaren Tötung mehrerer Menschen durch mehrere Täter an: »Man stelle sich vor, daß A und B unter Verwendung gleicher Schußwaffen eine Gruppe von Menschen niederschießen. Da jede Kugel getroffen hat und feststeht, wieviele Kugeln A und wieviele Kugeln B im Magazin seiner Waffe hatte, wenn ferner A und B ihre Magazine leergeschossen haben und die Zahl der ausnahmslos mit einem Schuß tödlichgetroffenen Opfer mit der Zahl der zuvor vorhandenen Geschosse übereinstimmt, so wird man nicht zögern, dem Schießen des A diejenige Zahl von Todesopfern zuzurechnen, die der Zahl der in seinem Magazin [ursprünglich] vorhandenen Kugeln entspricht« (121f.; Erg. J.Z.).

In der frühen 1990er Jahren befasst sich die Literatur dem gegenüber verstärkt mit der Übertragung der für die Konstellation der Arzneimittelprüfung formulierten Argumente auf andere Konstellationen statistischer Kausalität. Grundlegend neue Gesichtspunkte bringen dabei insbesondere K. und I. Tiedemann vor. Ausgangspunkt ihrer Überlegungen ist zunächst die bekannte Problemstellung, dass im Falle einer nicht einhundertprozentigen Heilungswirkung des Testpräparats (die bei einem Placebo stets und bei einem Standardheilmittel regelmäßig nicht erreicht wird) wegen der Vielzahl der bei der Heilung mitwirkenden Faktoren sich nicht mit einer genügenden Gewissheit ermitteln lasse, welche konkreten Personen in ihren Lebens- und Gesundheitschancen beeinträchtigt worden seien.[63] Im Hinblick auf dieses Problem nehmen K. und I. Tiedemann zunächst einen im Lichte des statistischen Lösungsansatzes konventionellen Standpunkt ein: Es genüge die Feststellung, dass »(irgend)eine Person« durch das Täterverhalten zu Schaden gekommen sei[64]. Diese Auffassung führen K. und I. Tiedemann auf die Figur des error in persona zurück, nach welcher bekanntlich die Fehlvorstellung über die Individualität des Opfers nur einen unbeachtlichen Motivirrtum begründet. Jedoch ergänzen sie die materiellrechtliche Betrachtung durch verfahrensrechtliche Überlegungen, welche letztlich zur Verwerfung des statistischen Lösungsansatzes führen: Sachlich laufe der statistische Kausalnachweis auf eine ›Opfer-Wahlfeststellung‹ hinaus.[65] Ziel der Opfer-Wahlfeststellung sei wie für jede andere Entscheidung auf Grund bloß alternativer Tatsachenbasis die Auflösung des Konflikts zwischen Rechtssicherheit und Gerechtigkeit zu Gunsten

---

60 Samson *Strafbarkeit der klinischen Arzneimittelprüfung* 1184.

61 Meurer *Arzneimittel in der modernen Gesellschaft* 227.

62 Vgl. Jordan *Placebokontrollierte Therapiestudien* 57f.

63 K. und I. Tiedemann *Statistische Kausalität und Opfer-Wahlfeststellung* 144.

64 Tiedemann *a.a.O.* 145 (am Beispiel des § 212 bzw. § 222 StGB).

65 Vgl. Tiedemann *a.a.O.* 146 mit kritischer Reflexion des Terminus ›Opfer-Wahlfeststellung‹.

der Einzelfallgerechtigkeit.[66] Bei dieser Konfliktbewältigung könnten jedoch – wie das Fehlen des Instituts der Wahlfeststellung in ausländischen Strafrechtsordnungen indiziere – die Gewichte nicht allgemein zu Lasten der Rechtssicherheit verschoben werden. Den Einwand konkretisieren K. und I. Tiedemann am Beispiel der umweltgefährdenden Immissionen: Zwar existierten für die meisten Industriegebiete statistische Kausalgesetze, die sichere Aussagen über die Mortalität im Immissionsgebiet möglich machten. Bei Wahl eines hinreichend großen Personenkreises – exemplarisch »alle in Y-Stadt wohnhaft gewesenen Personen, die im Jahre X an Lungekrebs gestorben sind« – könne daher eine hinreichend gesicherte Aussage über die Mindestzahl der Geschädigten getroffen werden, die ohne den Schadstoffausstoß des (Haupt-) Betreibers noch am Leben wären[67]. Jedoch erweise sich bei näherer Betrachtung derartiger Konstellationen die limitierte Leistungsfähigkeit der Opfer-Wahlfeststellung im Hinblick auf den verfahrensrechtlichen Aspekt der Befriedung des durch ›die Tat‹ geschaffenen Unrechtszustands: Die bloße Erhöhung einer Opferquote ohne die Individualisierung der Betroffenen werde dem rechtsstaatlichen Erfordernis hinreichender Feststellung ›der Tat‹ nicht gerecht. Dies gelte zumindest für höchstpersönliche Rechtsgüter wie Leben und Gesundheit und zumindest dort, wo die Opfer auch bei größtem technischen und wissenschaftlichen Aufwand nicht individualisiert werden könnten[68]. So sei exemplarisch im Contergan-Fall die Zurechnung zu verneinen, weil sich innerhalb des Kreises der *Geschädigten* auch solche Personen befänden, die *natürlicherweise* fehlgebildet zur Welt gekommen wären[69]. Hieraus leiten K. und I. Tiedemann das – allerdings zurückhaltend formulierte – Ergebnis ab, dass »wegen der fehlenden Opferbestimmbarkeit

---

66 Tiedemann *a.a.O.* 148.

67 Tiedemann *a.a.O.* 147.

68 Tiedemann *a.a.O.* 147f. und 149f.

69 Tiedemann *a.a.O.* 149.

[…] ein nachweisbarer Vorwurf der Tötung oder Körperverletzung nicht zu erheben sein *dürfte*«[70].

An diesen Stand der Diskussion schließt sich beispielhaft für die jüngere Diskussion Rolinskis durch zahlreiche kriminalpolitisch brisantere Beispiele illustrierte Beitrag zur ›Statistischen Kausalität im Strafrecht‹[71] an. Die Darstellung widmet sich zunächst deskriptiven Fragen statistischer Kausalität, die Rolinski trotz terminologischer Bedenken[72] im Ergebnis mit dem Argument akzeptiert, dass im Strafrecht ausnahmslose Täter-Opfer-Beziehungen keineswegs der Regelfall seien[73], so dass sich der Übergang zur Berücksichtigung nichtdeterministischer Zusammenhänge als sehr gering erweise. Paradigma der normativen Betrachtung bildet der dem Immissionsbeispiel Tiedemanns nahe stehende Fall, dass im Umkreis eines Atomkraftwerks die radioaktive Strahlung um ein messbares Quantum ansteigt und sich gleichzeitig in diesem Gebiet Leukämie-Erkankungen häufen[74]. Zur Behandlung dieser Konstellation äußert sich Rolinski wie folgt: Akzeptiere man allgemein nichtdeterministische Relationen, so könne für das gewählte Beispiel die Tatbestandlichkeit des Betriebs des Kernkraftwerks darauf gestützt werden, dass »zwischen der erhöhten radioaktiven Strahlung des Atomkraftwerks (Verhalten des Betreibers) und der erhöhten Anzahl von

---

70 Vgl. Tiedemann *a.a.O.* 150 (Hervorh. J.Z.) mit besonderem Bezug zum Heilmittelversuch.

71 Rolinski *›Statistische Kausalität‹ im Strafrecht?* in: *FS für Miyazawa* 484ff.

72 Vgl. Rolinski *a.a.O.* 493, der davon spricht, dass »der Begriff ›statistische Kausalität‹ […] ein Unding bezeichnet, weil er einen Widerspruch enthält. Man könnte genausogut ›gegrillter Schneeball‹ sagen«.

73 Zur Illustration führt Rolinski *a.a.O.* 494 das Beispiel an, dass jemand aus dem vierten Stock eines Hauses auf die Straße gestoßen wird. Das Opfer sterbe dabei zwar regelmäßig, aber mitnichten immer. Vielmehr verdecke das Strafrecht dadurch, dass es sich nur mit den erfolgreichen Ereignisses beschäftige, die Erkenntnis, dass dem Vorgang als solchem eine probabilistische Gesetzmäßigkeit zu Grunde liege.

74 Vgl. Rolinski *a.a.O.* 484.

Leukämiefällen (Erfolg)«[75] ein (statistisch-) kausaler Zusammenhang bestehe.[76] Dabei nimmt Rolinski das Problem, dass im Hinblick auf die gestiegene Zahl an Erkrankungen nicht entschieden werden könne, »welche von allen Opfern die zusätzlichen sind«[77], ohne vertiefende Erörterung hin[78]. Insbesondere teilt er die von K. und I. Tiedemann vorgetragene Skepsis im Hinblick auf die (mangelnde) Befriedungswirkung statistischer Kausalfeststellungen im Strafprozess nicht. Im Vordergrund steht für Rolinski vielmehr die rechtspolitisch motivierte Frage danach, ob den Geschädigten das sich statistisch realisierende Risiko aufgedrängt worden sei oder nicht. [79] Dem folgend sei im Falle von Kraftwerks- und sonstigen Großindustrie-Immissionen die Zurechnung kriminalpolitisch indiziert.[80] Folgt man diesem Gedanken, muss kehrseitig die Zurechnung bei der freiwilligen Teilnahme an pharmakologischen Experimenten verneint werden[81].

---

75 Rolinski *a.a.O.* 488.

76 Rolinski *a.a.O.* 498. Rolinski weist zugleich darauf hin, dass sich die – dann tatbestandliche Handlung – nicht durch den Verweis auf ein ›erlaubtes Risiko‹ rechtfertigen lasse.

77 Rolinski *a.a.O.* 489.

78 Vielmehr verweist er – ohne abschließend Stellung zu nehmen – auf die von Tiedemann geführte Diskussion. Rolinksi *a.a.O.* 489 mit Fn. 20.

79 Rolinksi *a.a.O.* 498ff.

80 Vgl. Rolinski *a.a.O.* 498: »Die Bewohner sind nicht in die Nachbarschaft von AKWs gezogen, sondern diese haben sich – regelmäßig gegen ihren Willen kraft gerichtlicher Urteile – ihnen aufgedrängt. [...] Wenn die Gewinnung von Energie durch Atomkraft unvermeidlich mit Kranken und Toten verbunden ist, müssen den angrenzenden Bewohnern wenigstens mit großzügigen Entschädigungen Umzugsangebote gemacht werden. Andernfalls würde die Abwägung zwischen den Rechtsgütern Leben und Energiegewinnung zu Lasten von Leben getroffen werden. *Das Strafrecht wird eine solche Entscheidung nicht zulassen können* [...]. [Gleiches gilt für industrielle Großbetriebe.] Auch hier werden Bewohner im Regelfall gegen ihren Willen einer Gefahr ausgesetzt« (Erg. und Hervorh. J.Z.).

81 Offengelassen von Rolinski *a.a.O.* 498. Allerdings äußert sich Rolinski zum Beispiel des Straßenverkehrs im hiesigen Sinne: »Jeder Verkehrsteilnehmer [nimmt]

3.3 Kritik des statistischen Lösungsansatzes

Fasst man den Übergang zu kriminalpolitischen Überlegungen als Indiz für die relative dogmatische Sicherheit über die Akzeptanz des Quivis-Gedankens als solchen auf, so ist damit die Basis für die kritische Auseinandersetzung mit dem statistischen Lösungsansatz erreicht. Bringt man diesen zunächst auf das eingangs benannte Würfelbeispiel zur Anwendung, so ergibt sich das Folgende: Zwischen der Manipulation am Würfel und dem erhöhten Auftreten der Augenzahl ›sechs‹ besteht ein begründeter statistischer Kausalzusammenhang, ohne dass sich en detail nachvollziehen lässt, welche Wirkung die Manipulation im konkreten Wurf hat. Fest steht jedoch, dass die Veränderung der physikalischen Eigenschaften den Wurfvorgang ›irgendwie‹ beeinflusst. Dies erklärt das vermehrte Auftreten von Gewinnwürfen beim unredlichen Spieler, ohne dass sich freilich entscheiden ließe, welche Gewinnwürfe konkret hinzugetreten sind. Ein Schaden soll indessen bereits dann bejaht werden, wenn für ›irgendeinen‹ Gewinnwurf festgestellt werden kann, dass er ohne die Manipulation ausgeblieben wäre. Diese Feststellung ist Tatfrage und hängt davon ab, ob hinreichend viele Gewinnwürfe getätigt worden sind, so dass aussagekräftiges Datenmaterial zur Verfügung steht, in Bezug auf welches die beobachtete Häufigkeitsverteilung mit der erwarteten Häufigkeitsverteilung von Gewinnwürfen (bei Verwendung eines ›fairen‹ Würfels) verglichen werden kann. Instrumente hierfür stellt die Inferenzstatistik zur Verfügung. Zu denken ist insbesondere an den auch in der klinischen Forschung etablierten Binomialtest[82], sofern Datenmaterial ausreichend vorhanden ist.

---

freiwillig an risikoreichen System teil, so daß man sagen könnte, jede Strafbarkeit […] entfalle wegen des erlaubten Risikos« (*a.a.O.* 499; Erg. J.Z.).

82 Mittels des Binomialtests wird überprüft, ob die Abweichung der beobachteten von der erwarteten Verteilung eines gewissen Merkmals in einer Stichprobe als statistisch bedeutsam anzusehen ist. Zu diesem Zweck wird die Wahrscheinlichkeit dafür ermittelt, dass innerhalb der Stichprobe eine bestimmte Anzahl von Elementen einer gewissen Merkmalskategorie angehört. Unterschreitet diese Wahrscheinlichkeit ein gewisses Niveau (Signifikanzniveau), so gilt die beobachtete Stichprobe

Folgt man diesem Gedankengang, so ist demnach prima facie ein bis hin zur operativen Ebene geordneter Lösungsweg vorgezeichnet. Bei näherer Betrachtung stellen sich jedoch Zweifel ein. Diese nehmen ihren Ausgang von der im Beispiel implizit erfüllten Prämisse der normativen Äquivalenz derjenigen Erfolgsereignisse, welche in der abstrakten statistischen Betrachtung zusammengefasst werden. Denn das erzielte Zurechnungsergebnis erscheint nur plausibel, wenn vorausgesetzt werden kann, dass bei allen vom unredlichen Spieler durch einen Sechserwurf gewonnenen Spielen der getätigte Einsatz annährend gleich groß war. Würde dem gegenüber – in Annäherung an die Praxisfälle – von einer fluktuierenden Mehrzahl von Mitspielern ausgegangen werden, von denen einige um geringe Beträge, andere aber um hohe Summen spielen, so wird die Abstraktion des Geschädigten zum bloßen quivis nicht zuletzt im Hinblick auf das Regelbeispiel des großen Vermögensverlusts (§ 263 Abs. 3 Nr. 2 Alt. 1 StGB) fragwürdig.

Zu vertiefen ist dieser Einwand in Ansehung der für die Entwicklung des statistischen Lösungsansatz im Schrifttum maßgeblichen Urkonstellation des Arzneimittelexperiments. Auch diese zeichnet sich zunächst durch die implizite normative Äquivalenz der Schadensereignisse aus. Denn für den zu Grunde liegenden Tatbestand der Tötung ist charakteristisch, dass seinem Schutzgut ein absoluter Höchstwert zugewiesen ist. Dies bedeutet, dass der bloße Verlust jeder Spanne an Lebenszeit einen tatbestandlichen Erfolg begründet, ohne dass es auf quantitative Fragen ankommt. Bei anderen Delikten, etwa bei der Körperverletzung, ist diese Voraussetzung nicht ohne weiteres gegeben.[83] Darüber hinausgehend zeichnet sich die Urkonstellation der Arzneimittelprüfung dadurch aus, dass die Tathandlung auf einen Personenkreis einwirkt, der

---

als nicht zu derjenigen ›Population‹ gehörig, für welche die Erwartung der Verteilung gültig wäre (exemplarisch: der beobachtete Würfel gilt nicht als ›fairer‹ Würfel). Bei größeren Stichproben kann der Binomialtest durch den mathematisch weniger aufwendigen χ^2-Test ersetzt werden. Zu den Einzelheiten der Testverfahren vgl. exemplarisch Bortz/Lienert *Kurzgefaßte Statistik* 51 ff.

83 Kritisch auch Samson *Strafbarkeit der klinischen Arzneimittelprüfung* 1184.

sowohl nach deskriptiven als auch nach normativen Kriterien eindeutig begrenzt ist, weil die Versuchsleitung gegenüber jedem seiner Mitglieder gleichermaßen in der Pflicht steht. Damit ergibt sich insgesamt, dass nicht nur auf Grund der abstrakten Höchstwertigkeit des Rechtsguts Leben die potenziellen Schädigungen verschiedener Personen äquivalent sind, sondern darüber hinausgehend auch die Gruppe der Geschädigten normativ homogen ist.

Im Zusammenspiel beider Charakteristika gewinnt der statistische Lösungsansatz in der Urkonstellation eine appellative Überzeugungskraft: Wenn der Versuchsleiter eines Arzneimitteltests bei der sich abzeichnenden Überlegenheit des einen Präparats den Versuch nicht abbricht und dadurch einigen seiner Patienten (den Angehörigen der Test- bzw. der Kontrollgruppe) die wirksamere Medikation vorenthält, so kann es keinen Unterschied machen, ob der in den Mortalitätsraten quantifizierbare Erfolg des überlegenen Wirkstoffs letztlich auf den Tod von Herrn X oder von Frau Y zurückzuführen ist. Insbesondere überzeugt im Hinblick auf diese Konstellation das Tiedemannsche Argument nicht, die bloße Wahlfeststellung stifte – da es sich um ein höchstpersönliches Rechtgut handelt – keinen rechtlichen Frieden. Sicherlich befriedigt das Ergebnis, den Angeklagten für einen ganz konkreten Schaden zur Verantwortung zu ziehen, das Sanktionsbedürfnis in maximaler Weise. Indessen folgt aus der Verfehlung dieses Maximalziels weder logisch, noch ist es nach Wertungsgesichtspunkten plausibel, dass die Alternative in der Nichtsanktion besteht. Im Gegenteil: Gerade dann, wenn Strafe nicht nur das bloße Substitut für ein (personalisiertes) Talionsbegehren ist, erscheint die Auferlegung einer Sanktion für eine (der personalen Beziehung entkleidete) Rechtsgutschädigung ›irgendeines‹ Betroffenen strafrechtszielkonform. Denn es besteht weder ein spezial-, noch ein generalpräventiv begründetes Interesse an der Namhaftigkeit der von der Straftat nachteilig Betroffenen.

Anders stellt sich die Lage indessen dar, wenn die Prämisse der Homogenität und Äquivalenz nicht erfüllt ist. Illustrativ hierfür ist die im Schrifttum insbesondere diskutierte Konstellation der Industrie-Immission, denn dort ist die normative Homogenität des Geschädigtenkreises und die Äquivalenz des Erfolgs keineswegs die Regel. Ihr Nichtvorliegen begründet daher ein strukturelles Problem. Denn die für den statistischen Lösungsansatz charakteristische Parametrisierung des Erfolgs genügt bei Delikten, bei denen es auf eine individuelle Sonderrechtsbeziehung ankommt, insbesondere also bei den Pflichtdelikten, nicht ohne Weiteres. Vielmehr trägt die Feststellung, dass ›irgendein‹ Rechtsgutträger zu Schaden gekommen ist, die Zurechnung nur dann, wenn der Verantwortliche gegenüber *allen* (mutmaßlich) Geschädigten in der Pflicht steht. Wirkt jedoch die Tathandlung auf eine fluktuierende Population ein, so mangelt es bereits an einem begrenzten Kreis der Betroffenen. Um mit einem Beispiel Rolinskis zu sprechen: Angenommen, in einem Industriegebiet emittiert ein Großbetrieb Schwefeldioxid in erheblicher Menge und seit Ansiedelung dieses Betriebs ist eine große Zahl von Kindern an ›Pseudo-Krupp‹ erkrankt[84]. Dann stellt sich für die konkrete Anwendung statistischer Gesetze zunächst die Frage nach den räumlichen und zeitlichen Grenzen, welche an die geschädigte Population anzutragen sind. Präzise gesprochen heißt das: Es muss auch die Frage danach beantwortet werden, ob die Cousine eines der erkrankten Kinder zum Kreis der Geschädigten zählt, wenn sie ihren Vetter, der einen halben Kilometer von der Anlage entfernt wohnt, während der Sommerferien besucht und während ihres Aufenthalts einen chronischen Reizhusten entwickelt.

Für die Beantwortung dieser Fragen fehlt es jedoch ersichtlich an Maßstäben, welche insbesondere den Anforderungen gesetzlicher Bestimmtheit genügen. Zwar schützen die immissionsschutzrechtlichen Normen die Nachbarschaft vor Anlagen, gegen deren Betrieb sie keinen Unterlassungsanspruch hat. Es lässt sich somit aus dem Gesetz heraus begründen, dass der Betreiber der duldungspflichtigen Anlage kehrseitig gegenüber den Anwohnern in einer Sonderrechtsbeziehung steht, so dass die Überschreitung von Grenzwerten eine Schutzpflichtverletzung

84 Vgl. Rolinski *Statistische Kausalität* 484 (Beispiel 2).

gegenüber dem gesamten Kollektiv begründet. Jedoch ist damit der Kreis der geschützten Personen nur ungenau bezeichnet. Folgt man den Regeln des BImSchG, sind allenfalls die *unmittelbaren* Anwohner gesetzlich bestimmt. Jede darüber hinausgehende, insbesondere an faktischen Verhältnissen orientierte Erfassung des betroffenen Personenkreises begegnet hingegen der Schwierigkeit, dass der Wirkbereich einer Immission, insbesondere eines Gases, keine räumlich scharfen Grenzen aufweist. Für den (am Beispiel der Cousine veranschaulichten) Durchreisenden wird schließlich die Formulierung eines Abgrenzungskriteriums heillos, zumal dann, wenn man dem von Rolinski vorgetragenen Aspekt der Unfreiwilligkeit der Exposition Rechnung tragen will.

Daneben erhebt sich der eingangs benannte Einwand mangelnder Äquivalenz der Erfolgsereignisse. Allgemein sind Individualvariablen nur dann normativ interesselos, wenn auch der Erfolg jeweils gleich schwer wiegt. Während sub facie §§ 212, 222 StGB und auch sprichwörtlich ›im Tode alle Menschen gleich sind‹, decken die Körperverletzungstatbestände hingegen eine Spanne ab, die vom bloßen Reizhusten bis zum Siechtum durch Lungenkrebs reicht. Im Hinblick hierauf ist es unmöglich, den Unwertgehalt der Tat durch die abstrakte Feststellung erfassen zu wollen, dass ›mindestens *x* Personen‹ an der Gesundheit geschädigt worden sind.

Schließlich greifen allgemeine Bedenken gegen die normativen Konsistenz des Quivis-Gedankens durch: Die Grundlage des statistischen Lösungsansatzes bildet die These von der Gleichwertigkeit der Rechtgutschädigungen. Aus dieser These leitet sich das Genügen der Feststellung ab, dass ›irgendein‹ Betroffener zu Schaden gekommen ist. Folgt man dem, dann sind quantitative Aspekte für die Beantwortung der Frage nach der Tatbestandlichkeit nicht von Interesse, sondern allenfalls für die Strafzumessung bedeutsam. Unter operativen Gesichtspunkten braucht es indessen zur praktischen Anwendbarkeit des statistischen Ansatzes einer ausreichend großen Zahl von Schadensfällen. Daraus resultiert der folgende innere Konflikt: Ist die gleiche Schutzwürdigkeit der Rechtgutinhaber maßgeblich, dann widerstreitet es dieser Prämisse wertungsmäßig, dass die Sanktionabilität an das Erreichen einer Mindestanzahl von Geschädigten gebunden ist. Denn obwohl jeder Rechtsgutinhaber gleichmäßig schutzwürdig ist (in Ansehung von Finckes Beispiel: der erste ›unnötig‹ Gestorbene ebenso wie der einhundertste), erfordert der statistische Lösungsansatz faktisch, dass eine gewisse Anzahl an Rechtsgutinhabern ihr Gut aufgeopfert haben muss, damit das Zurechnungsurteil als genügend ›sicher‹ gilt. Diese innere Spannung lässt sich nur pragmatisch legitimieren, wenn man hinnimmt, dass in casu nun einmal bereits genügend viele Opfer zu beklagen sind. Abgesehen vom Zynismus einer solchen Betrachtungsweise und abgesehen von der Frage, mit dem Überschreiten welcher Schwelle eine genügende Sicherheit erreicht ist[85], bleibt unter theoretischen Gesichtspunkten einzuwenden, dass derart nur ein von den – casus propter casum – zufälligen Umständen des Einzelfalls abhängiger Lösungsweg beschritten werden kann.

Auf Grund dessen ist zum statistischen Lösungsansatz insgesamt abschlägig Stellung zu beziehen. Der Ansatz erscheint nur für die Lösung von Sonderfällen geeignet. Rechtspraktisch werden diese wohl ausschließlich in den von Fincke diskutierten Fallkonstellationen bedeutsam (dort allerdings im Hinblick auf die Homogenität der Population und die Äquivalenz der Schädigung in idealtypischer Form). Darüber hinausgehend erweist sich der statistische Lösungsansatz hingegen nicht als ertragreich, weil er nicht auf Pflichtdelikte und Verletzungsdelikte mit einem weiter reichenden Spektrum von tatbestandlichen Erfolgen übertragen werden kann. Dies übersieht das Schrifttum, wenn es den von Fincke angesichts der Tötungstatbestände formulierten Gedanken zunächst materiell auf die Körperverletzung und schließlich formal auf die Produkt- und Umwelthaftung überträgt. Auf Grund dessen ist der statistische Lösungsansatz im Folgenden nicht weiter von Interesse.

---

85 Zur Fragwürdigkeit der in der Statistik üblichen Grenzwerte von 95%, 99%, 99,9% in der forensischen Anwendung vgl. Rolinski *Statistische Kausalität* 493.

Der nächste Abschnitt wendet sich daher dem eingangs letztgenannten probabilistischen Lösungsansatz zu.

4. Probabilistischer Lösungsansatz

In Abschnitt II, 4 wird daher der probabilistische Lösungsansatz diskutiert. Zu diesem Zweck wird zunächst der Risikoerhöhungsgedanke erörtert, der von Roxin in Auseinandersetzung insbesondere mit dem Radfahrerfall in die Diskussion eingeführt worden ist (4.1). Dem folgt die Diskussion der Fortentwicklung des Ansatzes in der wissenschaftlichen Auseinandersetzung (4.2). Schließlich wird der probabilistische Lösungsansatz der Kritik unterzogen. Diese führt zu dem Ergebnis, dass der probabilistische Ansatz der Präzisierung bedarf, um als Grundlage einer einheitlichen Theorie der Zurechnung zu fungieren (4.3).

4.1 Zurechnungsprinzip der Risikoerhöhung

Der probabilistische Lösungsansatz hat mit dem statistischen Lösungsansatz gemeinsam, dass beide implizit vom Fehlen eines Kausalwissens ausgehen, bei dessen Vorliegen eine explizite und strikte singuläre Erklärung des Erfolgs resp. eine Prognose über das hypothetische rechtmäßige Alternativverhalten möglich wäre. In Fortführung des oben[86] dargelegten Gedankengangs ist daher zunächst auch für die Diskussion des probabilistischen Lösungsansatzes vom Vorliegen einer gesicherten nichtdeterministischen Kausalrelation auszugehen.

Gegenüber dem statistischen Lösungsansatz grenzt sich der probabilistische Lösungsansatz allerdings dadurch ab, dass der nichtdeterministische Geschehensverlauf nicht einer abstrahierenden Betrachtung unterworfen wird, sondern – ebenso wie beim deterministischen Ansatz – der Erfolg als individualisierbares Ereignis auf der Ebene des konkreten Geschehens betrachtet wird. Der Grundgedanke des probabilistischen Ansatzes besteht darin, an die Stelle der ›mit an Sicherheit grenzenden Wahrscheinlichkeit‹ festzustellenden Exklusivität von rechtmäßigem Alternativverhalten und Erfolg die Frage nach dem Be-

86 Vgl. o. II, 3.1 (S. 39f.).

stehen einer positiven Wahrscheinlichkeitsrelation zwischen Handlung und Erfolg treten zu lassen.

Dieser Gedanke ist in der strafrechtsdogmatischen Auseinandersetzung unter dem Stichwort der ›Risikoerhöhung‹ wohl bekannt. Der probabilistische Ansatz unterscheidet sich folglich von den vorgenannten Lösungsansätzen auch dadurch, dass er zumindest in der Lehre gut etabliert ist. Dabei können im Grundsatz zwei unterschiedliche Begründungsmuster der Risikoerhöhungslehre unterschieden werden: ein normativ ausgerichteter Ansatz, welcher den Gesichtspunkt der Verbotenheit der Gefahrerhöhung in den Vordergrund stellt[87], und ein deskriptiv ausgerichteter Ansatz, welcher auf den Gesichtspunkt des Indeterminismus des zu Grunde liegenden Kausalprozesses abstellt[88]. Beide Ansätze sollen im Folgenden am Beispiel der Urlehre Roxins und der insbesondere von Puppe vorgetragenen ›Zurechnung nach Wahrscheinlichkeitsregeln‹ näher diskutiert werden.

Ausgangspunkt der von Roxin begründeten Risikoerhöhungslehre (1962)[89] ist die Betrachtung von Fallkonstellationen, die sich durch ein dreifaches Charakteristikum auszeichnen, nämlich dadurch, dass sich der Täter inkorrekt verhalten hat, eine Rechtsgutsverletzung vorliegt und bei einwandfreiem Verhalten der Erfolg möglicherweise dennoch eingetreten wäre.[90] Zur Veranschaulichung dieser Konstellation greift Roxin insbesondere auf den mittlerweile klassischen[91] Radfahrerfall[92]

87 Burgstaller *Fahrlässigkeitsdelikt* 139ff.; Lampe *Fahrlässigkeitsdelikte* 44f.; Otto *Risikoerhöhungsprinzip* 423; Roxin *Pflichtwidrigkeit und Erfolg* 433ff.; Rudolphi *SK Vor § 1* Rn 66ff. Weitere Nachweise bei Erb *Rechtmäßiges Alternativverhalten* 120.

88 Kahrs *Vermeidbarkeitsprinzip* 51ff.; Puppe *Zurechnung und Wahrscheinlichkeit* 305ff.; Stratenwerth *Bemerkungen zum Prinzip der Risikoerhöhung* 231ff.

89 Roxin *Pflichtwidrigkeit und Erfolg bei fahrlässigen Delikten* in: ZStW 74 (1962), 411ff.

90 Roxin *a.a.O.* 412.

91 Mit derselben Einschätzung Puppe *Brauchen wir eine Risikoerhöhungstheorie?* 287.

zurück. Ansatzpunkt seines Beitrags ist die für die tradierte Zurechnungslehre relevante Frage nach dem rechtmäßigen Alternativverhalten. Der Vorschlag Roxins für die Unterscheidung des für die Zurechnung genügenden Zusammenhangs von Unrechtshandlung und Erfolg zielt darauf, dasjenige Verhalten, welches dem Täter nach den Grundsätzen des erlaubten Risikos nicht zum Vorwurf hätte gemacht werden dürfen, mit der konkret vollzogenen Handlung zu vergleichen. Ergebe sich ein positiver Saldo, so dass die »Chance des Erfolgseintritts durch das unkorrekte Täterverhalten gegenüber dem erlaubten Risiko erhöht worden ist«[93], so sei die strafrechtliche Verantwortlichkeit für den Schaden zu bejahen, andernfalls zu verneinen. Das Abgrenzungskriterium folgt aus der Überlegung, dass im sozialen Miteinander Gefahren auftreten (exemplarisch im Radfahrerfall: die Gefahr der Kollision beim Überholen im Straßenverkehr), von denen der Gesetzgeber entscheiden könne, ob er sie dadurch eliminiert, dass er das gefahrerzeugende Verhalten »ganz verbietet«[94], oder ob er sie durch verhaltensregelnde Normen auf ein gewisses Maß reduziere (so durch die Erlaubnis zum Überholen unter Einhaltung eines Mindestseitenabstands im Interesse des reibungslosen Ablaufs des Straßenverkehrs). Entscheide er sich für die zweitgenannte Alternative und trete bei regelkonformen Verhalten der Erfolg dennoch ein, so müsse der Gesetzgeber, »weil er dieses Risiko in Kauf genommen hatte, auf eine Bestrafung verzichten«[95]. Was der Gesetzgeber jedoch in dem einen Falle im allgemeinen Interesse ungeahndet lasse, brauche er andernfalls »bei einer gefahrsteigernden Über-

---

92 Der Fahrer eines LKWs überholt einen betrunkenen Radfahrer und hält dabei den nach der StVO gebotenen Seitenabstand nicht ein. Während des Überholvorgangs gerät der Radfahrer, weil er das Rad nach links verzieht, unter die Hinterreifen und wird tödlich verletzt. Es wird festsgestellt, dass der Unfall sich auch bei genügendem Seitenabstand mit hoher Wahrscheinlichkeit hätte ereignen können. Vgl. im Einzelnen BGH*St 11*, 1.

93 Roxin *Pflichtwidrigkeit und Erfolg* 432.

94 Roxin *a.a.O.* 433.

95 Roxin *a.a.O.* 433.

schreitung der von ihm gezogenen Grenze nicht mehr hinzunehmen«[96]. Deshalb trete derjenige, welcher das erlaubte Risikomaß überschreite, in die tatbestandliche Haftung ein (Zurechnungsprinzip der Risikoerhöhung)[97].

Aus diesem Gedanken leitet sich auf operativer Ebene das Folgende ab: Gemeinsam ist den von Roxin diskutierten Fallkonstellationen[98], dass der Handelnde ein unter deskriptiven Gesichtspunkten untrennbares Gesamtrisiko schafft, aus welchem der Erfolg hervortritt. Dieses Gesamtrisiko kann allerdings nach normativen Gesichtspunkten in (mindestens[99]) zwei wertungsmäßig dishomogene Teilrisiken dissoziiert werden: das ›Grundrisiko‹[100] (exemplarisch im Radfahrerfall: das Kolli-

96 Roxin *a.a.O.* 433.

97 Vgl. Roxin *a.a.O.* 440ff.

98 Neben dem Radfahrerfall verweist Roxin *a.a.O.* 411f. auf den ›Apothekerfall‹ (nach RG*St 15*, 151: Ein Apotheker gibt nach Ablauf des Rezepts ohne Rücksprache mit dem Arzt eine phosphorhaltige Medizin heraus, die letztlich zu einer Phosphorvergiftung beim Patienten führt; der Arzt hätte bei Rückfrage allerdings das Medikation selbst wohl weiterverordnet), den ›Ziegenhaarfall‹ (nach RG*St 63*, 211: Ein Fabrikant gibt seinen Arbeiterinnen chinesisches Ziegenhaar zur Verarbeitung, ohne dieses vorher desinfiziert zu haben; gegen die Milzbranderreger, die zu einer tödlichen Infektion bei vier Arbeiterinnen führen, hätten allerdings die zugelassenen Desinfektionsmittel keine Gewähr geboten) und den ›Novokainfall‹ (ein von Schmidt [*Arzt im Strafrecht* 200] übernommenes Beispiel: Ein Arzt spritzt zur Betäubung statt des indizierten Novokains eine Dosis Kokain, an welcher der Patient verstirbt; allerdings wäre auch bei Novokain eine tödliche Reaktion gerade dieses Patienten auf Grund von dessen Körperbeschaffenheit zu erwarten gewesen).

99 Im Radfahrerfall ergeben sich zunächst drei Teilrisiken: das durch die Trunkenheit des Radfahrers begründete Risiko einer Fehlreaktion, das durch den an sich erlaubten Überholvorgang begründete Risiko einer Kollision sowie schließlich die durch die verbotene Unterschreitung des Seitenabstands hinzutretende Gefahr. Ordnet man allerdings aus Sicht des LKW-Fahrers das Trunkenheitsrisiko der allgemeinen Gefahr von Kollisionen bei Überholvorgängen zu – weil auch das Überholen (unerkannt) Betrunkener erlaubt ist –, so gelangt man zur bezeichneten Zweiteilung des Gesamtrisikos.

100 Der Terminus folgt Samson *Erfolgszurechnung und Risiko* 588.

sionsrisiko durch das Überholen als solches) und die hinzutretende Gefahrerhöhung (durch Unterschreiten des Seitenabstands). Eben diese Dishomogenität begründet das für die tradierte Zurechnungslehre bestehende Problem, weil sich das Grundrisiko bei der Frage nach der Exklusivität von rechtmäßigem Alternativverhalten und Erfolg zu Gunsten des Handelnden auswirkt. Der von Roxin vorgetragene Lösungsansatz überwindet hingegen diese Schwierigkeit, weil das Zurechnungsprinzip der Risikoerhöhung die normative Dishomogenität der Teilsrisiken beseitigt. Denn dem Handelnden wird die Haftungsfreistellung für das Grundrisiko wegen des Überschreitens des Erlaubnisrahmens versagt. Grundrisiko und Gefahrerhöhung verschmelzen folglich zu einer Zurechnungseinheit. Im Ergebnis kann somit der Erfolg auf ein insgesamt unerlaubtes Risiko zurückgeführt werden.

Diese normative Verklammerung von Grundrisiko und Gefahrerhöhung ist indessen in der strafrechtswissenschaftlichen Diskussion nicht unbestritten geblieben. Die Lager der Auseinandersetzung um das Zurechnungsprinzip der Risikoerhöhung sind wohlbekannt[101]. Der zentrale Einwand gegen das Risikoerhöhungsprinzip wird dabei sowohl prozessual als auch materiellrechtlich verankert: Könne dem Täter lediglich vorgeworfen werden, die Gefahr des Erfolgseintritts gesteigert zu haben, so bleibe letztlich unbewiesen, dass das gewünschte, auf das Grundrisiko beschränkte resp. risikomindernde Verhalten, welches durch die tatbestandliche Sanktionsdrohung intendiert werde, auf den Geschehensverlauf erfolgsabwendend Einfluss genommen hätte. Deshalb sei nach dem Grundsatz ›in dubio pro reo‹ davon auszugehen, dass das versäumte rechtstreue Verhalten zur Abwendung des Schadens konkret ungeeignet gewesen wäre.[102] Vielmehr könne dem Täter lediglich die Schaffung einer Gefahr nachgewiesen werden. Wo der Straftatbestand jedoch nicht nur eine Gefährdung, sondern darüber

---

101 Einschlägige Darstellungen finden sich in jedem Lehrbuch, vgl. statt vieler: Kühl *AT § 17* Rn 52 m.w.N.

102 Vgl. eingehend Stratenwerth *Bemerkungen zum Prinzip der Risikoerhöhung* 228.

hinausgehend eine Verletzung des Schutzguts fordere, fehle der nachgewiesenen Tat die tatbestandliche Qualität. Durch den Rückgriff auf das Risikoerhöhungsprinzip werde diese kategoriale Grenze verwischt und die Verletzungsdelikte zu Ungunsten des Normunterworfenen in konkrete Gefährdungsdelikte umgedeutet, bezüglich derer der Eintritt des Erfolgs nur noch eine objektive Bedingung der Strafbarkeit darstelle.[103]

Dem wird von Seiten der Befürworter insbesondere entgegnet, dass das Risikoerhöhungsprinzip nicht bereits dann eingreife, wenn der Täter irgendein Risiko für das bedrohte Rechtsgut geschaffen oder sonst erhöht habe, sondern nur, wenn er diejenige Gefahr zu verantworten habe, welche in den Verletzungserfolg eingemündet sei.[104] Die Feststellung eines für die Zurechnung genügenden Risikos bedeute daher mehr als das bloße Nebeneinander von ›Gefahr plus Erfolg‹. Vielmehr gehe es um die Feststellung eines »wirklichen Zusammenhangs«[105]. Der Unterschied erweise sich bei genauer Differenzierung des Begriffs der Gefahr. Gefahr bezeichne allgemein die Unsicherheit über die Folgen eines bestimmten Verhaltens. Diese Unsicherheit könne sich entweder aus der Unkenntnis der im Moment der Handlung bestehenden maßgeblichen Faktoren ergeben (exemplarisch: die Gefahr der Kollision, wenn unerkennbar ist, ob einem rücksichtslos Überholenden ein Fahrzeug entgegenkommt[106]) oder auf eine im Kausalprozess selbst liegende objektive Ungewissheit zurückgeführt werden (exemplarisch: die Gefahr der Kollision mit einem entgegenkommenden Fahrzeug bei unkontrollierbarem Schleudern des beim Überholen ausgebremsten Wagens). Lediglich bei einer dem dekonstruktivistischen[107] Weltbild des 19. Jh.s verhaf-

103 Baumann/Weber/Mitsch *AT* 14/87; Jakobs *AT* 7/99; Samson *SK Anh. zu § 16* Rn 27a. Vgl. auch Puppe *NK Vor § 13* Rn 126 m.w.N.

104 Stratenwerth *a.a.O.* 228f.

105 Stratenwerth *a.a.O.* 229.

106 Das Beispiel folgt Stratenwerth *a.a.O.* 232.

107 Im Sinne des deterministischen Reduktionismus. Vgl. näher u. S. 81ff.

teten Betrachtungsweise seien beide Formen der ex ante bestehenden Ungewissheit nicht zu unterscheiden, weil sie dort nur als Ausdruck einer beschränkten, gegenüber dem Idealbeobachter mit Idealkenntnis der maßgeblichen (strikt deterministischen) Kausalgesetze nachteilig abweichenden Prognosefähigkeit interpretierbar seien[108]. Akzeptiere man dem gegenüber, dass komplexe Regelungs- und Steuerungsvorgänge auch objektiv nur in Wahrscheinlichkeitsgrößen zu erfassen seien, dann bestehe zwischen beiden Konstellationen ein prinzipieller Unterschied. Nur im erstgenannten Falle sei die Gefahr Ausdruck der »Beschränktheit unseres Wissens«[109], so dass der Zweifelsgrundsatz zur Anwendung gelangen könne und müsse. Im zweitgenannten Falle bestehe hingegen eine von der Beweislage im Einzelfall unabhängige »objektive Wahrscheinlichkeit«[110] für das Eintreten des Erfolgs, die naturgemäß nicht kraft näherer Sachaufklärung durch einen Wert der Größe null (0%) oder eins (100%) ersetzt werden könne[111]. Vielmehr sei die Frage, ob ein solcher nicht determinierter Prozess *entweder* so *oder*

108 Stratenwerth *a.a.O.* 233 verweist auf den »Laplace'schen Weltgeist«. Vgl. Laplaces *Essai philosophique sur les probabilités* (1812): »Wir müssen den gegenwärtigen Zustand des Weltalls als die Wirkung seines früheren Zustands und andererseits als die Ursache dessen, der folgen wird, betrachten. Eine Intelligenz, welche für einen gegebenen Augenblick alle Kräfte, von denen die Natur belebt ist, sowie die gegenseitige Lage der Wesen, die sie zusammensetzen, kennen würde, und überdies umfassend genug wäre, um diese gegebenen Größen einer Analyse zu unterwerfen, würde in derselben Formel die Bewegungen der größten Weltkörper wie die des leichtesten Atoms ausdrücken: nichts würde für sie ungewiß und die Zukunft wie Vergangenheit ihr offen vor Augen liegen« (zit. nach Leiber *Kausalität* 219 und Frank *Kausalgesetz* 59).

109 Stratenwerth *Bemerkungen zum Prinzip der Risikoerhöhung* 232.

110 Puppe *NK Vor § 13* Rn 128.

111 Vgl. Stratenwerth *a.a.O.* 232. Die – dem Weltbild des 19. Jh.s verhaftete – Gegenposition kommt deutlich in RG*St 8*, 202 zum Ausdruck: »Jede Handlung, die nicht wirklich kausal geworden ist, also den Erfolg nicht wirklich herbeigeführt hat, [konnte] denselben unter den gegebenen Umständen des einzelnen Falls auch nicht herbeiführen« (Erg. J.Z.).

anders abgelaufen wäre »empirisch sinnlos«[112]. Der Zweifelsgrundsatz gebiete nicht, auf eine sinnlose Frage eine ›verbindliche‹ Antwort zu geben, die überdies – gerade wegen der Festlegung auf ein striktes Entweder-Oder – mit »Gewissheit falsch« sei[113]. Vielmehr komme in diesem Falle das Risikoerhöhungsprinzip zu Recht zur Anwendung. Dabei könne auch nicht davon gesprochen werden, dass ein Gefährdungs- in ein Verletzungsgeschehen umgedeutet werde, denn der Eintritt des Erfolgs stehe objektiv fest. Der Einwand lasse sich sinnhaft nur auf die für unvollkommen erachtete Wahrscheinlichkeitsrelation zwischen Handlung und Erfolg beziehen[114]. Im Hinblick auf diese Wahrscheinlichkeitsbeziehung erweise sich allerdings die Unhaltbarkeit des Vorwurfs. Bereits bei empirischer Betrachtung sei offenbar, dass allgemein der Täter durch seine Handlung – wenn nicht diese bereits selbst (wie beim Tätigkeitsdelikt) den Tatbestand erfüllt – nur die *Gefahr* eines Erfolgs zu begründen vermöge, weil es keine absolute Herrschaft über den Geschehensverlauf gebe[115]. Auch normativ sei das geforderte ›Alles oder nichts‹ überzogen. Denn niemand verlange bei einem hundertprozentigen Risiko, dass der einzelne Täter eine Bedingung verwirklicht hat, welche für sich allein den Erfolg ›mit an Sicherheit grenzender Wahrscheinlichkeit‹ herbeiführt. Vielmehr werde allgemein für genügend erachtet, dass der Täter zum erfolgsursächlichen Geschehen einen Beitrag geleistet hat. In eben diesem Leisten eines Beitrags bestehe die strukturelle Parallele zur Konstellation der Risikoerhöhung.

4.2 Zurechnung nach Wahrscheinlichkeitsregeln

Folgt man dieser Argumentation, so leitet sich aus ihr ein gegenüber der Urform der Risikoerhöhungslehre modifiziertes dogmatisches Verständnis ab, das zur deskriptiven Begründung des Zurechnungsprin-

---

112 Puppe *Brauchen wir eine Risikoerhöhungstheorie?* 302.

113 Vgl. Puppe *a. a. O.*

114 Puppe *NK Vor § 13* Rn 127.

115 Grundlegend Stratenwerth *Bemerkungen zum Prinzip der Risikoerhöhung* 238.

zips der Risikoerhöhung überleitet. Denn in den von Roxin gewählten Fallbeispielen ist die Verklammerung von Grundrisiko und Gefahrerhöhung zu einer Zurechnungseinheit normativ fundiert. Das Grundrisiko stammt dort originär aus der Hand des Täters (im Radfahrerfall: durch das Überholen; im Apothekerfall: durch Herausgabe der Arznei; im Ziegenhaarfall: durch Übergabe der nicht desinfizierten Ziegenhaare; im Novokainfall: durch Spritzen des Kokains[116]). Dies begründet eine originäre Zuständigkeit des Täters für das Grundrisiko, die wegen seines Sorgfaltsverstoßes weiter bestehen bleibt resp. nach Wegfall der Haftungsfreistellung wiederauflebt. Gegenüber dieser normativ begründeten Zusammenfassung der Teilrisiken grenzt sich die referierte Verteidigung der Risikoerhöhungslehre dadurch ab, dass die Zurechnungseinheit von Grundrisiko und erhöhender Gefahr auf die ontologische Struktur des zu Grunde liegenden Prozesses zurückgeführt wird[117]. An die Stelle der normativen Synthese kraft wertungsmäßiger Verklammerung tritt somit die deskriptive Synthese kraft empirischer Vermengung der Teilrisiken, die zu einer Zurechnungseinheit verschmelzen, weil das vom Täter beigetragene Gefahrquantum ontologisch »unabgrenzbar in der Gesamtgefahr aufgeht«, aus welcher der Erfolg hervortritt[118].

Der implizite Prämissenwechsel zur deskriptiven Synthese der Teilrisiken wirkt sich auf operativer Ebene dahingehend aus, dass nicht nur ein Grundrisiko, das ursprünglich bereits der Tätersphäre zugeordnet ist, sondern auch ein vom Handelnden vorgefundenes, originär ›neutrales‹ Grundrisiko zwanglos zur Begründung der Zurechnung herangezogen werden kann. Illustrativ hierfür ist das von Puppe in die Diskussion eingeführte Beispiel des Arztes, welcher bei der Behandlung seines an Krebs erkrankten Patienten nach der operativen Entfernung des befalle-

---

116 Zu den Fallkonstellationen siehe o. Fn. 98.

117 Rudolphi *SK Vor § 1* Rn 68; Puppe *Zurechnung und Wahrscheinlichkeit* 314. Ausführlich Erb *Rechtmäßiges Alternativverhalten* 124.

118 Stratenwerth *a.a.O.* 238.

nen Gewebes die Strahlennachbehandlung versäumt, so dass der Patient trotz einer an sich sehr guten Heilungschance von über 90% zwei Jahre nach der Operation verstirbt[119]. Hier ist das zehnprozentige Grundrisiko, welches der Arzt durch sein Versäumnis[120] steigert, genuin der Opfersphäre zugehörig und folglich für den Täter originär fremd. Die Zurechnung erfordert folglich die Synthese zweier anfänglich dishomogener Teilrisiken. Dies soll dadurch gelingen, dass die Zurechnung unmittelbar auf den deskriptiven Aspekt der positiven Wahrscheinlichkeitsdifferenz zurückgeführt wird.

Insbesondere Puppe hat die Dogmatisierung dieses Gedankens zur näheren Ausführung gebracht. Ausgangspunkt ihrer Überlegungen ist die bereits benannte empirische Hypothese, dass es Prozesse gebe, deren Ablauf nicht vollständig kausalgesetzlich determiniert seien.[121] Neben mikrophysikalischen und mikrobiologischen Prozessen sowie menschlichen Leistungen unter gesteigerten Anforderungen (Reaktionsschnelligkeit) seien dies insbesondere Krankheits- und Heilungsprozesse[122]. Die Frage, ob in derartigen Konstellationen probabilistische Gesetze zur Herstellung des Zurechnungszusammenhangs angewandt werden dürfen, sei als normative Frage nicht dem Zweifelsgrundsatz

---

119 Vgl. Puppe *Erfolgszurechnung im Strafrecht* 44; dies. *NK Vor § 13* Rn 124. Der Sachverhalt folgt BGH *NJW* 1987, 2940: »[Dem Arzt] wird vorgeworfen, nach der Operation des Patienten (Semikastratio rechts wegen eines Hodenseminoms im Stadium I) [...] die nach den Regeln der ärztlichen Kunst gebotene Bestrahlung versehentlich nicht angeordnet und dadurch den frühzeitigen Tod des Patienten [...] nicht verhindert zu haben. [...] Eine sofortige und richtige Bestrahlung hätte – so der Sachverständige – nach menschlichem Ermessen den Patienten länger am Leben gehalten. [Der Sachverständige] beziffert die Chance einer längeren oder kürzeren Lebensverlängerung mit 94 bis 100%.«

120 An der Stelle der Unterlassung ist ohne Unterschied in der Sache auch eine Risikoerhöhung durch aktives Tun vorstellbar, etwa durch eine Überdosierung der therapeutischen Strahlung.

121 Puppe *Erfolgszurechnung im Strafrecht* 45.

122 Vgl. Puppe *a.a.O.* 48.

unterworfen und könne daher bejahend beantwortet werden.[123] Den Ausschlag hierfür gebe, dass ansonsten überhaupt keine Möglichkeit für die Zurechnung bestehe. Zu favorisieren sei deswegen die ›Zurechnung nach Wahrscheinlichkeitsregeln‹. Diese zielt auf die Feststellung hin, dass dasjenige Verhalten des Täters, welches die Zurechnung begründen soll, *Bestandteil einer vollständigen Wahrscheinlichkeitserklärung* des Erfolgs ist.

Dieser Gedanke konkretisiert sich folgendermaßen: Im Gegensatz zur deduktiv-nomologischen Erklärung, deren Vollständigkeit sich nach dem logischen Kriterium der Zwangsläufigkeit des Schlusses überprüfen lasse, fehle ein solches logisches Kriterium für die Wahrscheinlichkeitserklärung. Statt dessen sei für diese ein empirisches Vollständigkeitskriterium zu formulieren: Vollständig sei eine Wahrscheinlichkeitserklärung, wenn sie den »höchstmöglichen Grad an Wahrscheinlichkeit« angibt, wenn sie also »alle Faktoren enthält, die die Wahrscheinlichkeit des Erfolgseintritts erhöhen«[124]. Die hypothetisch vollständige probabilistische Erklärung müsse jedoch nicht effektiv verfügbar sein (denn man könne ohnehin niemals gewiss sein, nicht einen Faktor übersehen zu haben). Vielmehr genüge es darzutun, dass das fragliche Verhalten zum Kreis derjenigen Faktoren gehört, ohne welche die Wahrscheinlichkeitserklärung unvollständig wäre. Auf den von Puppe als Paradigma herangezogenen ›Krebspatientenfall‹[125] zur Anwendung gebracht soll dies bedeuten: Zunächst sei festzustellen, wie hoch die Wahrscheinlichkeit für sämtliche (also bestrahlte wie unbestrahlte) Patienten ist, binnen zwei Jahren nach der Operation zu versterben. Danach sei aus dieser Gesamtheit die Gruppe der unbestrahl-

123 Vgl. Puppe *a.a.O.* 45 mit sachlich unbedeutenden Abweichungen in der Terminologie: »Es ist nun eine normative Frage, ob in nicht determinierten Bereichen solche statistischen Gesetze zur Herstellung eines Kausalzusammenhangs angewendet werden dürfen. Diese Frage ist nicht, wie es die h.L. annimmt, durch den Grundsatz in dubio pro reo im verneinenden Sinne entschieden.«

124 Puppe *a.a.O.* 48.

125 Vgl. o. S. 62f. mit Fn. 119.

ten Patienten herauszugreifen. Erweise sich eine signifikante Steigerung der Sterbewahrscheinlichkeit, so sei damit erwiesen, dass das Versäumnis der Bestrahlung »jedenfalls ein Bestandteil des auf diesen Fall anwendbaren vollständigen Wahrscheinlichkeitsgesetzes ist«. Damit sei das Irgendmögliche zur Sachverhaltsaufklärung für die Begründung der Zurechnung geleistet.[126]

Generalisiert man diesen Gedanken, so bedeutet dies, dass das Verhalten des Täters die Zurechnung eines Ereignisses begründen soll, wenn es nicht aus der probabilistischen Erklärung dieses Ereignisses gestrichen werden kann, ohne dass diese Streichung die Erklärung notwendigerweise unvollständig macht.

4.3 Kritik des probabilistischen Lösungsansatzes

Richtet man die Kritik des probabilistischen Lösungsansatzes an der dogmenhistorischen Entwicklung aus, so ist zunächst der normative Begründungsansatz des Risikoerhöhungsprinzips ins Auge zu fassen. Ihm folgend ist für die Zurechnung maßgeblich, ob der Handelnde das Grundrisiko in eine insgesamt verbotene Gesamtgefahr überführt. In Ansehung des Würfelbeispiels lässt sich dieser Gedanke folgendermaßen konkretisieren: Durch seine Manipulation am Würfel macht der Handelnde das Grundrisiko für den Wurf einer ›sechs‹ in Höhe von ursprünglich einem Sechstel zum Bestandteil eines erhöhten und wegen der Täuschung insgesamt rechtswidrigen Gesamtrisikos, welches sich im Wurf einer ›sechs‹ realisiert. Deshalb kann dem unredlichen Spieler jeder einzelne durch eine ›sechs‹ erzielte Gewinnwurf zugerechnet werden.[127] Dabei erweist sich die wertungsmäßige Verklammerung des Grundrisikos und der erhöhend hinzutretenden Gefahr als besonders fest. Dies beruht auf der im tatbestandlichen Kontext des Betrugs

---

126 Vgl. Puppe *a.a.O.* 48.

127 Sofern die der Erhöhung der Wahrscheinlichkeit eines Sechserwurfs mit einer Verringerung der Wahrscheinlichkeit für den Wurf anderer Augenzahlen einhergeht, muss die Zurechenbarkeit des Wurfs einer solchen Augenzahl in der Konsequenz verneint werden.

idealtypisch hervortretenden Instrumentalisierung des Grundrisikos zum Zwecke der Erlangung des deliktischen Zieles. Bildlich gesprochen ›eignet‹ sich der Handelnde das Grundrisiko zu.

Eine solche Stützung der normativen Synthese der Teilrisiken ist allgemein für ein vorsätzliches Verhalten charakteristisch. Die zurechnungsbegünstigende Wirkung des Vorsatzes kann darauf zurückgeführt werden, dass es demjenigen, der einen gewissen Erfolg ›will‹, nicht darauf ankommen kann, dass der Erfolg nur durch die Realisierung des erhöhenden Risikos unter Ausschluss des Grundrisikos eintritt. Maßgeblich ist für diese Überlegung zum einen, dass in deskriptiver Hinsicht die zumindest ex ante bestehende Untrennbarkeit der Teilrisiken jeden tatsächlichen Ank102üpfungspunkt für einen solchen Willen beseitigt. Zum anderen ist in normativer Hinsicht ein solcher Wille irrelevant, weil die Prämisse der Äquivalenz der Kausalbeiträge gebietet, das vom Handelnden erzeugte Gefahrquantum nicht gegenüber den anderen auszuzeichnen.

Kehrseitig ergibt sich daraus allerdings, dass dort, wo es an einer subjektiven Vereinnahmung des Grundrisikos fehlt, die normative Synthese der Teilrisiken schwach ist, insbesondere dann, wenn das Grundrisiko für den Handelnden ursprünglich neutral ist. Illustrativ hierfür ist die unlängst von Samson[128] vorgetragene Modifikation des bekannten Balkenfalls: Von einem hohen Kran wird ein Balken gehalten, der sich aus der Halterung löst und herabzustürzen droht. Ein Beistehender (B) bemerkt dies und stößt einen Arbeiter (A) beiseite, der unter dem Balken steht. Dabei soll angenommen werden, dass der Auftreffpunkt des hinabfallenden Balkens infolge von böigem Wind nicht genau prognostiziert werden kann. Vielmehr ist lediglich die Wahrscheinlichkeit für das Auftreffen des Balkens an der jeweiligen Stelle des Gefahrbereichs bekannt. B verändert durch seinen Stoß den Aufenthaltsort des A im Gefahrbereich so, dass sich A schließlich an einer gefährdeteren Position befindet.

128 Samson *Erfolgszurechnung und Risiko* 591 ff.

Zur näheren Veranschaulichung des Beispiels möge die folgende Darstellung[129] (Abb. 1) betrachtet werden.

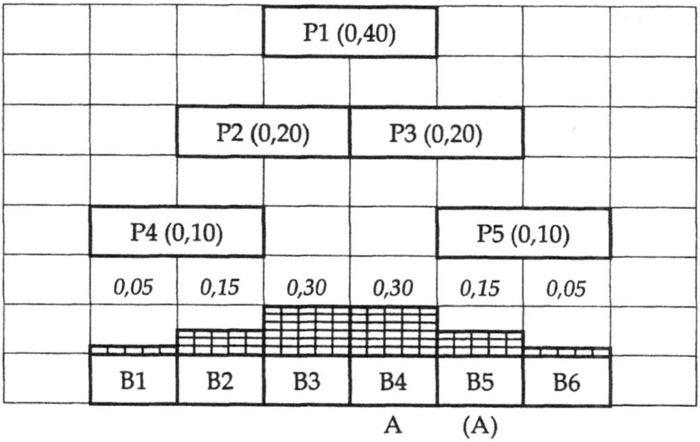

Abb. 1: Skizze zum Balkenfall nach Samson.

Abb. 1 gibt das Fallen des Balkens als zweidimensionalen Vorgang wieder. Der hinabfallende Balken hat eine Länge von zwei Einheiten und bewegt sich aus mittlerer Position (P1) senkrecht zu Boden. Der Vereinfachung wegen wird angenommen, dass der Wind den Balken jeweils um ganze Längeneinheiten verschiebt und dass der Balken um insgesamt maximal zwei Einheiten nach links oder rechts verschoben wird. Es sind daher fünf verschiedene Auftreffpositionen des Balkens zu unterscheiden (unterhalb von P1-P5) sowie sechs Bodenfelder (B1-B6), welche der Balken potenziell bedeckt. Die geklammerten Wahrscheinlichkeitswerte (0,40; 0,20; 0,10) hinter den Positionsangaben P1-P5 geben deren absolute Wahrscheinlichkeit an. Das Säulendiagramm oberhalb der Bodenfelder B1-B6 bildet die Wahrscheinlichkeit ab, mit welcher das jeweilige Bodenfeld vom Balken getroffen wird. Geht man davon aus, dass A ursprünglich an der Stelle B5 gestanden hat und durch die Intervention des B auf Feld B4 verschoben worden ist, dann ergibt sich: Ursprünglich drohte dem A ein Auftreffen des Balkens unterhalb der Positionen P3 und P5. Durch die Verschiebung wird dieses Risiko insgesamt erhöht, weil ihm auf Feld B4 ein Auftreffen des Balkens unterhalb der Positionen P1 und P3 droht. In diesem erhöhten Risiko ist das Risiko eines Treffers unterhalb von P3 als Grundrisiko und das Risiko eines Treffers unterhalb von P1 als Gefahrerhöhung enthalten.

In Übereinstimmung mit der These von der zurechnungsbegünstigenden Wirkung des Vorsatzes bereitet die Verklammerung beider Teilrisiken wenig Schwierigkeiten, wenn man annimmt, dass der Handelnde den Arbeiter mit Tötungsabsicht in den Gefahrbereich hineinstößt. Denn für einen Vorsatztäter ist es *objektiv* interesselos, welches der beiden Teilrisiken sich realisiert. Anders stellt sich die Lage hingegen dar, wenn der Beistehende in Rettungsabsicht handelt und die Gefährdungswirkung seiner Intervention fahrlässig verkennt. Hier erweist sich der normative Zusammenhalt von Grundrisiko und Gefahrerhöhung als außerordentlich schwach. Nagelprobe ist der Fall der Realisierung des Grundrisikos. In der Tat verneint die normativ begründete Risikoerhöhungslehre die Zurechnung, wenn gewiss ist, dass sich bei rechtmäßigem Alternativverhalten der Erfolg eingestellt hätte.[130] Auf das Beispiel zur Anwendung gebracht bedeutet dies: Die Zurechenbarkeit muss verneint werden, wenn feststeht, dass der Balken aus Position P3 den A erschlägt.

Maßgeblich wird dabei die Verneinung der Zurechenbarkeit bei sicherem Erfolg des rechtmäßigen Alternativverhaltens auf das Argument gestützt, dass man den Handelnden nicht für die Verletzung einer Pflicht zur Verantwortung ziehen dürfe, deren »Erfüllung nutzlos gewesen wäre«[131]. Diese Begründung irritiert indessen. Denn wenn man den ›Nutzen‹ der Pflichterfüllung von ihrer konkreten Vermeidungswirkung abhängig macht, dann folgt daraus insbesondere, dass die Nützlichkeit kraft Vermeidungswirkung vom Nachweis der Nützlichkeit durch Nachweis der Vermeidungswirkung zu trennen ist. Ist aber der materielle Nutzen der Pflichterfüllung unabhängig von den prozessualen Bedingung seiner Beweisbarkeit, dann ist es nicht ohne Konflikt mit dem Zweifelsgrundsatz möglich, die mangelnde Nachweisbarkeit der Nützlichkeit der versäumten Pflichterfüllung zu Lasten des Beschuldigten wirken zu lassen. Mit dem Dogma der Nichtzurechnung

---

129 Die Darstellung folgt Samson *a.a.O.* 592 (unter Korrektur der offensichtlichen Rechenfehler).

130 Roxin *Pflichtwidrigkeit und Erfolg* 432.

131 Roxin *AT/1 § 11* Rn 68.

bei nachgewiesener Nutzlosigkeit der Pflichterfüllung tritt also die traditionelle Risikoerhöhungslehre in einen Konflikt mit den Voraussetzungen ihrer eigenen Anwendbarkeit.

Diesen Konflikt überwindet hingegen der deskriptive Begründungsansatz. Denn ihm folgend ist die Zurechnung nach Wahrscheinlichkeitsregeln auf indeterministische Abläufe beschränkt. Dies schließt eo ipso solche Prozesse aus, bei denen die Realisierung des Grundrisikos mit Gewissheit festgestellt werden kann. Im Besonderen gilt dies auch für die von Samson formulierte Modifikation des Balkenfalls. – Wendet man daher den Blick auf den deskriptiven Ansatz, so ergibt sich im Hinblick auf das Würfelbeispiel zunächst das Folgende: Bei einem regulären Würfel ist die Wahrscheinlichkeit für einen Sechserwurf gleich einem Sechstel. Gegenüber diesem Wert weicht der vom unredlichen Spieler manipulierte Würfel signifikant positiv ab. Daraus folgt, dass die Manipulation als Unrechtshandlung notwendiger Bestandteil einer hypothetischen vollständigen Erklärung für das Auftreten der Augenzahl ›sechs‹ im konkreten Wurf X (Erfolg) ist. Dies begründet die Zurechenbarkeit des Erfolgs.

Indessen ist auch diese Lösung in ihrer Begründung nicht frei von Zweifeln. Denn innerhalb des von Puppe vorgetragenen numerus clausus nicht determinierter Prozesse kann das Würfeln nur dann der Zurechnung nach Wahrscheinlichkeitsregeln unterworfen werden, wenn man den einzelnen Wurfvorgang als einen indeterministischen mikrophysikalischen Ablauf begreift. Möglich ist dies ist auf der Grundlage eines den Wurfvorgang beschreibenden probabilistischen Modells, nach welchem die Würfelkanten im ›Rauschspektrum‹ der thermischen Bewegung der Atome liegen, so dass die Ruheposition des Würfels als nicht vorherbestimmt und nicht vorherbestimmbar vorausgesetzt wird[132]. Eben diese Vorstellung ist aber keineswegs zwingend. Ebenso vertretbar wäre es, auf der Grundlage eines kryptodeterministischen Modells anzunehmen, dass der – dann nur phänomenologische – Zufall

132 Vgl. dazu (am Beispiel des Münzwurfs) Weber *Kausalität* 131f.

der Wurfergebnisse auf das Wirken verborgener Variablen resp. den Umstand zurückzuführen ist, dass die bekannten Variablen nicht mit genügender Genauigkeit zu messen sind. Im Beispiel des Würfelwurfs bedeutet dies exemplarisch: Das einzelne Wurfereignis wird als durch die wirklichen Parameter (Impuls in Längs-, Hoch- und Querrichtung, Luftdruck und -strömung etc.) ontisch bestimmt und lediglich epistemisch unbestimmbar vorgestellt[134], so dass die jeweilige Ruhelage des Würfels als zwar vorherbestimmt, aber nicht progonstizierbar anzusehen ist.

Aus der prinzipiellen[133] Alternativität[134] von indeterministischer und deterministischer Deutung folgt indessen, dass der Indeterminismus nicht als eine Eigenschaft des betrachteten Ablaufs, sondern lediglich eine Eigenschaft des ihn beschreibenden Modells betrachtet werden kann. Dies heißt aber nichts anderes, als dass sich die deskriptive Verankerung des Risikoerhöhungsprinzips als zu schwach erweist. Denn die Anwendung der probabilistischen Zurechnungsregeln stützt sich damit bloß auf einen dezisionistischen Akt im Vorfeld der Regelanwendung, der – proteron hysteron – aus der Überlegung folgt, dass ansonsten die Zurechnung scheitert.[135] Abgesehen von der argumentativen Unfruchtbarkeit des vordergründigen Ontologismus ist aber auch aus dogmatischen Gründen die ontologisierende Begründung der Zurech-

---

134 Vgl. Weber *a.a.O.* 131.

134 Vgl. Puppe *NK Vor § 13* Rn 132: »Der […] Einwand, es sei prinzipiell nicht möglich, die *prinzipiell nichtdeterminierten* Prozesse von solchen zu unterscheiden, in denen wir nur aus *Mangel an Kenntnissen* nicht zu 100%igen Erklärungen gelangen können, ist erkenntnistheoretisch nicht zu widerlegen. […] Trotzdem müssen wir und in der *Praxis entscheiden*, welche Prozesse wir als determiniert betrachten wollen und welche nicht« (Hervorh. a.a.O.).

135 So auch ausdrücklich Puppe *NK Vor § 13* Rn. 135: »[Es] bleibt nicht anderes übrig, als die Zurechnung auf Wahrscheinlichkeitserklärungen, m.a.W. auf Risikoerhöhung zu gründen. Lehnt man dies ab, so kann man die Erfolge überhaupt nicht mehr erklären […]. Die Konsequenz wäre, daß in nichtdeterminierten Bereichen keine Zurechnung stattfände […].«

nung nach Wahrscheinlichkeitsregeln abzulehnen. Denn die Gegenüberstellung von deterministischen Prozessen einerseits und probabilistischen Prozessen andererseits führt zu einer exklusiven Trennung des Spektrums zurechnungsrelevanter Ereignisse, welche die theoretische Einheit der Zurechnungsregeln auflöst. Die Zurechnung nach Wahrscheinlichkeitsregeln erhält so den Charakter einer bloßen Ad-hoc-Modifikation.[136] Im Besonderen gilt dies in Ansehung der von Puppe formulierten Kategorie der »menschlichen Leistungen unter gesteigerten Anforderungen (Reaktionsschnelligkeit)«[137], die wie maßgeschneidert auf Fehlverhalten im Straßenverkehr passt.

Damit bleibt das Potenzial des probabilistischen Lösungsansatzes letztlich unausgeschöpft. Der Vorzug des probabilistischen Lösungsansatzes besteht darin, dass probabilistische Modelle allgemein deterministische Konkretisierungen als Grenzfall enthalten[138]. Gerade deshalb kommt der probabilistische Lösungsansatz als Grundlage einer einheitlichen Theorie der Zurechnung probabilistischer Erfolge in Betracht. Daneben erweist sich unter strategischen Gesichtspunkten der probabilistische Lösungsansatz gegenüber den konkurrierenden Ansätzen überlegen. Dies beruht zum einen darauf, dass er in Abgrenzung zum statistischen Lösungsansatz von der Vollwertigkeit einer probabilistischen Kausalaussage ausgeht. Dadurch unterliegt er nicht dem Druck, den Verlust der Gewissheit suggerierenden hundertprozentigen Ableitbarkeit der die Zurechnung tragenden Tatsachenfeststellung durch eine statistische Konstruktion zu kompensieren, welche das Erreichen von Aussagewahrscheinlichkeiten im Grenzbereich zur Sicherheit ermöglicht. Da ausschlaggebendes Kriterium die Gefahr*erhöhung*, also der Sache nach eine Wahrscheinlichkeits*differenz* ist, kommt es lediglich auf die *relative*

---

136 Zur Terminologie vgl. Kuhn *Struktur wissenschaftlicher Revolutionen* insbes. 90ff.

137 Puppe *Erfolgszurechnung im Strafrecht* 48.

138 Wenn ein Zustand einen anderen Zustand ›determiniert‹, dann ist dies als das Erhöhen der Wahrscheinlichkeit auf eins zu interpretieren. Vgl. näher Leiber *Kausalität* 344.

Größe der betrachteten Wahrscheinlichkeitswerte an. Daher erlaubt der probabilistische Lösungsansatz das Operieren mit absolut kleineren Wahrscheinlichkeiten. Die dogmatisch relevante Konsequenz dessen besteht darin, dass die individuelle Beziehung zwischen Erfolg und Handlung aufrechterhalten werden und so die oben[139] diskutierten Probleme der Kollektivierung des Schadensereignisses vermieden werden können. Auf der anderen Seite gewährleistet der probabilistische Lösungsansatz in Abgrenzung vom deterministischen Lösungsansatz, dass das Erfolgsereignis als solches in die Zurechnungsrelation einbezogen werden kann, ohne dass es einer Verkürzung des Geschehensverlaufs auf deterministische Teilabschnitte bedürfte. Insgesamt tritt damit der probabilistische Ansatz auf der Grundlage des Risikoerhöhungstheorems als der Erfolg versprechende Lösungsweg hervor.

Schließlich zeichnet sich das Risikoerhöhungsprinzip im Besonderen dadurch aus, dass es sich in struktureller Analogie zur tradierten Dogmatik auf eine symmterische Antithese von Unrecht und Erfolg einerseits und Recht und Nichterfolg andererseits zurückführen lässt: Auf der einen Seite steht der durch die Unrechtshandlung initiierte Kausalvorgang, welcher das normativ verklammerte Gesamtrisiko begründet und aus welchem der Erfolg hervortritt. Auf der anderen Seite steht das rechtmäßige Alternativverhalten, welches zunächst das Grundrisiko begründet hätte. Von diesem Grundrisiko kann vorausgesetzt werden, dass aus ihm entweder das Erfolgsereignis tatsächlich nicht hervorgetreten wäre. In diesem Falle kommt es bereits auf deskriptiver Ebene zur Antithese von Erfolg und Nichterfolg. Oder aber der Erfolg wäre eingetreten – dann aber als ein aus Sicht des Handelnden normativ zufälliges Ereignis. *Wertungsmäßig* stehen beide Alternativen gleich: Es fehlt bei rechtmäßigem Verhalten an einem Erfolg, der als ›Werk‹ des Handelnden zu betrachten ist. Wenn man ausgehend hiervon bereit ist, den Erfolg nicht bloß deskriptiv als Ereignis aufzufassen, sondern als ›werkliches Resultat‹ des Verhaltens des Handelnden, so besteht also

---

139 Vgl. o. II, 3.3 (S. 151 ff.).

kein unüberwindlicher Gegensatz zwischen tradierter Dogmatik und Risikoerhöhungsprinzip.

Folgt man diesem Gedankengang, so besteht ein Interesse an der einheitlichen Grundlegung der Zurechnung deterministischer und indeterministischer Ereignisse auf der Grundlage des probabilistischen Lösungsansatzes, dem folgend die Wahrscheinlichkeitserhöhung konstitutiv für die Zuschreibung von Verantwortlichkeit ist. Grundlegend hierfür ist die Konkretisierung der skizzierten Beziehung zwischen Handelndem und Erfolg, der gemäß ein Erfolgsereignis als ›Werk‹ des Handelnden zu bezeichnen ist. Insbesondere ist dabei zu klären, wann ein als nichtdeterminiert vorgestellter Prozess einen zurechenbaren Erfolg hervorbringt.

Mit diesen Fragen befasst sich die Untersuchung im Folgenden. Zu diesem Zweck werden im nächstfolgenden Kapitel die Grundlagen der Zurechnung diskutiert. Anschließend erfolgt die Ableitung eines konkreten Lösungsvorschlags.

III. Grundlagen

Das folgende Kapitel dient der Auseinandersetzung mit den Grundlagen einer einheitlichen Dogmatik für die Zurechnung deterministischer und probabilistischer Erfolge. Es gliedert sich in zwei Abschnitte. Zunächst werden die metaempirischen Grundlagen diskutiert. Ziel ist es, Determinismus und Probabilismus als logisch gleichberechtigte mögliche Eigenschaften wissenschaftlicher Systeme zu etablieren (III, 1). Im Anschluss daran erfolgt die Auseinandersetzung mit den metadogmatischen Grundlagen der Zurechnung. Der Zweck der Auseinandersetzung besteht darin, Funktion und Grenzen der Leistung der Kausalrelation für die Zurechnung zu bestimmen. Im Ergebnis wird die Zurechnung als eine bipolige Relation betrachtet, als deren beide Elemente Handlung und Erfolg in ihrer durch Kausalität und Finalität vermittelten symmetrischen Verbindung zu benennen sind (III, 2).

1. Metaempirik deterministischer und probabilistischer Kausalität

Ausgehend hiervon befasst sich Abschnitt III, 1 mit der Erörterung der kausaltheoretischen Grundlagen. Zunächst erfolgt die Darstellung der klassischen deterministischen Kausaltheorie Millscher Prägung, wie sie der herrschenden Kausaldogmatik zu Grunde liegt (1.1). Anschließend wird die nachklassische Kritik dieser Position erörtert (1.2). Auf diese Kritik stützt sich schließlich die hier vertretene These von der Gleichwertigkeit deterministischer und probabilistischer Erklärungen (1.3).

1.1 Dekonstruktivistische Kausalphilosophie und dogmatischer Kausaldeterminismus

Die Grundlage des probabilistischen Lösungsansatzes bildet die Vorstellung, auch eine nichtdeterministische Kausalrelation als vollgültige Basis der Zurechnung zu akzeptieren. Diese Vorstellung ist zunächst nicht unbestritten. Wie insbesondere die von Rolinski pointiert vorgetragene Kritik verdeutlicht, nach welcher das Sprechen von nichtdeterministischer Kausalität ebenso sinnlos ist, wie es die Rede von einem ›gegrillten Schneeball‹ wäre[140], liegt der Einwand nahe, dass der probabilistische Lösungsansatz mit der Prämisse nichtdeterministischer Kausalität einen in sich widersprüchlichen Ausgangspunkt nimmt. Der Einwand entstammt der deterministischen Kausaltheorie, welche ihrerseits in der strafrechtlichen Kausaldogmatik dogmenhistorisch verwurzelt ist. Den Bezugspunkt bildet die Kausaltheorie Stuart Mills.[141]

Die allgemeine Leistung der erkenntnistheoretischen Arbeiten Mills besteht darin, dass dieser wissenschaftlichen Erklärungen von Tatsachen erstmals klar die Struktur von deduktiv-nomologischen Erklärungen zugewiesen hat.[142] Erklären heißt in diesem Sinne, eine Tatsache aus anderen Tatsachen und geeigneten Naturgesetzen in der Form eines deduktiven Schlusses abzuleiten[143]. Als Naturgesetze kommen zu diesem Zweck nur streng deterministische Gesetze in Betracht. Denn der logisch als Schlussregel dienende Allsatz muss einen ausnahmslosen Zusammenhang für eine unbestimmte Vielzahl von Fällen behaupten. Dieses Konzept wissenschaftlicher Erklärungen ist in der heutigen Wissenschaftstheorie in seiner Fortführung von Hempel und Oppenheim als ›HO-Schema‹ bekannt (vgl. Abb. 2)[144].

Dem allgemeinen Gedanken folgend versteht sich in der Kausaltheorie Mills im Besonderen eine *kausale* Erklärung eines Ereignisses als dessen *vollständige gesetzmäßige* Erklärung. Eine solche vollständige gesetzmäßige Erklärung setzt gewöhnlich voraus, dass mehrere Naturgesetze miteinander verknüpft werden. Diese Verknüpfung interpretiert Mill als eine Überlagerung mehrerer ausnahmslos geltender elementarer Naturgesetze[146]. Eine vollständige Erklärung einer Tatsache konzipiert

---

140 Vgl. Rolinski *Statistische Kausalität* 493.

141 Zum Zusammenhang von klassischer Kausaltheorie und Millscher Kausalphilosophie vgl. bereits Rümelin *Causalbegriffe* 171.

142 Leiber *Kausalität* 315.

143 Vgl. dazu Leiber *a.a.O.* 315.

144 Leiber *a.a.O.* 315.

Allgemeines Schema einer deduktiv-nomologischen Erklärung:

Explanans:	$G_1, G_2, \ldots, G_n$	Gesetzesaussagen
	$A_1, A_2, \ldots, A_n$	Antezedensbedingungen
	———	———
Explanandum :	X	Beschreibung des zu erklärenden Phänomens

Sonderfall der mononomischen (Kausal)erklärung:

Explanans:	$\wedge x\colon\ Ux \rightarrow Vx$	(Kausal)gesetz
	Ua	Ursache (Antezedensbedingung)
	———	———
Explanandum :	Va	Wirkung (Konsequens)

Abb. 2: HO-Schema (Subsumtionsmodell wissenschaftlicher Erklärungen).[145]

sich dieser Vorstellung entsprechend aus der Gesamtheit aller gemeinsam operierenden elementaren Naturgesetze und deren Antezedensbedingungen. Für die Kausalterminologie leitet sich aus diesem Konzept ab, dass ›Ursache‹ diejenigen Tatsachen sind, die in ihrer Gesamtheit als Antezedensdatum der gemeinsamen operierenden Naturgesetze fungieren (»sum total of conditions«[147]). Anschaulichkeit erlangt der Summationsgedanke – wie bei Mill selbst anzutreffen – insbesondere in Ansehung von real wirklichen Kräften, die zu einer einzigen resultierenden Kraft (darstellbar in Form eines Parallelogramms) verschmelzen.[148]

Aus diesem Grundverständnis der Kausalität leitet sich im Besonderen ab, dass es erkenntnislogisch nicht gerechtfertigt ist, irgendeine Einzel-

---

145 Die Darstellung folgt Westermann *Wissenschaftstheorie* 167 und Leiber *a.a.O.* 315.

146 Mill: »There are not a law and a exception to that law […]. There are two laws […] bringing about a common effect by their conjunct operation« (zit. nach Keil *Handeln und Verursachen* 183).

147 Mill: »The cause, then, philosophically speaking is the sum total of conditions […]« (zit. nach Keil *a.a.O.* 189).

bedingung gegenüber den übrigen Bedingungen exklusiv als ›Ursache‹ auszuzeichnen. Vielmehr müssen alle Einzelbedingungen als *mit*ursächlich angesehen werden.[149] Denn jede einzelne notwendige Bedingung ist unabhängig von ihrem empirischen Gewicht in der konjunkten Gesamtheit aller notwendigen Bedingungen gleichsam unverzichtbar.[150] Eben dieser Gedanke markiert die Nahtstelle zur strafrechtlichen Kausaldogmatik. Denn er beheimatet das für die klassische strafrechtliche Kausallehre charakteristische Äquivalenztheorem. Das Äquivalenztheorem besagt im Wesentlichen, dass jede ›Bedingung‹ des Erfolgs gleichwertig im Hinblick auf dessen Zurechenbarkeit sei. Archetypisch hat sich dieser Gedanke in der Condicio sine qua non-Formel konkretisiert, welche den Gedanken der Äquivalenz unmittelbar mit dem strafrechtsdogmatischen Kausalbegriff verknüpft und als ›ursächlich‹ *jede ›Bedingung‹* des Erfolgs bezeichnet, ›die nicht hinweggedacht werden kann, ohne dass der Erfolg entfiele‹.[151] Diese Definition ist Generationen von Juristen als Inbegriff der Kausalität im Strafrecht geläufig. Als Begründer des Äquivalenztheorems gilt gewöhnlich der österreichische Prozessrechtler Glaser (1858)[152], auf den sowohl der Grundgedanke zurückgeführt wird, dass die einzelnen Bedingungen innerhalb der die Ursache konstituierenden »Summe der Ereignisse« wertungsmäßig nicht differierten[153], als auch das für die Ausformung dieses Gedankens zur Condicio sine

---

148 Vgl. Keil *a.a.O.* 183f.

149 Vgl. Haas *Kausalität und Rechtsverletzung* 150.

150 Vgl. Engisch *Kausalität* 32: »[A]lle Bedingungen sind gleich unentbehrlich und können nur in ihrer Gesamtheit den Erfolg bewirken.«

151 Jescheck/Weigend *AT* § 28 II; Kühl *Lackner Vor § 13* Rn 9; Lenckner *Sch/Sch Vor § 13* Rn 73; Rudolphi *SK Vor § 13* Rn 41f.; Roxin *AT/1 § 11* Rn. 8; Schmidhäuser *AT* 8/56; Stratenwerth *AT § 8* Rn 17; Welzel *LB* § 9 III.

152 Vgl. exemplarisch Jescheck/Weigend *AT* § 28 II 2; Roxin *AT/1 § 11* Rn. 7; Lenckner *Sch/Sch Vor § 13* Rn 73; zweifelnd Haas *Kausalität und Rechtsverletzung* 144, welcher das Verdienst Stübel (*Ueber den Thatbestand der Verbrechen* [1805]) zuschreibt.

153 Vgl. Haas *a.a.O.* 145.

qua non-Formel charakteristische hypothetische Eliminationsverfahren[154]. Die für die höchstgerichtliche Rezeption[155] maßgebliche dogmatische Untermauerung stammt schließlich von v. Buri (1860). Sein zentrales Argument zielt auf der Grundlage der bereits bei Mill zur Veranschaulichung herangezogenen Kraftmetaphorik[156] dahin, dass als Ursache eines Ereignisses zunächst die »Gesamtheit aller im Erfolg wirklichen Kräfte« zu betrachten sei. Weil die Existenz der Ursache ihrerseits von jeder einzelnen Kraft abhängig sei, müsse jede der Einzelkräfte – gewissermaßen weil *ur*ursächlich – selbst als Ursache im strafrechtlichen Sinne betrachtet werden.[157] In eben dieser Exemplifizierung[158] hat das Äquivalenztheorem schließlich insbesondere über das Lisztsche Lehrbuch einflussreichen Rückhalt gefunden und sich letzthin erfolg-

---

154 Glaser *Abhandlungen aus dem österreichischen Strafrecht* 1. Bd. 2. Abh. 298: »Es gibt [...] für die Prüfung des Kausalzusammenhangs einen sicheren Anhaltspunkt; versucht man es, den angeblichen Urheber ganz aus der Summe der Ereignisse hinwegzudenken, und zeigt sich dann, daß nichtsdestoweniger der Erfolg eintritt, daß nichtsdestoweniger die Reihenfolge der Zwischenursachen dieselbe bleibt, so ist klar, daß die Tat und deren Erfolg nicht auf die Wirksamkeit dieses Menschen zurückgeführt werden können. Zeigt sich dagegen, daß, diesen Menschen einmal vom Schauplatz des Ereignisses hinweggedacht, der Erfolg gar nicht eintreten konnte, oder daß er doch auf ganz anderem Wege hätte eintreten müssen: dann ist man gewiß vollkommen berechtigt, ihn als Wirkung seiner Tätigkeit zu erklären« (zit. nach Roxin *AT/1 § 11* Rn. 7).

155 Vgl. die Nachweise o. Fn. 152.

156 Darauf stützt sich die These vom unmittelbaren Zusammenhang der Lehre Buris und Mills Kausalphilosophie. Vgl. ausführlich Birkmeyer *Ursachenbegriff* 299 Anm. 62f.; kritisch Engisch *Kausalität* 33 mit Fn. 2.

157 Vgl. Buri *Causalität* 1f.: »Will man den Causalzusammenhang einer konkreten Erscheinung ermitteln, so muß man in geordneter Reihenfolge sämmtliche Kräfte feststellen, welche für die Entstehung der Erscheinung irgend eine Wirksamkeit geäußert haben. Die ganze Summe dieser Kräfte ist dann als Ursache der Erscheinung anzusehen. Mit demselben Recht läßt sich aber auch jede einzelne dieser Kräfte für sich allein schon als die Ursache der Erscheinung betrachten, denn die Existenz derselben hängt so sehr von jeder Einzelkraft ab, daß, wenn man aus dem Causalzusammenhange auch nur eine einzige Einzelkraft ausscheidet, die Erscheinung selbst zusammenfällt.«

reich in Gestalt der heute namensgebenden ›Bedingungstheorie‹ etabliert, die jedem einzelnen Antezedens das Prädikat der Ursächlichkeit ausschließlich auf Grund seiner logischen Qualität zuweist, notwendige Bedingung des Erfolgs zu sein[159]. Diese ›logische‹ Bedingungstheorie[160] hat die konkurrierenden individualisierenden Kausallehren, die unter der Vielzahl der Antezedensbedingungen anhand von normativen Maßstäben eine Bedingung als ›die‹ Ursache des Erfolgs auszeichnen wollten – namentlich die »wirksamste« Bedingung (Birkmeyer), die »letzte« durch menschliches Verhalten gesetzte Bedingung (Ortmann) oder die »förderndе« Bedingung (Binding)[161] – bereits in der frühen strafrechtswissenschaftlichen Kausaldiskussion verdrängt. Das Äquivalenztheorem ist heute ebenso unbestritten wie das den etablierten Kausaltheorien gemeinsame Sprechen von kausalen ›Bedingungen‹ (conditions), das sowohl für die kontrafaktischen Kausalformeln (Condicio sine qua non-Formel sowie die jüngere Inus-Theorie[162]) als auch

---

158 Vgl. Liszt *Reichsstrafrecht* 77f.: »Wenn die beiden regelmäßig vorhandenen Kräfte a und b den Punkt M nach N bewegen, und nun durch das Hinzutreten der Kraft c eine Bewegung nach N' eintritt, oder wenn die gleich stark gedachten Kräftemassen +a und –b den Punkt M im Gleichgewicht halten und nun die hinzutretende Kraft c den Punkt nach N' bewegt, so *können* wir (ungenau) in beiden Fällen die Kraft c als die Ursache der Bewegung von M nach N' bezeichnen; aber nie dürfen wir vergessen, daß die Bewegung in Wahrheit durch das *Zusammenwirken* der drei Kräfte a und b und c verursacht worden ist« (Hervorh. a.a.O.). Vgl. neben diesem exemplarisch auch Reinach *Ursachenbegriff* 15.

159 Vgl. Haas *Kausalität und Rechtsverletzung* 152.

160 Zur Terminologie vgl. Haas *Kausalität und Rechtsverletzung* 152.

161 Birkmeyer *Ursachenbegriff* 272. Vgl. ferner ausführlich Haas *a.a.O.* 162ff.

162 Die Inus-Theorie folgt der Kausaltheorie des australischen Philosophen Mackies. Grundlegend ist die Charakterisierung der Ursache als eines notwendigen, aber nicht hinreichenden Bestandteils einer insgesamt hinreichenden, aber nicht notwendigen Bedingung. In englischer Sprache führt dies zum Akronym der Inus-Bedingung (vgl. Mackie *Causes and Conditions* 245: »[...] the cause is [...] known to be an *insufficient* but *necessary* part of a condition which is itself *unnecessary* but *sufficient* for the result« [Hervorh. a.a.O.]). Im Strafrecht wird die Inus-Bedingung

für die Formel der gesetzmäßigen Bedingung charakteristisch ist. In beidem wirkt die deduktiv-nomologische Kausaltheorie Millscher Prägung fort.

Konzeptionell folgt die Millsche Kausalphilosophie dem reduktionistischen Wissenschaftsparadigma des 18. und 19. Jh.s, welches auf dem Paradigma beruht, dass sich komplexere Vorgänge grundsätzlich auf letztlich voneinander unabhängige elementare Prozesse zurückführen lassen, die in deterministischen Gesetzen zu beschreiben sind. In umgekehrter Richtung leitet sich daraus ab, dass mehrere elementare Naturgesetze grundsätzlich problemlos zu einer komplexen Schlussregel zusammenzuführen sind. Hervorgetreten ist diese Vorstellung insbesondere aus der Newtonschen Physik, welche mit der erfolgreichen Synthese zweier elementarer Prinzipien (des von Galileo entdeckten Trägheitsprinzips und des Descartesschen Impulserhaltungssatzes zum Schwerkraftgesetz) den Urtypus reduktionistischer Wissenschaft zur Verfügung gestellt hatte.[163] Infolge dessen war die epistemische Grundhypothese, dass ein Zusammenhang durch die Variation nur eines einzelnen elementaren und in diesem Sinne *ur*sächlichen Faktors zu erforschen sei, zum gesamtwissenschaftlichen methodischen Paradigma insbesondere des 18. und 19. Jh.s avanciert. Dessen Kehrseite ist die beliebige Addierbarkeit der elementaren kausalen Einflussgrößen eines Systems, so dass ›die Ursache‹ eines Ereignisses mit ›der Summe‹ seiner elementarkausalen Bedingungen gleichgesetzt werden kann.

Dabei besteht das Wesen des epistemischen Reduktionismus im physikalischen Determinismus. Eine vollständige Beschreibung des Zustands

---

insbesondere von Kindhäuser, Toepel und Koriath diskutiert. Vgl. dazu ausführlich Binns *Inus-Bedingung* 73ff.

163 Zum anderen hatten die Newtonschen Gesetze die seit Menschengedenken faszinöse Planetenbewegung als ein genau beherrschbares Zusammenspiel von Massen vorstellbar gemacht, die sich mit der Präzision eines Uhrwerks bewegen, und damit den Ruf des Reduktionismus begründet, zu absoluten Wahrheiten von kosmischer Beständigkeit und mathematischer Gewissheit zu führen. Vgl. Struck *Gesetz in Natur- und Rechtswissenschaft* 993.

eines Systems vorausgesetzt, sieht er den Beobachter in der Lage, genau vorherzusagen, wie sich das System innerhalb eines beliebigen Zeitraums verändert.[164] Von eben dieser Vorstellung wendet sich jedoch die Wissenschaft mit dem Übergang zum 20. Jh. ab. Zu den ersten Wegmarken zählt die Poincarésche Mechanik abgeschlossener Systeme (1890), welche dem Problem begegnet, dass die Bewegung von mehr als zwei Massen in den Bewegungsgleichungen nicht analytisch ist, d.h. dass sich eine konvergente Störungsentwicklung nicht angeben lässt (›Drei-Körper-Problem‹; in der jüngeren Wissenschaftsgeschichte macht das strukturähnliche Problem des ›Schmetterlingseffekts‹[165] die Runde).[166] In etwa zeitgleich stößt die mikrophysikalische Mechanik auf das ›Chaos‹ der molekularen Bewegung, dessen man sich makroskopisch allerdings noch mit Hilfe der Statistik bemächtigen konnte.[167] Weitere Marken setzen die Relativitätstheorien, welche die Vorstellung eines absoluten Bezugspunkts für physikalische Messungen aufheben. Schließlich widerstreitet die Unbestimmtheitsrelation in der Quantenphysik der Vorstellung, dass auf elementarer Ebene überhaupt eine gleichzeitige und vollständige Kenntnis aller Systemparameter erreicht werden

---

164 Zur Laplaceschen Universalvision dieses Gedankens vgl. o. Fn. 108.

165 Struck *Gesetz in Natur- und Rechtswissenschaft* 995.

166 Leiber *Kausalität* 356. Es entbehrt nicht einer gewissen Ironie, dass es erneut die Himmelsmechanik ist, die den Paradigmenwechsel einleitet, denn Poincarés Arbeit verstand sich als Beitrag zur Beantwortung der 1885 vom schwedischen König Oskar II. ausgelobten Frage, ob sich die gegenseitigen Störungen der Planetenbahnen im Laufe der Zeit von selbst ausgleichen oder ob sie durch eine Art göttlicher Vorsehung in eine prästabilierte Harmonie gebracht worden seien. Obwohl sich Poincarés Arbeit zum Zwecke der Vereinfachung auf ein Modell mit nur drei Körpern beschränkt, gelangt sie zu dem bezeichneten Ergebnis, über welches der Autor selbst resignierend verzweifelte: »Diese Dinge sind so bizarr, dass ich es nicht aushalte, weiter darüber nachzudenken.« Näher dazu Koch *Kausalität* 160f.

167 Boltzmann: »Lediglich dem Umstande, daß selbst die regellosesten Vorgänge, wenn sie unter denselben Bedingungen vor sich gehen, doch jedesmal dieselben Durchschnittswerte liefern, ist es zuzuschreiben, daß wir auch im Verhalten warmer Körper ganz bestimmte Gesetze wahrnehmen« (zit. nach Leiber *a.a.O.* 344).

könne. In der heutigen Wissenschaftstheorie schließlich ist es unbestritten, dass die Anfangsbedingungen eines Systems allgemein bestenfalls als statistische Mittelwerte eines Messvorgangs zu betrachten sind.[168]

1.2 Determinismus und Indeterminismus in der wissenschaftlichen Modellbildung

Die wissenschaftstheoretische Frage, die sich an die Abkehr vom reduktionistischen Paradigma anschließt, ist diejenige nach dem Stellenwert des Determinismus in der wissenschaftlichen Modellbildung. Folgt man der Erkenntnis, dass nicht allgemein vorausgesetzt werden kann, dass ein Vorgang in deterministischen Gesetzen zu beschreiben ist, so steht die epistemische Grundhypothese in Zweifel, nur eine Beschreibung in deterministischen Gesetzen als vollgültige Erkenntnis zu akzeptieren. Auf eben diese Zweifel hat die moderne Wissenschaftstheorie zwei gegensätzliche Antworten hervorgebracht.

Ein Teil des erkenntnistheoretischen Schrifttums spricht sich weiterhin für eine Bevorzugung eines deterministischen Standpunkts auf der Grundlage einer allerdings nicht mehr weltanschaulich, sondern pragmatisch und erkenntnislogisch ausgerichteten Argumentation aus.[169] Das pragmatische Argument stützt sich auf den angeblichen heuristischen Wert des Determinismus: Wenn der Forscher unterstelle, dass er das zu erforschende Geschehen in deterministischen Gesetzen beschreiben könne, so treibe ihn dies dazu an, das Geschehen möglichst vollständig zu erfassen. Gehe er statt dessen von einem prinzipiellen Indeterminismus aus, so verschließe er sich »ohne zwingende Not«[170] von vornherein, zu tieferliegenden Erkenntnissen zu gelangen, weil er sich mit statistischen Aussagen begnüge[171].

Das erkenntnislogische Argument ist im Wissenschaftsmodell Poppers verankert. Dieses postuliert die Falsifikation als Erkenntnismethode.

---

168 Stegmüller *Wissenschaftstheorie I* 564.

169 Näher Koch *Kausalität* 154f.

170 Planck *Determinismus oder Indeterminismus* 13, 19.

Ausgehend von der Prämisse, dass nur eine singuläre Existenzaussage (Basissatz) durch Erfahrung verifiziert werden könne[172] – exemplarisch: die singuläre Existenzaussage ›Es gibt an der Raum-Zeitstelle $z = (x; y)$ einen weißen Schwan‹ durch die Beobachtung eines weißen Schwans zum Zeitpunkt x am Ort y –, setzt Popper voraus, dass stets nur eine *endliche* Zahl von Basissätzen zu verifizieren sei.[173] Für eine wissenschaftliche Gesetzeshypothese bedeute dies: Weil es logisch unmöglich sei, einen unbegrenzten Allsatz aus einer endlichen Zahl besonderer Sätze herzuleiten, könne eine Hypothese durch die Erfahrung niemals verifiziert werden.[174] Wohl aber sei es möglich, mittels einer endlichen Zahl singulärer Sätze einen unbegrenzten Allsatz zu falsifizieren – exemplarisch widerlege die Beobachtung (mindestens) eines schwarzen Schwans die Behauptung, dass alle Schwäne weiß seien. Methodisch schließt Popper aus dieser asymmetrischen Beziehung zwischen Allsatz und Basissatz, dass nur die (auf Beobachtung gestützte) Falsifikation auf der Ebene genereller Sätze zu gesicherter und in diesem Sinne ›objektiver‹ Erkenntnis führe. Für die Wissenschaft ergebe sich daraus einerseits die Verpflichtung zum stetigen Versuch, wissenschaftliche Hypothesen an der Erfahrung scheitern zu lassen. Zum anderen müssten wissenschaftliche Theorien stets falsifizierbar konzipiert werden[175].

Im Hinblick auf die Frage nach der Akzeptanz indeterministischer Modelle leitet sich aus diesem Konzept ab, dass für die wissenschaftliche Modellbildung nur deterministische Gesetze zu akzeptieren sind. Denn nur eine deterministische Gesetzeshypothese kann am Einzelfall falsifizierbar geprüft werden. Vereinfacht gesprochen: Der statistische Allsatz ›60% aller Katzen sind schwarz‹ kann weder durch die Beobach-

---

171 Koch *a.a.O.* 153ff.

172 Zum Begriff Popper *Logik der Forschung* 55.

173 Popper *a.a.O.* 3ff.

174 Popper *a.a.O.* 3: »[Es] berechtigen uns noch so viele Beobachtungen von weißen Schwänen nicht zu dem Satz, daß *alle* Schwäne weiß sind.« Vgl. ferner ders. *Objektive Erkenntnis* 88.

tung einer einzelnen weißen Katze widerlegt werden, noch ist er durch die Beobachtung von Dutzenden weißen (bei gleichzeitiger Beobachtung weniger schwarzer Katzen) im strengen Sinne zu falsifizieren. Vielmehr kann eine logisch zwingende Entscheidung über einen statistischen Allsatz erst herbeigeführt werden, wenn *sämtliche* Objekte der Bezugsklasse überprüft sind. Weil diese Bedingung tatsächlich unmöglich zu erfüllen ist, kann eine probabilistische Hypothese zu keiner ›objektiven‹ Erkenntnis im Popperschen Sinne führen.[176] Hierauf gründet sich die generelle Ablehnung indeterministischer Modelle.

Im Hinblick auf das Begriffsverständnis der Kausalität bedeutet die Zurückweisung indeterministischer Modelle zunächst, dass die nomologische Kausalkonzeption Millscher Prägung, nach welcher unter der Ursache eines Ereignisses die Gesamtheit der Antezedensbedingungen zu verstehen ist, auf Grund deren das Ereignis deduktiv-nomologisch erklärbar ist[177], ohne die Gefahr aufrechterhalten werden kann, auf einen indeterministischen Allsatz zu stoßen, in Bezug auf welchen die explizierenden Begriffe sinnlos werden. Allerdings stellt sich das Problem, dass deterministische Allsätze, welche die Begriffsbestimmung ausfüllen, nicht allgemein als tatsächlich verfügbar oder auch nur erreichbar vorauszusetzen sind. Die moderne Erkenntnistheorie reagiert auf dieses Problem insbesondere dadurch, dass sie die nomologische Explikation lediglich als eine Erklärbarkeitsbehauptung und nicht im Sinn einer tatsächlichen Erklärungsmöglichkeit interpretiert[178]:

---

175 Popper *a.a.O.* 15: »Ein empirisch-wissenschaftliches System muß an der Erfahrung scheitern können.«

176 Popper *a.a.O.* 15 und 144f.: »Nicht umsonst heißen Naturgesetze ›Gesetze‹: Sie sagen um so mehr, je mehr [potenzielle Basissätze] sie verbieten.« »[Eine] Wahrscheinlichkeitshypothese verbietet [hingegen] nichts Beobachtbares, [denn sie] kann mit keinem Basissatz, also auch mit keiner Konjunktion von Basisätzen (mit einer endlichen Beobachtungsfolge) in logischem Widerspruch stehen« (Erg. J.Z.).

177 Stegmüller *Wissenschaftstheorie I* 506f.

178 Stegmüller *a.a.O.* 507.

»Der Begriff der Erklärung ist bei dieser Bestimmung *nicht* im effektiven Sinn zu verstehen. Dafür, daß man heute mit Recht die Tatsache *A* als Ursache für die Tatsache *E* bezeichnet, ist es nicht erforderlich, daß heute auch die Gesetze bekannt sind, die zusammen mit *A* als Prämissen die Ableitung von *E* gestatten. [...] Dem Sinn nach ist ein singulärer Kausalsatz eine *Erklärbarkeitsaussage*, in der [lediglich] die Existenz geeigneter Gesetze vorausgesetzt wird.«[179]

Dieser Präzisierung folgend meint Ursache die ›Totalität‹ der Antezedensbedingungen einer vollständigen, idealen gesetzmäßigen Erklärung der Wirkung.[180] Konzediert wird dabei, dass unter praktischen Gesichtspunkten »für *kein* Ereignis eine wissenschaftliche haltbare kausale Erklärung existiert«[181].

Nach gegenteiliger Ansicht ist der deterministische Standpunkt hingegen zurückzuweisen. Einwände werden dabei zunächst gegen die Rationalität des Determinismus als methodisches Prinzip erhoben. Gemäß dem deterministischen Paradigma sei der Forscher verpflichtet, auch dort verborgene Parameter (hidden variables) zu vermuten, wo es realiter nichts zu entdecken gebe[182]. Die These aber, dass man durch stetes Streben nach einer umfassenderen Tatsachenerkenntnis schließlich zu deterministischen Gesetzmäßigkeiten gelange, stelle letztlich nichts anderes als ein weltanschaulich-programmatisches Bekenntnis dar[183]. Lehne man daher den methodisch verbrämten synthetischen Apriorismus eines universellen Determinismus ab, so müsse man Determinismus und Indeterminismus als logisch gleichberechtigte mögliche Eigenschaften wissenschaftlicher Systeme akzeptieren[184]. Nehme man darüber hinausgehend die Falsifikation als Erkenntnismethode ernst, so gelange man zu dem Ergebnis, dass es überhaupt keine nicht-

179 Stegmüller *a.a.O.* 535f. (Hervorh. a.a.O.). Vgl. ferner ders. *a.a.O.* 507: »Zu behaupten, dass *A* Ursache von *E* ist, heißt demnach soviel wie zu sagen, daß Naturgesetze *existieren*, die zusammen mit einer genauen Beschreibung von *A* die logische Ableitung einer Beschreibung von *E* gestatten« (Hervorh. a.a.O.).

180 Stegmüller *a.a.O.* 535.

181 Stegmüller *Kausalität* 169.

182 Vgl. Koch *Kausalität* 153.

falsifizierten strikten Kausalgesetze gebe, die etwas empirisch Gehaltvolles aussagten. Rhetorisch pointiert lautet die These, dass sämtliche (bekannten) strikten Naturgesetze »lügen«[185]. Zu rekonstruieren ist diese Kritik wie folgt: Selbst die am besten beleumundeten strikten Naturgesetzeshypothesen, wie beispielsweise das Fallgesetz ($v=\sqrt{2 \cdot g \cdot h}$), erwiesen sich bei näherer Betrachtung als falsch. Beobachte man exemplarisch einen verglühenden Meteoriten oder einen von einer Möwe im flug aufgeschnappten Brotkrumen, so sei festzustellen, dass mitnichten *alle* frei fallenden Körper die formelgemäße Geschwindigkeit v erreichten.[186] Derartigen ›Falisifikationsbeispielen‹ sei vom deterministischen Standpunkt aus nur dadurch zu entgegnen, dass entweder die Gesetzesaussage spezifiziert werde (im Beispiel des Meteoriten exemplarisch durch Einbeziehen der Reibung und anderer Effekte) oder aber das Vorliegen gewisser Idealbedingungen vorausgesetzt werde (im Beispiel des Brotkrumens, dass der Fallvorgang nicht gestört wird). Unter operativen Gesichtspunkten unterschieden sich beide Wege dadurch, dass die Spezifizierung des Antezedens das Gesetz an das zu beobachtende Phänomen annähere und somit die Ableitung empirisch gehaltvoller mache, wodurch einem Auseinanderfallen von deduktiv-nomologisch Erklärbarem und tatsächlicher Beobachtung entgegengewirkt werde. Dem gegenüber wirke das Postulieren von Idealbedingungen abstrahierend, entferne also das Gesetz von der Wirklichkeit und beuge somit der Falsifikation dadurch vor, dass ein Widerspruch zwischen nomischer Erklärung und tatsächlicher Beobachtung gar nicht

183 Vgl. etwa Salmon *Probabilistic Causality* 50: »It may be maintained, of course, that [...] a fully detailed account would furnish invariable cause-effect relations, but this claim would amount to no more than *a declaration of faith*« (Hervorh. J.Z.).

184 Stegmüller *Wissenschaftstheorie I* 566.

185 Cartwright *How the Laws of Physics Lie.*

186 Zum Folgenden vgl. Keil *Handeln und Verursachen* 175ff.

möglich sei.[187] Beide Methoden verschärften jedoch letztlich die Angreifbarkeit des deterministischen Konzepts: Auf der einen Seite blähe sich mit zunehmender Spezifizierung eines Gesetzes zum einen dessen Antezedensbedingung so sehr auf, dass das vor Falsifikation geschützte hinreichend komplexe und in diesem Sinne ›vollständige‹ Gesetz sich allenfalls graduell von der Laplaceschen Utopie einer Weltformel abgrenze.[188] Zum zweiten sinke mit zunehmender Spezifizierung des Antezedens der Anwendungsbereich des Gesetzes, so dass im Extremfall die vollständige kausale Erklärung nicht mehr als die empirisch uninteressante These beinhalte[189], dass auf etwas Einmaliges etwas Einmaliges folge.[190] Auf der anderen Seite bedeute die Abschirmung des Gesetzes durch Ceteris-paribus-Bedingungen, dass zum einen die Gesetzeshypothese zu einer Trivialität verkomme, weil jedes Mal, wenn trotz Vorliegen des Antezendens das Konsequens nicht eintrete, die Verletzung der Ceteris-paribus-Bedingungen reklamiert werden könne. Zum zweiten gebe man auf Grund der Idealisierung den Anspruch auf, mittels des Gesetzes etwas Tatsächliches erklären zu wollen. So gelte exemplarisch das ›reine‹ Fallgesetz nur im Vakuum, also in einem realiter nirgends anzutreffenden Raum.[191]

Die kausaltheoretische Konsequenz dieser Kritik besteht zunächst in der Zurückweisung der deduktiv-nomologischen Kausaltheorie in ihrer postreduktionistischen Lesart.[192] Statt dessen bricht sich als Alternative

---

187 Keil *a.a.O.* 179.

188 Frank *Kausalgesetz* 80.

189 Richtungsweisend bereits die Kritik des englischen Physikers Maxwell (1873): »It is a metaphysical doctrine that from the same antecedents follow the same consequences. No one can gainsay this. But it is not of much use in a world like this, in which the same antecedents never again concur, and nothing ever happens twice« (zit. nach Atmanspacher *Ontic and Epistemic Descriptions* 472).

190 Frank *Kausalgesetz* 48, 80; vgl. ferner Keil *Handeln und Verursachen* 180.

191 Vgl. Keil *a.a.O.* 207.

192 Pointiert Keil *a.a.O.* 191: »Es handelt sich um einen Ursachenbegriff für eine Population von Laplaceschen Dämonen.«

insbesondere die probabilistische Kausaltheorie die Bahn. Sie beruht in ihrem Ansatz auf dem von Suppes formulierten[193] Grundgedanken, dass ein Zustand *A* als Ursache eines Zustands *B* zu bezeichnen sei, wenn *A* zeitlich vor *B* liegt, wenn das Auftreten von *A* die Wahrscheinlichkeit für das Auftreten von *B* erhöht und wenn es keinen dritten zwischen *A* und *B* liegenden Zustand *C* gibt, welcher es erlaubt, die Wahrscheinlichkeitsbeziehung zwischen den beiden erstgenannten Zuständen auszuklammern[194]. Verwiesen ist damit der Sache nach auf den für den probabilistischen Lösungsansatz konstitutiven Grundgedanken. Denn es geht darum, den (Kausal-) Zusammenhang zwischen Ursache und Wirkung als eine positive Wahrscheinlichkeitsrelation zu begreifen.

1.3 Äquivalenz deterministischer und indeterministischer Modelle

Ausgehend hiervon kann zur eingangs aufgeworfenen Frage folgendermaßen Stellung genommen werden: Gegen die strikt deduktiv-nomologische Kausaltheorie, welche der Zurechnung nach Wahrscheinlichkeitsregeln entgegensteht, greifen ihrerseits Bedenken durch. Die deduktiv-nomologische Kausaltheorie statuiert nicht mehr als ein bloßes

---

193 Suppes *Probabilistic Theory of Causality*. Vgl. ferner Keil *a.a.O.* 216ff.; Koch *Kausalität* 58ff.; Leiber *Kausalität* 344; Salmon *Probabilistic Causality* 50; Stegmüller *Wissenschaftstheorie I* 600ff.; Westermann *Wissenschaftstheorie* 159.

194 Zur Veranschaulichung des ›Ausklammerns‹ möge das folgende Beispiel betrachtet werden: Paradigmatisch für die probabilistische Explikation der Kausalität ist der Zusammenhang von Zigarettenrauch und Lungenkrebs. Indes gilt auch: Jeder Raucher muss seine Zigaretten anzünden, gewöhnlich mittels eines Streichholzes oder eines Feuerzeugs. Raucher sind daher überdurchschnittlich häufige ›Feuerzeuganzünder‹ bzw. ›Streichholzanreißer‹ (= *A*). Es lässt sich daher folgende die Nonsens-Hypothese konstruieren: Das Entzünden von Streichhölzern oder Feuerzeugen ›erhöht‹ die Wahrscheinlichkeit von Lungenkrebs (= *B*). Daraus resultiert wegen $P(B, A) > P(B)$ die offenbar falsche Kausalhypothese: Das Entzünden von Streichhölzern oder Feuerzeugen ›verursacht‹ Lungenkrebs. (Fehlerhaft ist die Hypothese, weil zwischen *A* und *B* das Rauchen als dritter Faktor *C* liegt.) Ein weiteres illustratives Beispiel (scheinbarer Zusammenhang zwischen dem Genuss von Sodawasser [im Verein mit Alkoholika als Mischgetränk] und Rausch) findet sich bei Hoyer *Herausforderungen der traditionellen Strafrechtsdogmatik* 164, 170.

Erklärbarkeitspostulat. In der Erkenntnistheorie wird ausdrücklich zugestanden, dass es keine wissenschaftlich haltbaren effektiven strikten Kausalerklärungen gibt.[195] Vielmehr versteht sich die deduktiv-nomologische Kausalerklärung als ein Idealtypus, dem man sich realiter nur um den Preis kontrafaktischer Abstraktion oder der Spezifizierung jenseits rationaler empirischer Standards annähern kann. Es erscheint folglich bereits im Ansatz wenig überzeugend, die strafrechtsdogmatische Kausalterminologie, die notwendigerweise praktischen Bedürfnissen gerecht werden muss, auf diesen Typus zurückzuführen zu wollen. Die Annahme der Verfügbarkeit ›hundertprozentiger‹ Kausalerklärungen ist vielmehr eine rein konstruktive Hypothese, deren Plausibilität allerdings häufig auf die Selektionswirkung zurückgeführt werden kann, die bei strafrechtlicher Betrachtung eo ipso eintritt. Denn der potenziell erfolgreiche, aber konkret erfolglose Geschehensverlauf wird regelmäßig mangels Erfolg nicht in den forensischen Focus treten.[196] Kehrseitig kann die konkret betrachtete Kausalerklärung im einfachsten Falle durch eine Ceteris-paribus-Bedingung abgeschirmt werden: Exemplarisch kann ein Pistolenschuss in den Bauch, in dessen Folge das Opfer verblutet, als den Tod des Opfers ›*mit Sicherheit*‹ verursachend gelten, wenn man voraussetzt, dass ein Schuss *unter den obwaltenden Umständen*, d.h. in *diesem* Ansatzwinkel aus *dieser* Waffe auf *diesen* Körper ›immer‹ eine Arterie verletzen würde. Allerdings ist eine solche Gewissheit suggerierende Konstruktion erkennbar überflüssig: Das Beispiel wäre nicht anders zu behandeln, wenn man akzeptiert, dass ein Pistolenschuss in den Bauch in nur $(100-x)$% der Fälle tödlich ausgeht.

Hingegen empfiehlt sich die probabilistische Kausaltheorie als die praxisgerechte Alternative. Sie bewährt sich zum einen negativ dadurch, dass die gegen den Probabilismus erhobenen erkenntnistheoretischen

---

195 Vgl. o. S. 86 mit Fn. 181.

196 Vgl. Rolinski *Statistische Kausalität* 494 mit dem – freilich überspitzten – Beispiel, dass im Hinblick auf §§ 212, 222 StGB ein ›Fenstersturz aus dem 4. Stock‹ *stets* als tödlich gelte, weil nichttödliche Fensterstürze mangels Erfolg nicht abgeurteilt zu werden bräuchten.

Vorbehalte strafrechtsdogmatisch nicht durchgreifen: Im Strafverfahren kommt es nicht darauf an, gegenüber Tatsachenfeststellungen durch ein deterministisches Erkenntnisparadigma einen artifiziellen Zweifel aufrechtzuerhalten, der seinen methodischen Sinn darin findet, zu permanenten Verbesserungsversuchen anzuspornen. Denn diese methodische Skepsis ist in ihrer Anlage unbegrenzt. Es fehlt an einem Kriterium, welches die für die rechtliche Befriedung erforderliche Akzeptanz des Erreichten gewährleistet. Gerade der Rechtsfrieden aber ist der maßgebliche Gerechtigkeitsaspekt, der begründet, weshalb ein – theoretisch stets unbegrenztes – Erkenntnisverfahren seinen Abschluss finden kann und muss. Entsprechendes gilt im Hinblick auf die Auseinandersetzung mit ständigen Falsifikationsversuchen. Zum anderen spricht positiv für die Etablierung nichtdeterministischer Modelle zur Erklärung strafrechtlicher Erfolge ihre Akzeptanz insbesondere in den forensisch relevanten empirischen Wissenschaften. Diese fachwissenschaftlichen Erkenntnisse sind nur dann nutzbar, wenn sie nicht mit Maßstäben gemessen werden, die für sie nicht passen. Beispielgebend in diesem Sinne ist der von Puppe herangezogene Krebspatientenfall[197]. Der Mediziner, welcher einem Patienten eine 90%ige Heilungschance prognostiziert, meint in der Tat nicht, dass dieser Patient unter der Bedingung *A* mit Sicherheit geheilt wird und unter der Bedingung *non A* mit Sicherheit stirbt, wobei lediglich ungewiss ist, welche der beiden Alternativen beim Betroffenen verwirklicht ist. Gemeint ist, dass das Schicksal dieses Patienten objektiv unbestimmt ist.[198]

Dies spricht dafür, grundsätzlich auch indeterministische Kausalmodelle und die sich aus ihnen ableitenden probabilistischen Kausalerklärungen zu akzeptieren. Maßgeblich ist dabei das Verständnis der Wahrscheinlichkeit als deskriptiver Größe, die nicht Ausdruck bloßer subjektiver Ungewissheit, also nicht ein »Eingeständnis«[199] der Beschränkt-

---

197 Vgl. o. II, 4.2 (S. 62f. mit Fn. 119).

198 Ebenso Puppe *Erfolgszurechnung im Strafrecht* 45.

199 Stratenwerth *Bemerkungen zum Prinzip der Risikoerhöhung* 232.

heit der erlangten Sachaufklärung ist. Vielmehr versteht sich die Wahrscheinlichkeitserklärung als die exakteste Form, Tatsachenerkenntnisse (auf der Grundlage eines nicht deterministischen Modells) zum Ausdruck zu bringen. Ausgehend hiervon greift der Vorwurf, die Zurechnung nach Wahrscheinlichkeitsregeln lasse Defizite in der Erkenntnis des Tatsächlichen zu Ungunsten des Beschuldigten wirken und sei daher systemwidrig, nicht durch. Vielmehr sind Determinismus und Indeterminismus als gleichberechtigte Eigenschaften wissenschaftlicher Modelle zu akzeptieren.

Dies begründet ein über das praktische Interesse hinausgehendes theoretisches Interesse an der Dogmatisierung der Zurechnung indeterministischer Erfolge. Voraussetzung hierfür ist allerdings die Präzisierung der dogmatischen Funktion der Zurechnung, welche im folgenden Abschnitt vorgenommen wird.

2. Metadogmatik der Zurechnung

Dem folgend befasst sich Abschnitt III, 2 mit der Metadogmatik der Zurechnung. Zunächst erfolgt die begriffliche Grundlegung der Zurechnung als einer zweistelligen Relation, die Handlung und Erfolg nach dem Prinzip der Kausalität und Finalität verknüpft (2.1). Daran schließt sich die Erörterung der kausalen (2.2) und der finalen Unrechtslehre (2.3) als den beiden antithetischen und die Zurechnungsrelation monistisch verkürzenden Archetypen der Tatbestandsdogmatik an. Schließlich wird eine Synthese beider Positionen angestrebt, aus der sich die Grundanforderungen an die Dogmatisierung der Zurechnung ableiten lassen (2.4).

2.1 Begriffsbestimmung

Der Begriff der ›Zurechnung‹ ist urspünglich ein Begriff der Naturrechtslehre.[200] Zurechnung (*imputatio*) meint dort die Attribution des Werturteils für eine Handlung an den Handelnden selbst[201]. In diesem Sinne ist der Terminus Mitte des 17. Jh.s insbesondere von Pufendorf geprägt und im 18. Jh. über Böhmer in die Strafrechtsdogmatik übernommen worden[202]. Das grundlegende Problem der Zurechnung be-

---

200 Vgl. Loening *Zurechnungslehre* 129.

steht darin, dass die Übertragung des Werturteils für eine Handlung auf den Handelnden selbst die Überschreitung einer kategorialen Grenze erfordert. Denn der Handelnde ist zugleich Subjekt und Objekt der Handlung. Die Auflösung dieses Gegensatzes gründet sich bei Pufendorf auf die spezifisch menschliche Fähigkeit, den Körper durch Willen und Intellekt zu lenken und derart zur Ausübung einer Zwecktätigkeit einzusetzen.[203]

Verankert ist dieser Gedanke im Menschenbild der klassischen, namentlich der Aristotelischen Philosophie, welche den Menschen als körperlich-geistige Entität versteht: Der Mensch sei ein beseeltes Lebewesen (ζῷον ἔμψυχον).[204] Als solches könne er vermöge seiner aus dem Zusammenwirken von ›Willen‹ (ὄρεξις) und ›Verstand‹ (λόγος) hervorgehenden geistigen Kraft sich selbst steuern.[205] Bezugspunkt der Zurechnung ist folglich die Handlung. Denn sie markiert die Nahtstelle zwischen der geistigen Innensphäre und der körperlichen Außensphäre. Zugleich synthetisiert sie die bezeichnete psycho-physische Doppelnatur. Einerseits hat die Handlung als physikalischer, in klassischer Vorstellung: Kraft übertragender zustandsverändernder Akt körperliche Qualität und wirkt auf die Außenwelt kausal ein. Andererseits ist die Handlung als Willensakt geistiger Natur und gibt dem Kausalvorgang einen finalen Sinn.

Beides setzt allerdings voraus, dass die Handlung ›willentlich‹[206] vollzogen wird. Denn nur die willentliche Körperbewegung ist als zugleich physischer und geistiger Akt vorstellbar. Dem entsprechend fordert bereits die Aristotelische Zurechnungslehre, dass die Bewegung ihren Urgrund im Handelnden selbst (ἀρχὴ ἐν αὐτῷ) findet[207]. Kehrseitig werden

---

201 Vgl. Loening *a.a.O.* 129.

202 Zu den historischen Wurzeln vgl. die Darstellung bei Welzel *LB* § 8 III 1 (S. 38 f.).

203 Vgl. Welzel *a.a.O.*

204 Loening *Zurechnungslehre* 134.

205 Vgl. Loening *a.a.O.* 143.

alle erzwungenen Körperbewegungen aus dem Bereich des Zurechenbaren ausgeschieden, insbesondere die rein somatischen (φύσει) Vorgänge sowie solche, die durch äußere Gewalt (βίᾳ) hervorgerufen sind[208].

Fernerhin sondert – was im Folgenden allerdings nicht von näherem Interesse ist – die Aristotelische Zurechnungslehre in strikter Fortführung des Gedankens auch alle aus Unkenntnis (ἀπάτῃ) der Tatumstände oder der Normen begangenen Handlungen aus.[209] Dem daraus folgenden Problem mangelnder Verantwortlichkeit für fahrlässiges Verhalten entgegnet sie durch Bejahung der Zurechenbarkeit, wenn der Handelnde selbst Urheber der Unwissenheit ist, wenn es also an ihm (ἐπ᾿αὐτῷ) war, sich die richtige Erkenntnis zu verschaffen.[210]

Die Reduktion auf den freien Willen unter Ausschluss des äußerlichen oder vom Körper ausgehenden Zwangs kennzeichnet die Handlungslehre bis heute. Diese Beschränkung ist ebenso klassisches[211] wie unbestrittenes Dogma des gegenwärtigen Strafrechts.[212] Im Unterschied zur

---

206 Das dt. ›willentlich‹ gibt das griech. ›ἑκούσιον‹ nur unvollkommen wieder, ist aber allgemein unbestritten. Vgl. dazu ausführlich Loening *a.a.O.* 174.

207 Vgl. dazu ausführlich Loening *a.a.O.* 132ff.

208 Aristoteles *Technē Rhētorikē* 1368b, 32: »Τῶν μὲν οὖν μὴ δι᾿ αὑτοὺς τὰ μὲν διὰ τύχην πράττουσι, τὰ δ᾿ ἐξ ἀνάγκης, τῶν δ᾿ ἐξ ἀνάγκης τὰ μὲν βίᾳ, τὰ δὲ φύσει« (Innerhalb der nicht freiwilligen Handlungen sind die zufälligen und die zwangsläufigen Handlungen zu unterscheiden, und innerhalb der zwangsläufigen die, welche durch Zwang von außen [Gewalt], sowie die, welche durch Zwang von innen [des eigenen Körpers] erfolgen; Übers. J.Z.). Vgl. ausführlich Loening *a.a.O.* 186ff.

209 Aristoteles *Technē Rhētorikē* 1377b, 4: »Ἡκούσιον γὰρ τὸ ἀδικεῖν, [...], τὰ δὲ βίᾳ καὶ ἀπάτῃ ἀκούσια« (Die willentliche Handlung ist Unrecht, ..., die Handlung aber, die durch Zwang oder auf Grund von Unkenntnis erfolgt, ist unfreiwillig; Übers. J.Z.). Vgl. ferner Loening *a.a.O.* 223ff.

210 Loening *a.a.O.* 224.

211 Vgl. exemplarisch Liszt *LB* § 28 I (S. 106): Die Körperbewegung ist Handlung, wenn sie »nicht durch mechanischen oder psycho-physischen Zwang, sondern durch Vorstellung bewirkt wird«.

212 Wessels/Beulke *AT* Rn 94ff.; Vgl. ferner Lenckner *Sch/Sch Vor § 13* Rn 25ff.; Stratenwerth *AT § 6* Rn 4ff.; Kühl *Lackner Vor § 13* Rn 7.

heutigen Lehre meint ›Handlung‹ im Aristotelischen Sinne jedoch nicht nur die einen Kausalvorgang initiierende willentliche Körperbewegung an sich. Vielmehr gebraucht die Aristotelische Lehre den Begriff umfassender. Grundlegend hierfür ist die Überlegung, dass die Bewegung des Körpers als physisches Moment des Handlungsakts dem psychischen Begehren (ὄρεξις) des Handelnden entspringt[213], vermöge dessen das Ziel der durch die Körperbewegung inittierten Kette von Zustandsveränderungen in der Außenwelt im Moment der Bewegung antizipiert ist. Der Wille verursacht in diesem Sinne die Körperbewegung nicht nur, sondern verleiht ihr zugleich das Potenzial zur Zweckhaftigkeit. In Aristotelischer Terminologie – welche noch nicht der neuzeitlichen Reduktion des Kausalbegriffs auf die causa efficiens unterliegt[214] – kann die Handlung folglich als zugleich ›effiziente‹ und ›finale Ursache‹ des Erfolgs bezeichnet werden[215]. In neuzeitliches Vokabular übertragen bedeutet dies: Kraft seiner Vernunft ›verursacht‹ der Mensch nicht nur, sondern er ›bewirkt‹ auch. Handlung meint in diesem Sinne daher die über den bloßen Handlungsakt hinausgreifende Einheit von Verursachendem und Bewirktem.

Insgesamt ist daher ist die ›Zurechnung‹ im ursprünglichen Aristotelischen Sinne als ein normativer Übertragungsakt zu charakterisieren, welcher den Schluss von der Wertigkeit einer ›Handlung‹ (lobenswert/tadelnswert, ἐπαινετόν/ψεκτόν) auf das handelnde Subjekt erlaubt, wobei ›Handlung‹ die durch Kausalität und Finalität begründete Einheit aus willentlicher Körperbewegung (ἑκούσιον) und Erfolg (›Werk‹; ἔργον) bezeichnet[216]. Betrachtet man die heutige Lehre vor dem Hintergrund dieser Begriffsbestimmung, so ergeben sich die fol-

---

213 Loening *Zurechnungslehre* 135.

214 Riedl *Über die Biologie des Ursachen-Denkens* 13f. und unten S. 97.

215 Aristoteles *Metaphysik* 1013, 16: »Ἰσαχῶς δὲ καὶ τὰ αἴτια λέγεται· πάντα γὰρ τὰ αἴτια ἀρχαί« (Diese werden gleichfalls Ursache genannt: Denn sie alle sind ›Archē‹ und ›Aitia‹; Übers. J.Z.). Zum Zusammenhang von Aristotelischer Zurechnungs- und Kausallehre vgl. Loening *a.a.O.* 132f. und 144.

216 Vgl. Loening *a.a.O.* 171.

genden grundlegenden Abweichungen: Zunächst hat der Begriff ›Zurechnung‹ in der gegenwärtigen Lehre eine ausschließlich negative Bedeutung[217]. Zurechenbarkeit heißt Vorwerfbarkeit. In diesem Sinne meint exemplarisch Roxin, wenn er beim Ablenken eines Steins vom Kopf auf einen weniger gefährdeten Körperteil die Zurechnung der durch die Ablenkung herbeigeführten Körperverletzung verneint[218], dass die Verletzung dem Akteur nicht *anzulasten* sei – obwohl sie ihm *als Verdienst* durchaus im Aristotelischen Sinne ›zugerechnet‹ werden könnte[219]. Mag diese terminologische Reduktion unschädlich erscheinen, weil das Strafrecht es im Generellen nicht mit positiven Wertungen (insbesondere also nicht mit der Zuerkennung von Lob) zu tun hat, so bedarf dennoch die mit diesem Gebrauch des Zurechnungsbegriffs einhergehende Verengung des Handlungsbegriffs der näheren Beachtung. Denn Relatum der Zurechnung ist, wie sich am Beispiel Roxins ergibt, nicht die *Ganzheit* von willentlicher Körperbewegung und Erfolg (also nicht die ›Handlung‹ im Aristotelischen Sinne), sondern *allein der Erfolg*. Dieses Begriffsverständnis offenbart mehr als nur eine deklaratorische Inkompatibilität. Vielmehr liegt ihr inhaltlich die Entkoppelung von Handlung und Erfolg zu Grunde, welche die durch Kausalität und Finalität begründeten Synthese beider Elemente auflöst.

Infolge dieser Entkoppelung treten Handlung und Erfolg als eigenständige Relata der Zurechnung in Erscheinung. Für die Dogmatik leitet sich daraus die Frage nach der Bezugsgröße des Zurechnung ab. Auf diese Frage hat die Strafrechtswissenschaft im Verlaufe der dogmenhistorischen Auseinandersetzung zwei antithetische Antworten hervor-

---

217 Vgl. ausführlich Maiwald *Funktion der objektiven Zurechnung* 467ff.

218 Roxin *AT/1 § 11* Rn 47.

219 In diesem Sinne auch Maiwald *Funktion der objektiven Zurechnung* 468: »[Es] kann gar kein Zweifel daran bestehen, daß das Auftreffen des Steines auf der Schulter des Opfers (anstatt auf dem Kopf) das Werk dessen ist, der dem Opfer zu Hilfe gekommen ist […]. Wäre dem nicht so, so hätte das Opfer des Steinwurf gar keinen Anlass, seinem Helfer, der den Stein abgelenkt hat, zu danken […]« (Erg. J.Z.).

gebracht: die kausale Handlungslehre, welche zur Darstellung des Unrechtstatbestands den Erfolg in den Mittelpunkt stellt, und die finale Handlungslehre, welche zur Darstellung des Unrechtstatbestands die Handlung in das Zentrum rückt. Zwischen diesen beiden Extrema, die im Folgenden erörtert werden sollen, muss sich die hier zu entwickelnde Metadogmatik der Zurechnung positionieren.

2.2 Kausalistischer Erfolgsmonismus

Grundlegend für die Verklammerung von Handlung und Erfolg zu einer bipolaren Zurechnungseinheit in der Aristotelischen Zurechnungslehre ist die Doppelnatur der Handlung als eines psycho-physischen Vorgangs, der agens und actum gemäß dem Prinzip der Kausalität und Finalität in eine wechselbezügliche Beziehung setzt. Die Statik dieser Konstruktion setzt ein symmetrisches Verhältnis zwischen kausalem und finalem Moment in der Kausalrelation als dem verbindenden Element von Handlung und Erfolg voraus. In der Aristotelischen Lehre ist diese durch die terminologische Einheit von Kausalität und Finalität im Begriff der Ursache gewährleistet.

Eben diese Einheit löst sich jedoch in den neuzeitlichen Wissenschaften auf.[220] Hatte die Aristotelische Kausallehre ursprünglich vier Aspekte der Ursächlichkeit (causa formalis, causa materialis, causa efficiens und causa finalis) unterschieden[221] und die frühen Aristotelesexegeten unter diesen die Zweckursache als die ranghöchste identifiziert – eine Interpretation, der auch die mittelalterliche Scholastik mit theozentrischer Begründung (Gottes Weltenzweck sei Ur-Ursache der Schöpfung; gottesebenbildlich ordne auch der Mensch die Ursachen gemäß seiner Zwecksetzung[222]) folgt –, rücken in der Neuzeit insbesondere im Ge-

220 Zum Folgenden vgl. Riedl *Biologie des Ursachen-Denkens* 13f.

221 Illustrativ ist diese Differenzierung am Beispiel eines Hausbaus: Formursache ist der Bauplan, Materialursache sind die Baustoffe, Wirkursache ist die Arbeitskraft und Zweckursache ist die Absicht, ein Haus zu errichten.

folge der wegbereitenden Physik unbelebte Gegenstände in das Zentrum des wissenschaftlichen Interesses, und diesen sind Absichten und Zwecke fern. Insbesondere die paradigmatischen Galileischen und Newtonschen Axiome beziehen sich ausschließlich auf Kräfte, während Material und Form für die Formulierung der Bewegungsgleichungen bedeutungslos sind. Im Sog der Empirie verbleibt daher nur die Wirkursächlichkeit (causa efficiens) im Bedeutungsfeld des wissenschaftlichen Kausalvokabulars.[223] Dies gilt insbesondere auch für die Wissenschaften der belebten Natur, welche von der Physik das Primat der effektiven Kausalität und die materialistische Doktrin übernehmen, gemäß derer jede Ursachenkette von der Materie aus zu interpretieren ist.[224] Den entscheidenden Impuls hierfür gibt Darwins Theorie der Entstehung der Arten durch natürliche Zuchtwahl (1858)[225], welche die überkommene Selbstverständlichkeit der Einheit von Leben und Gotteswirken überwindet.[226] Dies impliziert die Favorisierung der effektiven Kausalrelation, denn das einzelne Lebewesen gilt nunmehr nicht als ein nach göttlichem Plan eingesetztes Geschöpf, sondern nur noch als Bindeglied einer evolutionären Kette, innerhalb derer sich ein Selektionsmechanismus vollzieht. Zugleich tut Pasteurs (am Beispiel der Bakterien gemachte) Entdeckung, dass Leben nicht in einer generatio spontanea aus dem Nichts entsteht, sondern dass Lebewesen von anderen Lebewesen, also von materialen Objekten, abstammen (1864), dem Erfolg der materialistischen Perspektive sein Übriges.[227] Die Entwicklungsbiologie ihrerseits radikalisiert den von der Physik entlehnten De-

---

222 In Fortführung des Beispiels des Hausbaus (vorstehend Fn. 220): Der Zwecksetzung ordnen sich Bauplanung, die Beschaffung von Material und die Ausführung sowohl nach als auch unter.

223 Asmuth *MPhL* 280f.

224 Riedl *Biologie des Ursachen-Denkens* 18.

225 Lück *Geschichte der Psychologie* 38.

226 Wittkau-Horgby *Materialismus* 133.

227 Ausführlich Wittkau-Horgby *a.a.O.* 32ff.

terminismus.[228] Auf den Menschen konkretisiert sich das Paradigma im mechanistischen Materialismus, welcher selbst die Seele als etwas grundsätzlich physiologisch Fassbares interpretiert.[229]

Dem folgend verschieben sich die Gewichte innerhalb der Vorstellung des Menschen als eines körperlich-geistigen Wesens einseitig zu Gunsten einer mechanistisch-physikalistischen Betrachtung seiner Körperlichkeit. Diesem generellen Perspektivenwechsel entzieht sich im Konkreten auch die Zurechnungsdogmatik des 19. Jh.s nicht. Entsprechend versteht insbesondere das einflussreiche Lisztsche Lehrbuch (1884) unter ›Handlung‹ allein den durch autonome Innervation motivierten Bewegungsvorgang: »Begehung ist die Verursachung (Veranlassung) eines Erfolges durch Willensbethätigung. Diese erscheint hier als willkürliche Körperbewegung, d.h. als Anspannung (Kontraktion) der Muskeln [...]«[230]. Folge dieser Reduktion des Willensakts (im Aristotelischen Sinn) auf einen bloßen Willkürakt (im empirisch-physiologischen Sinn) ist die Ausblendung des finalen Handlungsaspekts.[231] Die vom Akteur initiierte Kausalkette erscheint folglich als ein rein physikalischer Naturvorgang. Die später vielgescholtene, aber durchaus illustrative Konsequenz dieser Betrachtungsweise besteht darin, exemplarisch auch die Tathandlung einer Beleidigung als die »Erregung von Luftschwingungen und von physiologischen Prozessen in dem Nervensystem des Angegriffenen« zu charakterisieren.[232]

Ihre spezifische Begründung findet diese mit der gesamtwissenschaftlichen Entwicklung kohärente Verengung der dogmatischen Wahrnehmung der Handlung in der strafrechtsdogmatischen Etablierung des Kausalprinzips. In der ersten Hälfte des 19. Jh.s etabliert sich in der

---

228 Riedl *Biologie des Ursachen-Denkens* 15.

229 Wittkau-Horgby *a.a.O.* 15.

230 Liszt *LB* § 28 I (S. 106).

231 Welzel *LB* 40.

232 Liszt *LB* (^{2}1884) 107. Zur späteren Kritik siehe ausführlicher Engisch *Weltbild* 37; vgl. ferner Welzel *LB* § 8 III 2 (S. 40).

deutschen Partikularstrafgesetzgebung die ›Wirkursache‹ als gesetzlicher Zentralbegriff der Zurechnung zunächst im Kontext der Tötungsdelikte. Nach dem Vorbild des Bayerischen Strafgesetzbuchs von 1813 (Art. 143)[233] normieren die Strafgesetzbücher zahlreicher deutscher Staaten in kontinuierlicher zeitlicher Folge und weitgehender inhaltlicher Kongruenz den Zusammenhang von Verletzung und Todeserfolg im Sinne ›wirkender Ursächlichkeit‹[234]: 1814 Oldenburg (Art. 148), 1838 Sachsen (Art. 120), 1839 Württemberg (Art. 235), 1840 Braunschweig und Hannover (§ 154 bzw. Art. 226), 1841 Hessen-Darmstadt (Art. 251; nachfolgend 1856 Frankfurt a.M.), 1845 Baden (§ 204). Die Reihe schließt mit Preußen (§ 185)[235], dessen Strafgesetzbuch von 1851 dem Strafgesetzbuch des Norddeutschen Bundes[236] und über dieses mittelbar

---

233 »(1) Um eine Beschädigung oder Verwundung im rechtlichen Sinn für tödtlich zu halten, wird mehr nicht als die Gewißheit erfordert, daß dieselbe im gegenwärtigen Falle als wirkende Ursache den erfolgten Tod des Beschädigten hervorgebracht habe.
(2) Es hat sonach auf die rechtliche Beurtheilung der Tödtlichkeit einer Beschädigung oder Verwundung keinen Einfluß, ob dieselbe in anderen Fällen durch Hülfe der Kunst etwa schon geheilt worden oder nicht; ob in dem gegenwärtigen Falle durch zeitige zweckmäßige Kunsthülfe ihr tödtlicher Erfolg hätte verhindert werden können; ob dieselbe unmittelbar, oder nur durch andere, jedoch durch sie selbst in Wirksamkeit gesetzte Zwischenursachen den Tod bewirkt habe; ob endlich dieselbe allgemein tödlich sey, oder nur wegen der eigenthümlichen Leibesbeschaffenheit des Entseelten, oder wegen der zufälligen Umstände, unter welchen sie ihm zugefügt worden, den Tod hervorgebracht habe.«

234 Vgl. Goltdammer *Materialien PreußStGB* 399 Fn. 3 sowie Birkmeyer *Ursachenbegriff* 295 Anm. 48.

235 »Bei Feststellung des Thatbestandes der Tödtung kommt es nicht in Betracht, ob der tödtliche Erfolg einer Verletzung durch zeitige oder zweckmäßige Hülfe hätte verhindert werden können, oder ob eine Verletzung dieser Art in anderen Fällen durch Hülfe der Kunst geheilt worden, ingleichen ob die Verletzung nur wegen der eigenthümlichen Leibesbeschaffenheit des Getödteten, oder wegen der zufälligen Umstände, unter welchen sie zugefügt wurde, den tödtlichen Erfolg gehabt.«

236 Vgl. dazu Schwarze *StGB Norddt. Bund* 248ff.

dem RStGB von 1871 als Grundlage diente[237]. Sachlich knüpfen die Kodifikationen an die Auseinandersetzung der gemeinrechtlichen Wissenschaft mit der Letalitätslehre an.[238] Im Besonderen gilt dies für das initiierende, die Handschrift Feuerbachs tragende[239] BayStGB. Äußerliches Indiz hierfür ist die systematische Zuordnung der den Begriff der ›wirkenden Ursache‹ erläuternden Regeln zum Tatbestand der Tötung.

Im Vorfeld hatte sich die gemeinrechtliche Wissenschaft mit Zurechnungsfragen im Kontext der Totschlagsnorm der Carolina (Art. 147 CCC) auseinandergesetzt. Diese hatte bei der Beurteilung der Tatbestandlichkeit die stete Hinzuziehung ärztlicher Sachkunde zur Beantwortung der Frage nach der ›Tödlichkeit der Verwundung‹ (let[h]alitas[240] vulneris) eingefordert.[241] Das theoretische Problem, welches die Frage nach der Letalität aufwirft, besteht darin, dass die Kategorienbildung der Medizin als einer empirischen Wissenschaft, welche ihrem Selbstverständnis nach am Tatsächlichen orientiert ist, Abgrenzungskriterien hervorbringt, die nicht notwendig eine normative Entsprechung finden. Darüber hinausgehend verfügt die medizinische Wissenschaft bis in das 19. Jh. über geringe substanzielle Erkenntnisse[242], so dass die kategorialen Grenzen wenig trennscharf verlaufen. Es bildet

---

237 Das RStGB v. 15.5.1871 (Inkrafttreten 1.1.1872) beruht auf der Übernahme des Strafgesetzbuchs für den Norddeutschen Bund für das Reich; vgl. *RGBl 1871* 127: »Das Strafgesetzbuch für den Norddeutschen Bund vom 31. Mai 1870 erhält unter der Bezeichnung als ›Strafgesetzbuch für das Deutsche Reich‹ vom 1. Januar 1872 an die beiliegende Fassung [...].«

238 Vgl. etwa für das PreußStGB die Diskussion der Kommission zu § 233 E-PreußStGB (der dem späteren § 185 weitgehend gleicht) in: Bleich *Verhandlungen* 40f.

239 Rüping *Strafrechtsgeschichte* 78 (Rn 272).

240 Die älteren Quellen bevorzugen die dem Griechischen nähere aspirierte Fassung ›lethalitas‹ (< gr. λήθη) gegenüber der latinisierten Variante ›letalitas‹ (> dt. Letalität). Vgl. dazu ausführlich *Lexicon Totius Latinitatis III* 63.

241 Zu den wesentlichen Stationen der Entwicklung siehe näher Schaffstein *Gemeinrechtliche Verbrechenslehren* 49ff.

242 Vgl. Wittkau-Horgby *Materialismus* 45.

sich eine Systematik dreier Klassen von ›tödlichen‹ Verwundungen heraus, deren Unterscheidung dem Gesichtspunkt der Verlaufsprognose (gefährlich – lebensbedrohlich – sicherlich tödlich) folgt.[243] Die empirisch motivierte Orientierung an der Typizität und Regelhaftigkeit des Zusammenhangs von Verwundung und Tod lässt jedoch voraussetzungsgemäß irreguläre und atypische Bedingungen des Einzelfalls wie etwa Anomalien der Opferkonstitution oder die Unerreichbarkeit ärztlicher Hilfe, aber auch normativ relevante Aspekte wie ein Fehlverhalten des behandelnden Arztes oder des Verletzten selbst außer Betracht. Für die Strafrechtsdogmatik resultiert daraus das – die Kommentarliteratur insbesondere des 18. Jh.s beherrschende[244] – Problem, dass es bei einer strikt an den medizinischen Kategorien orientierten Auslegung zu einer Entlastung des Täters durch beliebige Irregularitäten kommen kann, weil jede atypische Bedingung des Einzelfalls die

243 Beispielhaft hierfür, aber auch für den durch Redundanz der Formulierungen kaum überdeckten Mangel scharfer Abgrenzungskriterien heißt es exemplarisch in einer medizinischen Dissertation des Jahres 1703: »[V]erbum θανάσιμον, *lethale,* vel *mortem inferens,* non uno modo, sed tripliciter in Foro Medico accipitur; scilicet 1. pro eô [vulnere], quod κακὸν vel κινδυνῶδες, malum, pravum, perniciosum ac *periculosum* est; 2. pro eô, quod θανασιμώτερον καὶ χαλεπώτερον, *maxime periculosum* & utplurimum cum vitae periculo est; & 3. pro eo, quod ἐξ ἀνάγκης, *simpliciter, absolute,* & necessariò mortem inferre solet« (Isaac *De vulnerum lethalitate* 8f.; Hervorh. a.a.O.; Übersetzung J.Z.: Das Wort ›tödlich‹ oder ›todbringend‹ wird vor Gericht vom Arzt nicht nur in einem einfachen, sondern in einem dreifachen Sinne verwandt: 1. für eine üble und gefahrgeneigte Verwundung, welche schlimm, arg, verderblich und *gefährlich* ist; 2. für eine bösere, mehr zum Tode geneigte Verwundung, die *extrem gefährlich* ist und allermeist Lebensgefahr bedeutet; 3. für eine zwangsläufig tödliche Verwundung, welche *schlicht, absolut* und notwendig den Tod herbeizuführen pflegt).

244 Vgl. exemplarisch die Kommentierung des Art. 147 CCC bei Kress *Carolina* Artic. CXLVII insbesondere § 1 Randnote 5: »[Homicidium solum capitalium est] ubi [...] graveque vulnus sine culpa vulnerati, aut tertii, atque sine interveniente novo fatali casu, aut symptomate, mortis causam praebuit« (Nur derjenige Totschlag ist mit dem Tode zu bestrafen, bei dem eine schwere Wunde ohne Mitverschulden des Geschädigten oder eines Dritten und ohne eine dazwischentretende zufällige Ursache oder neue Symptome den Tod verursacht hat; Erg. und Übers. J.Z.).

Zugehörigkeit zum Regelfall in Frage stellt. In der Konsequenz lässt sich die Zurechnung kaum auf ein einheitliches, normativ konsistentes Prinzip zurückführen.[245]

In Abgrenzung hierzu stellt insbesondere Feuerbachs Lehrbuch des gemeinen Strafrechts (1801) eine von der Empirieakzessorietät emanzipierte Dogmatik zur Verfügung, die auf der dezidiert normativ verankerten Prämisse beruht, dass der rechtswidrige Erfolg der Tötung in der »Beraubung des Lebens« bestehe[246]. Dem Bild des Raubes entsprechend lautet bei ihm die für die Zurechnung relevante Frage, ob der Täter seinem Opfer Lebenszeit entreißt, was voraussetzt, dass das Opfer an sich noch eine Zeitspanne zu leben gehabt hätte.[247] Diese Fragestellung erlaubt es zunächst, von der *Form* des Angriffs zu abstrahieren, so dass das tatbestandliche Verhalten nicht notwendig nur im Sinne des traumatischen Verwundens (vulnerare), sondern eines jeden, auch des mittelbar tödlichen Verletzens (laedere) zu verstehen ist. Statt dessen rückt der *Erfolg* der Angriffshandlung in der abstrakteren Form der ›Verkürzung von Lebenszeit‹ in das Blickfeld. In der konsequenten Fortführung

---

245 So kann exemplarisch zwar der Haftungsausschluss bei einem Fehlverhalten des Verletzten selbst auf den Gesichtspunkt der Verantwortlichkeit für das eigene Tun (und damit letztlich: die eigengesetzliche Willensbildung) gestützt werden. Die Ableitung der Haftungsfreiheit aus dem Prinzip der Autonomie versagt jedoch beispielsweise im Falle der ›eigentümlichen Leibesbeschaffenheit‹ des Verletzen und nötigt vielmehr zu einer gegenteiligen Entscheidung, weil der Täter den Betroffenen in einen Zustand zwingt, in dem dieser schicksalhaft an die etwaigen Schwächen seiner – dem eigenen Willen gerade nicht unterworfenen – individuellen Konstitution gebunden ist.

246 Feuerbach *LB* § 241 (S. 189) (Hervorh. a. a. O.).

247 Konsequenterweise stellt Feuerbach *a. a. O.* daher gegen die Vorstellung, die Beibringungen einer absoluttödlichen Verletzung sei stets tatbestandlich: »Das Verbrechen existirt daher nicht [w]enn der auf Tödung gerichteten Handlung eine von derselben unabhängige Ursache *vorherging*, welche den Tod in demselben Zeitpunkte bewirkt haben würde, in welchem er auf die Handlung der Person erfolgt ist. Unter *dieser Voraussetzung* würde selbst eine absoluttödliche Verletzung eines Sterbenden oder eines tödlich verwundeten keine vollendete Tödung seyn.«

dieser Ablösung vom ›manifesten‹ Geschehen tritt folglich das deliktische Geschehen als ein raum-zeitlich distanzierter Vorgang – als »Causalzusammenhang«[248] – dogmatisch in Erscheinung.

Bei Feuerbach sind die raumzeitlichen Grenzen des Kausalzusammenhangs allerdings noch eng gesteckt: Grundsätzlich begründe nur das Einsetzen der erfolgs*nächsten* Bedingung die Zurechnung.[249] Jedoch wird diese Limitierung auf das raumzeitliche Proximum bereits für den Fall durchbrochen, dass der Täter selbst vorsätzlich Urheber der zwischen der Tathandlung und dem Erfolg liegenden Ursachen ist[250]: Wenn auch die entfernteren Bedingungen vom Täter vorsätzlich gesetzt seien, hafte dieser selbst für die ›zufällig‹ tödliche Verletzung.[251] Im Besonderen ist es dieses Einbeziehen der akzidentellen Letalität in den Bereich des zu Verantwortenden, welches den Bruch mit der Letalitätslehre offensichtlich macht. Zwar klingt bei Feuerbach diese noch phänomenologisch in der dreistufigen Systematik ›absolut‹, ›relativ‹ und ›akzidentell‹ tödlicher Verletzungen nach. Der Sache nach aber weicht sie einem kausalen Zurechnungskonzept, bei dem die Frage nach dem *konkreten singulären* Geschehensverlauf im Zentrum steht[252].

---

248 Feuerbach *a.a.O.* § 243 (S. 191).

249 Feuerbach *a.a.O.* § 242 (S. 190f.): »Es darf auf die beygebrachte, an sich nicht tödliche Verletzung keine von derselben unabhängige Ursache *folgen*, welche entweder für sich allein oder in Verbindung mit jener Verletzung den Tod bewirkte. [...] War die Verletzung blos durch die Dazwischenkunft anderer Ursachen tödlich (*zufällig* tödliche Verletzung, laes[io] per accidens leth[alis]); so ist die That nach den Grundsätzen blosser Körperverletzungen und der versuchten Tödung zu bestrafen.«

250 Feuerbach *a.a.O.* § 242 (Anm. * auf S. 191): »Ist der Verbrecher selbst absichtliche Ursache jener hinzutretenden Umstände, dann ist er vollkommen des Verbrechens schuldig.«

251 Vgl. vorstehend Fn. 249 und Fn. 250.

252 Verankert ist dieses freilich in der *subjektiven* Beziehung des Täters zur Ursache. Denn es ist die Vorsätzlichkeit, welche das Eintretenmüssen für die wirklichen Bedingungen des Erfolgs konstituiert. Dieses Nebeneinander von subjektiven und objektiven Aspekten der Zurechnung wird die spätere Lehre in ihrem Bestreben aufgeben, den objektiven Tatbestand zunehmend auf das Tatsächliche zu reduzieren und zu einem constructum commune des Vorsatz- und Fahrlässigkeitsdelikts zu machen, und damit die Schwierigkeit begründen, den Zufall aus dem Bereich des Zurechenbaren zu eliminieren. Näher dazu unten (S. 107 f.).

Für die weitere dogmatische Entwicklung setzt dieses kausale Haftungskonzept, an welches die oben genannten Kodifikationen anknüpfen, zwei grundlegende Impulse frei: Zum einen kann sich die strafrechtliche Zurechnungslehre durch die klare Trennung von fachwissenschaftlichem und juristischem Erkenntnisinteresse von medizinischen Typisierungen[253] lösen. Zum zweiten ist das Kausalkonzept auf andere Rechtsgutangriffe anwendbar, was über die Generalisierung des *Totschlags*[254] der Carolina zu einem Tatbestand der *Tötung* hinausgehend die Formulierung allgemeiner, Deliktsgrenzen überschreitender Zurechnungsregeln ermöglicht. Von dieser Abstraktionsleistung profitiert bereits das BayStGB, indem es die entsprechende Anwendung der für die Tötungstatbestände gesetzten Regeln auf die Körperverletzungsdelikte anordnet.[255]

Extrapoliert man die angestoßene Entwicklung, so ist der Endpunkt des dogmatischen Emanzipationsprozesses mit dem Regress zu einem von den empirischen Hilfswissenschaften abstrahierten, philosophisch ›reinen‹ Kausalbegriff und der Endpunkt der Ablösung vom Tötungstatbestand mit einer allen Erfolgsdelikten gemeinsamen Zurechnungsdogmatik zu erreichen. Die tatsächliche Approximation an den skizzierten Finalzustand erfolgt im ausgehenden 19. Jh. Die vordringende und alsbald herrschende kausale Handlungslehre[256] versucht, den Unrechts-

253 Die Ablösung von der Abhängigkeit zur medizinischen Wissenschaft greifen als Motiv auch die *Anmerkungen BayStGB II* 7 auf: »Wenn das Gesez nicht bestimmt, was unter Tödtlichkeit (Lethalität) einer Verlezung zu verstehen sey, so bleibt Alles der Beurtheilung der Aerzte überlassen, welche dann die Sache nur aus ihrem, der Rechtswissenschaft ganz fremden Gesichtspunkte über den Thatbestand des Verbrechens entschieden [...].«. Für das PreußStGB vgl. Goltdammer *Materialien* 397: »Diese Vorschrift [§ 185] soll den juridischen Begriff der Lethalität, im Gegensatz des medizinischen, feststellen.«

254 Art. 147 CCC: »So eyner geschlagen wird vnd stirbt«.

255 Art. 145 BayStGB a. E.: »[Ü]brigens kommen bei rechtswidrigen Beschädigungen und Mißhandlungen an der Person (Art. 178ff.) die in dem Art. 143-145 enthaltenen Grundsätze in analoge Anwendung.«

begriff aller Erfolgsdelikte aus der Zweiteilung des Gesamttatbestands in ›objektiv – subjektiv‹ abzuleiten. Das Ziel besteht darin, den ›objektiven‹ Unrechtstatbestand (im Sinne des Physikalisch-Körperlichen) und das ›objektive‹ Unwerturteil (im Sinne von dessen intersubjektiver Verbindlichkeit) durch die Zuordnung aller außenweltlichen Aspekte des tatbestandlichen Geschehens zum Unrecht und aller subjektiven Momente zur Schuld zur Übereinstimmung zu bringen.[257]

Zum Konstituens des Unrechtstatbestands avanciert daher der naturalistisch als Zustandsveränderung wahrgenommene Erfolg. Kehrseitig motiviert dies die eingangs am Beispiel des Lisztschen Lehrbuchs illustrierte Verengung der dogmatischen Wahrnehmung der Handlung als bloßes Glied der den Erfolg als außenweltliches Ereignis hervorbringenden Kausalkette. Der Auflösung der Aristotelischen Einheit von Handlung und Erfolg zu Gunsten des letztgenannten ist damit die Bahn gebrochen. Denn weder lässt sich bei einer naturalistischen Betrachtung ein entgegen der Richtung der Zeit wirkender finaler Kausalzusammenhang vom Erfolg zur Handlung annehmen, noch bedarf es diesen überhaupt. Das Interesse gilt allein dem Erfolg als dem durch die – sofern irgend willkürlich dem Handelnden zuzuordnende – Körperbewegung (Handlung) effektiv kausierten Unrechtsereignis. Das finale Moment der Handlung wird hingegen dem Vorsatz als bloßem Schuldelement zugewiesen.

256 Als Vertreter der alten Schule leistet beispielsweise Berner *LB* § 62 a.E. (S. 113f.) Widerstand: »Die neuere Doktrin ist deshalb geneigt, [den Begriff der Ursächlichkeit] *in abstraktester Allgemeinheit voranzustellen.* [Aber a]llein jeder Versuch, eine solche abstrakte Theorie der Ursächlichkeit in die Praxis einzuführen, könnte nur zu einer ungesunden Grübelei Anlaß geben. Denken wir uns Unzucht, Beleidigung, Diebstahl, Hehlerei etc. etc.: wo sind hier die [...] Bedingungen des Erfolgs? Wir wenden uns von solchen unfruchtbaren und verwirrenden Abstraktionen hinweg. Nur im *Besonderen* Theile, und zwar in der Lehre von der *Tödtung,* geben wir einigen, aus der Erfahrung geschöpfte Sätze über Ursächlichkeit [...]« (Hervorh. a.a.O.).

257 Vgl. die Darstellung bei Welzel *LB* § 11 I 1 (S. 59).

Der in der Konsequenz dieser Dogmatisierung eintretende Verlust des Finalmoments im Unrechstatbestand begründet indessen das Problem, dass auch der zufällige Kausalzusammenhang – illustrativ: der durch Ortsveränderung des Geschädigten ›veranlasste‹[258] Tod durch Blitzschlag – grundsätzlich Unrecht begründet. In der Logik des auf die antithetische Trennung objektiver und subjektiver Elemente ausgerichtete Tatbestandskonzepts liegt es angesichts dieses Problems zunächst nahe, die fehlende *objektive Bezweckbarkeit* des Zufalls als fehlende *subjektive Zwecksetzung* zu interpretieren und so die Lösung dem Vorsatz als Schuldelement zuzuordnen[259]. Indessen gelangt man auf diesem Wege zu keiner einheitlichen Lösung unter Einbeziehung der Fahrlässigkeitsdelinquenz.[260] Als Alternative zur Vorsatzlösung etabliert sich daher früh der von Kries (1886) vorgebrachte Vorschlag, sich zur näheren Differenzierung zurechnungsfreier ›zufälliger‹ Verursachung einerseits und die Zurechnung begründender ›adäquater‹ Verursachung andererseits wahrscheinlichkeitstheoretischer Methoden zu bedienen[261]: Allgemein zeigten Vorgänge, über deren Ausgang subjektiv Ungewissheit bestehe (exemplarisch der Würfelwurf[262]), bei zahlreicher Wiederholung ein Konvergenzverhalten, aus welchem sich ein »*objektiv gültiges* Ver-

---

258 Vgl. die o. S. 99 wiedergegebene Lisztsche Definition.

259 Vgl. exemplarisch Reinach *Ursachenbegriff* 33f.: »Wenn A den B in den Wald schickt, damit ihn der Blitz dort erschlage, [so] ist [es] sehr unwahrscheinlich, daß, angenommen selbst, das Gewitter werde sich ›wahrscheinlich‹ über dem Walde entladen, ein Blitz unter Tausenden von Bäumen gerade den trifft, unter dem sich B befindet. [...] In diesem Falle liegt keine Strafbarkeit des A vor [...]. Dies ergibt sich daraus, daß ein Wollen mit dem effektiv geforderten Bewußtsein großer Unwahrscheinlichkeit des Eintritts des Gewollten *kein* Vorsatz im Sinne des Gesetzes ist« (Hervorh. a.a.O.).

260 Illustrativ ist das von Kries *Wahrscheinlichkeit* 532 diskutierte Beispiel: »[E]in Kutscher [verfehlt] aus Unachtsamkeit, etwa schlafend, den rechten Weg und der Reisende, den er fährt, [wird] vom Blitz erschlagen.«

261 Vgl. Kries *a.a.O.* 528ff.

262 Das Beispiel des Würfels bringt Kries *a.a.O.* 529 selbst.

hältnis«[263], ein »Spielraum des Verhaltens«[264] ableiten lasse. Von einer die Zurechnung begründenden, nicht zufälligen Handlung sei daher zu fordern, dass sie mit dem Erfolg in einem generellen Zusammenhang stehe[265], also die »objektive Möglichkeit des schädigenden Ereignisses«[266] erhöhe. Wo es an einer solchen regelmäßigen (wenn auch nicht notwendig ausnahmslosen) Beziehung fehle, scheitere die Zurechnung hingegen.[267]

Die Idee verspricht zunächst eine erfolgreiche Lösung, weil sich zum einen die Überlegung, den zurechnungsfeindlichen Zufall über ein empirisch zu bestimmendes Häufigkeitsverhältnis zu erfassen, dem methodischen Naturalismus der objektiven Tatbestandslehre unterordnet.[268] Zum anderen bleibt der kausale Purismus der Beziehung zwischen Handlung und Erfolg bewahrt. Unbefriedigend ist allerdings, dass die Adäquanzbedingung selbst kein scharfes Abgrenzungskriterium zurechenbarer und nicht zurechenbarer Erfolge hervorbringt.

---

263 Kries *a.a.O.* 529 (Hervorh. a.a.O.).

264 Kries *a.a.O.* 529.

265 Kries *a.a.O.* 523: »Es ist [...] erforderlich, [...] daß das rechtswidrige Verhalten mit dem verursachten Erfolg in einem generellen Zusammenhange stehe, daß es, gemäß den allgemeinen Verhältnissen der menschlichen Gesellschaft, generell geeignet sei, derartige Verletzungen herbeizuführen.«

266 Kries *a.a.O.* 533.

267 Bezugnehmend auf das Beispiel des schlafenden Kutschers (vgl. o. Fn. 260) bedeute dies: »Die Fahrlässigkeit [des Kutschers] hat [zwar] *in concreto* den Tod des Fahrgastes *verursacht*, d.h. das Ereignis wäre bei normalem Verhalten ausgeblieben. Gleichwohl ist der Erfolg nicht zuzurechnen, weil das Schlafen des Kutschers im allgemeinen die Möglichkeit einer Tötung durch Blitzschlag nicht vermehrt, eine solche herbeizuführen nicht generell geeignet ist« (Kries *a.a.O.* 532; Hervorh. a.a.O.).

268 Wissenschaftstheoriegeschichtlich fällt der Zenit mit dem Höhepunkt des dekonstruktivistischen Weltbildes der Erkenntnisphilosophie zusammen, als die Stochastik auch in der physikalischen Mechanik noch zur Stützung des (bereits nicht mehr makellosen) mikrophysikalischen Determinismus beizutragen geeignet erschien (vgl. o. III, 1.1 [S. 82 mit Fn. 166 und 167]).

Denn die Grenzziehung innerhalb des Spektrums relativer Häufigkeiten ist, wie bereits Kries ausdrücklich zu bedenken gibt[269], letztlich eine Wertungsfrage.

2.3 Finalistischer Handlungsmonismus

Die auf den Erfolg als Bezugsgröße der Zurechnungsrelation ausgerichtete naturalistische Unrechtslehre stößt damit an die Grenzen ihrer Leistungsfähigkeit. Denn legt man in Übereinstimmung mit dem empirisch-wissenschaftlichen Paradigma einen strengen Maßstab an das theoretische Gebäude an, dann belegt das in der Adäquanzbedingung nolens volens offenbarte ›Residuum des Normativen‹, dass die naturalistische Reduktion des Unrechstatbestands letzthin nicht zum Ziel führt. Tatsächlich setzt in der Lehre mit dem Übergang zum 20. Jh. eine Trendwende ein. Zu den wesentlichen exogenen Faktoren zählt zum einen die zunehmende Technisierung industrieller, aber auch alltäglicher Abläufe, welche sich dahingehend auswirkt, dass die für die tradierte Lehre – wie am Beispiel des Blitzschlags illustriert – nicht problemfreien Fahrlässigkeitsdelikte infolge der weiter reichenden Schadensfolgen bei Fehlverhalten von Menschen und Fehlfunktionen von Maschinen an praktischer Relevanz gewinnen[270] und zunehmend in das Blickfeld der Zurechnungsdogmatik rücken. Zum anderen vermindert sich mit dem Niedergang des dekonstruktivistischen Paradigmas[271] als gesamtwissenschaftliches Ideal der Kredit der Eindeutigkeit und

---

269 Kries *a.a.O.* 533: »Allerdings darf nun aber nicht gedacht werden, daß diese Formel eine wirklich scharfe Grenze zwischen zuzurechnenden und nicht zuzurechnenden Erfolgen ziehe. Es läßt sich vielmehr zeigen, daß diejenigen Fälle, in welchen unser Rechtsgefühl die Zurechnung statuiert und diejenigen, in denen es dieselbe ausschließt, durchaus kontinuierlich ineinander übergehen. Die Abtrennung der zuzurechnenden und der nicht zuzurechnenden Erfolge erfordert in mehreren Hinsichten eine einigermaßen willkürliche […] Grenzziehung.«

270 Die Zahl der Verurteilungen wegen fahrlässiger Tötung haben sich seit 1900 bis Ende des 20. Jh.s fast verzehnfacht, solche wegen fahrlässiger Körperverletzung mehr als verzwanzigfacht; vgl. Freund *AT* § 5 Rn 8.

271 Vgl. o. III, 1 (S. 82).

›Objektivität‹ empirischer Erkenntnis. Hinzu tritt als endogener Impuls die von der neukantianistischen Philosophie wiederbelebte Einsicht der kategorialen Trennung von Sein und Sollen, aus welcher sich konkret ableiten lässt, dass der auf den Erfolg gerichtete bloß äußerlich-faktische Kausalvorgang das tatbestandliche Unwerturteil nicht zu tragen vermag[272].

Wegbereitend für die dogmatische Wirksamkeit der Impulse spricht sich daher zunächst Larenz in Auseinandersetzung mit der Zurechnungslehre Hegels (1927) dafür aus, den *Willen* zum Zwecke der Abgrenzung von ›Tat‹ und ›Zufall‹ in das Zentrum der dogmatischen Aufmerksamkeit zur rücken[273]: Entscheidend sei nicht die Ursächlichkeit gewillkürter Tatumstände, sondern die Urheberschaft eines bewirkenden menschlichen Willens.[274] Gefolgschaft findet dieser Vorstoß insbesondere bei Honig (1930), welcher den Ansatz mit der neukantianischen Kritik an der kausalen Handlungslehre verknüpft: Die normative Entscheidung über die Verantwortlichkeit des Handelnden sei – entgegen dem Bestreben der Adäquanzlehre – nicht durch eine empirische Analyse des Seienden zu erzielen.[275] Vielmehr bedürfe es eines eigenständi-

272 Vgl. näher Schünemann *Einführung* 24f.

273 Vgl. Larenz *Hegels Zurechnungslehre*: »Die Zurechnung bedeutet nichts anderes als den Versuch, die *eigene* Tat vom *zufälligen* Geschehen abzugrenzen« (61); »[n]ur der Wille beherrscht den Kausalverlauf, nur für ihn gibt es daher die Möglichkeit, die zufällige Aufeinanderfolge in die eigene Tat zu verwandeln. Zurechnung zur Tat ist die Beziehung eines Geschehens auf den Willen« (63).

274 Larenz *a.a.O.* 62: »Als der typische Fehler aller juristischen Kausalitätstheorien erscheint daher das Suchen nach ›der‹ oder ›den‹ zureichneden *Ursachen* eines Geschehens, anstatt daß man umgekehrt gefragt hätte: was alles kann als *Wirkung* einer Willllensbetätigung – denn nur darum handelt es sich für den Juristen – angesehen werden?«

275 Honig *Kausalität und objektive Zurechnung* 178: »Was aber von den Anhängern der adäquaten Theorie, wenngleich nicht gänzlich übersehen, so doch stark vernachlässigt wird, ist die Erkenntnis, daß *jegliche Wertung* innerhalb der den Erfolg bewirkenden Bedingungen bereits *außerhalb der ausschließlich ontologischen Bedeutung des Kausalbegriffes* liegt« (Hervorh. a.a.O.).

gen Werturteils[276] über die ›objektive Zurechnung‹[277] des Erfolgs, welches auf die zweckgerichtete Gestaltung des Kausalgeschehens zu gründen sei: »[Weil] gerade das zweckhafte Eingreifen in die Naturvorgänge das Wesen des menschlichen Verhaltens ausmacht, ist *objektive Zweckhaftigkeit* das Kriterium für die Zurechenbarkeit eines Erfolgs und damit auch für seine Abgrenzung vom zufälligen Ereignis. *Zurechenbar ist demnach derjenige Erfolg, welcher als zweckhaft gesetzt gedacht werden kann.*«[278]

Dogmatisch belebt dieser Gedanke die Wahrnehmung der Finalrelation als verbindendes Element zwischen Handlung und Erfolg. Indessen greift die zeitgenössische Dogmatik über den Gedanken hinaus. In der Dynamik der Abkehr vom kausalistischen Naturalismus setzt vielmehr ein grundlegender Perspektivenwechsel ein: Hatte die naturalistische Reduktion auf das physikalisch ›Objektive‹ den Erfolg zum maßgeblichen Bezugspunkt zur Bestimmung des Unrechts erkoren, so verweist die finale Betrachtung auf das handelnde Subjekt. Entsprechend richtet sich das dogmatische Interesse auf die Handlung als das konstitutive Relatum der Zurechnung aus.

Motiviert wird dieser Paradigmenwechsel insbesondere durch die zeitgleich mit Honig von Engisch (1930) vorgetragene Kritik an der kausalen Unrechtslehre. Ausgangspunkt seiner Überlegung ist, dass Bedingungs- und Adäquanztheorie dazu nötigten, jede irgend willkürliche Veranlassung eines Erfolgs (die nicht durch einen Rechtfertigungsgrund gedeckt ist) als strafbarkeitsbegründend zu behandeln, sofern der eingetretene Erfolg irgend vorhersehbar gewesen ist. Dieses Ergeb-

---

276 Honig *a.a.O.* 182: »[Zu betonen ist] die Notwendigkeit des Hinzutretens eines *selbständigen, vom Kausalzusammenhang völlig unabhängigen Zurechnungsurteils*« (Hervorh. a.a.O.; Erg. J.Z.).

277 Honig *a.a.O.* 179f.: »Vielmehr tritt *zum Kausalurteil als weiteres selbständiges Urteil das über die objektive Zurechnung hinzu*, welches die axiologische Frage zu prüfen hat, nämlich die *Bedeutsamkeit des Kausalzusammenhanges für die Rechtsordnung, gemessen an Maßstäben, die mit der Rechtsordnung selbst gegeben sind*« (Hervorh. a.a.O.).

278 Honig *a.a.O.* 184 (Hervorh. a.a.O.; Erg. J.Z.).

nis sei jedoch nicht plausibel, wenn sich ein einsichtiger Mensch trotz erkennbarer Erfolgsgeneigtheit der Handlung in der *konkreten Situation* nicht anders verhalten hätte[279]. Entsprechend fordert Engisch, danach zu fragen, welches spezifische Verhalten dem Handelnden aufgetragen resp. untersagt gewesen sei, und die Verantwortlichkeit zu verneinen, wenn sich im konkreten Erfolg nicht die spezifische Gefahr verwirkliche, auf die sich die Verhaltensnorm beziehe.[280]

Diese Fragestellung, welche den Finalaspekt in Gestalt des *Schutzzwecks* instrumentalisiert, weist den Weg zur unmittelbaren Auseinandersetzung mit der kausalistischen, auf den Erfolg konzentrierten Unrechtslehre. Entsprechend leitet die Betrachtung konkret schutzzweckkonformen, aber abstrakt gefährlichen Verhaltens zunächst dazu über, die Missachtung der äußeren Sorgfalt als einen *eigenständigen Aspekt* des Unrechtsvorwurfs, insbesondere beim Fahrlässigkeitsvorwurfs in Betracht zu ziehen.[281] Während sich Engisch dabei angesichts der zeit-

---

279 Zur Illustration formuliert Engisch *Vorsatz und Fahrlässigkeit* 277f. das folgende Beispiel: »[Eine] Mutter sieht, wie ihr Kind aus dem Hof auf die viel befahrene Straße gelaufen ist und sich am Trottoirrand beschäftigt. Sie muß fürchten, daß es plötzlich über die Straße läuft und von einem der zahlreichen kreuzenden Autos überfahren wird. Sie kann aber von ihrem Haus nicht erkennen, ob gerade ein Kraftwagen kommt oder nicht. Sie denkt. ›Rufe ich jetzt das Kind an, so kann es mir in ein gerade daherkommendes Auto hineinlaufen. Das beste ist, ich hole es selbst herauf, hoffentlich entfernt es sich nicht bis dahin von seinem Platz.‹ Bis die Mutter hinunterkommt, ist das Kind überfahren.« Die Verneinung des Vorwurfs stützt Engisch darauf, dass es am unvorsichtigen Verhalten fehle, weil »[j]eder Einsichtige [...] vom Standpunkt der Mutter aus genauso gehandelt« hätte (a.a.O. 278).

280 Schünemann *Objektive Zurechnung* 210.

281 Engisch *Vorsatz und Fahrlässigkeit* 277: »Die bei uns herrschende Verbrechenslehre muß sich ja notgedrungen von zweien ihrer Hauptgesichtspunkte aus in einer gewissen Verlegenheit und Unsicherheit gegenüber dem Merkmal der äußeren Sorgfalt befinden. Auf der einen Seite steht die Bedingungstheorie. Sie zwingt, jedes beliebige den Erfolg bedingende Verhalten, sofern es nicht besonders gerechtfertigt ist, als tatbestandsmäßig anzusehen. Auf der anderen Seite steht die Fahrlässigkeitsdefinition: Fahrlässigkeit ist pflichtwidrig nicht vermiedene Unkenntnis, sie ist schuldhafte Unwissenheit. Zwischen diesen beiden Momenten liegt aber noch ein

genössisch noch relativ geringen praktischen Bedeutung der Fahrlässigkeitsdelinquenz[282] damit begnügt, das Merkmal der Sorgfaltswidrigkeit dem kausalen Deliktsaufbau gemäß im Kontext der Fahrlässigkeit als Schuldform zu verankern[283], steigt die Anzahl beispielgebender Fallkonstellationen vor allem mit der stetigen Zunahme des Kraftfahrzeugverkehrs zu einer quantité disnégligeable an[284], weil gerade dort das regelgerechte und in diesem Sinne ›sorgfältige‹ Verhalten zu – konkret nicht gerechtfertigten, wohl aber abstrakt vorhersehbaren – Verletzungen von Rechtsgütern Dritter führt. Insbesondere nach dem Zweiten Weltkrieg[285] trägt daher die von Welzel geführte finale Handlungslehre[286] zunehmend erfolgreich die Kritik vor, dass dort, wo die fragliche Handlung im Einklang mit den Sorgfaltsgeboten stehe, nicht nur von einem schuldhaften Verhalten, sondern auch von einer Unrechts*handlung* und somit von ›*Unrecht* durch Handlung‹ nicht gesprochen werden könne. Vielmehr sei ein *erfolgreiches*, aber sorgfaltsmaßstabkonformes Verhalten *rechtmäßig*.[287] Kehrseitig könne auch ein *erfolgloses*, aber normwidriges Verhaltens *rechtswidrig* sein, so exemplarisch der Versuch, welcher

drittes [nämlich der Mangel an erforderlicher Sorgfalt]« (Erg. J.Z.; vgl. dazu Engisch *a.a.O.* 282).

282 Engisch *a.a.O.* 476.

283 Vgl. Engisch *a.a.O.* 346: »Es ist [...] unschädlich, in der gewohnten Weise von der Versäumung der gebotenen Sorgfalt in unmittelbarem Zusammenhang mit dem Fahrlässigkeitsbegriff [...] zu sprechen.«

284 Vgl. Welzel *Fahrlässigkeitsdelikte* 1.

285 Zur zeitlichen Verortung siehe ausführlich Schünemann *Einführung* 34f.

286 Programmatisch Welzel *a.a.O.* 11: »Die objektive Sorgfalt kann im Tatbestands- und Unrechtsbereich nur dann eine Rolle spielen, wenn man gerade *das* in den Handlungsbegriff einbezieht, was die überkommene [kausale Handlungs-] Lehre radikal aus ihm entfernen wollte: nämlich die besondere Beschaffenheit des Handlungsvollzugs und nicht nur die Tatsache, daß er eine bestimmte *Wirkung* hatte.«

287 Welzel *a.a.O.* 9: »Eine der Aufgaben der Rechtsordnung ist es, dem Bürger zu sagen, was er tun *darf*. Wo der Bürger sich im Rahmen dieses Dürfens bewegt, kann seine Handlung nicht rechtswidrig sein« (Hervorh. a.a.O.).

trotz voraussetzungsgemäß fehlenden Erfolgs – und beim untauglichen Versuch sogar trotz fehlender Erfolgseignung – (Handlungs-) Unrecht begründet.[288]

Bis zum Ende der 1960er Jahre etabliert sich daher der Finalismus als dominante dogmatische Strömung[289]. Seiner Angriffsrichtung folgend zielt die Dogmatik auf eine vollständige Marginalisierung des Erfolgs[290]. Die konsequente Annäherung an diesen Zielzustand[291] erfolgt in den 1970er Jahren insbesondere durch Zielinski[292], welcher dem Erfolg nur noch im Hinblick auf seine kriminalistische »Indiz«- sowie kriminalpolitische »Vermittlungs«-Funktion Bedeutung zugewiesen wissen will[293]: Der Erfolg sei lediglich insoweit bedeutsam, als er das Vorliegen einer unwertigen Handlung indiziere, indem er sowohl einen möglichen Regelverstoß unübersehbar mache[294] als auch die Handlung im Erfolg eine »bleibende Spur« hinterlasse, welche die Rekonstruktion des Handlungsablaufs und folglich die Feststellung eines unwertigen Verhaltens erleichtere. Derart werde der Erfolg »zum Anlass und zum Ausgangspunkt« von Ermittlungen (Indizwirkung). Zum anderen erlange der Erfolg Relevanz, weil in ihm der wertwidrige Handlungsentschluss sozial sichtbar werde und sich manifestiere[295]. Daher überdauere im

---

288 Ausführlich hierzu Welzel *LB* 60ff.

289 Vgl. Schünemann *Einführung* 34ff.

290 In diesem Sinne heißt es bei Welzel *Fahrlässigkeitsdelikte* 11: »Mit dem Moment der objektiven Sorgfalt rückt der *Handlungswert* (bzw. -unwert) in den Mittelpunkt der Unrechtslehre […], während der *Erfolgs*unwert (die Rechtsgutverletzung) an die Peripherie tritt« (Hervorh. a.a.O.).

291 Zielinski *Unrechtsbegriff* 129: »[D]er Erfolg [ist] für sich allein […] unrechtsirrelevant.«

292 Schaffstein *Gefahrurteil* 99 spricht von einer »radikalsubjektiven Unrechtslehre«. Vgl. ferner Marauch/Zipf *AT I § 17* Rn 4: »Insgesamt bringt […] *Zielinski* die Subjektivierung des Unrechtsbegriffs ins scharfsinnigster Weise zum Abschluß […].«.

293 Zur Terminologie vgl. Zielinski *a.a.O.* 207f. und 209f.

294 Zur Indizfunktion vgl. Zielinski *a.a.O.* 210.

Erfolg das Handlungsunrecht phänomenologisch die Unrechtshandlung.[296] Diese Perpetuierung des Aktunwerts vermittle ein gesteigertes Bedürfnis nach richterlicher Sanktion bzw. gesetzlicher Sanktionsdrohung gegenüber dem konkret erfolglosen Verhalten (Vermittlungswirkung).

Folgt man diesen Gedanken, so tritt also letztlich der Erfolg lediglich als generalpräventiv motivierte ›objektive Bedingung der Strafbarkeit‹ in Erscheinung. Eine originäre Funktion zur Begründung des Unrechts hat er hingegen eingebüßt[297]. Die gesamte Last des Unrechtsvorwurf liegt statt dessen auf der Handlung und dem durch sie erzeugten Aktunwert. Für die eingangs formulierte Frage bedeutet dies, dass der Erfolg als Bezugspunkt der Zurechnung zurücktritt und an seiner Stelle die Handlung in den Vordergrund rückt. Die Relata ordnen sich damit gewissermaßen spiegelbildlich um: Der monistisch auf den Erfolg zentrierte Unrechtsbegriff der kausalen Handlungslehre wird durch den auf die Handlung ausgerichteten Unrechtsbegriff der finalen Handlungslehre ersetzt.

Im Hinblick auf die originäre Problemstellung zufälliger Verursachung leistet diese Umkehrung zunächst, dass sich mit der strikten Anbindung des strafrechtlichen Unrechtsbegriffs an das unmittelbar dem Wille unterworfene Verhalten die Zufälligkeiten der äußeren Objektsphäre aus der Frage nach dem Verantwortbaren verbannen lassen. Der Nachteil dieser Leistung besteht allerdings in einer Inflationierung des Unrechts, weil der auf die Handlung fokussierte Unrechtstatbestand im Grundsatz jedes ver- oder gebotswidrige Verhalten erfasst. Um am finalen Purismus festzuhalten, muss daher selbst Zielinski den Erfolg dogmatisch vereinnahmen – wenn auch in Gestalt des Indiz- und Vermittlungsfunk-

---

295 Zielinski *a. a. O.* 207.

296 Zielinski *a. a. O.* 208.

297 Vgl. Welzel *Fahrlässigkeitsdelikte* 13: »[N]icht im verursachten *Erfolg*, sondern in der fehlerhaften *Handlung* [steckt] das ›strafrechtliche Wesentliche‹ d.h. das entscheidende Unrechtselement« (Hervorh. a.a.O.; Erg. J.Z.).

tors mit gewissermaßen umgekehrter Sinnrichtung, denn das zufällige Ausbleiben des Erfolgs stellt sich nunmehr als *Entlastung* des Handelnden dar.

Während diese Umkehrung der Wertigkeit unter logischen Gesichtspunkten zunächst durchaus die Richtigkeit der dogmatischen Transformation belegt, erweist sich an ihr dennoch die Grenze der Leistungsfähigkeit des nunmehr auf die Handlung gerichteten Monismus der finalistischen Unrechtslehre. Dass diese dem Erfolg strafbarkeitsbegründende Bedeutung zumessen muss, erschien und erscheint den Kritikern als Ausweis einer Asymmetrie, welche die Statik der dogmatischen Konstruktion insgesamt gefährde und im Umkehrschluss indiziere, dass »der Aufbau des Unrechts aus Handlungs- *und* Erfolgsunwert die leistungsfähigere Alternative ist«[298]. Verstärkung erfährt diese Kritik durch den Umstand, dass die Lehre vom Handlungsunrecht dazu tendiert, über den Begriff der Handlung die subjektiven Merkmale strafbaren Verhaltens (wie exemplarisch die individuelle Sorgfalt, aber auch die subjektiven Elemente der Rechtfertigungsgründe) dem Aktunwert selbst einzuverleiben und derart den Schuldbegriff normativ zu entleeren.[299] Damit droht in der radikalen Konsequenz erneut das kategoriale Zusammenfallen objektiver und subjektiver Aspekte der Zurechnung.

2.4 Synthetischer Dualismus

Die gegenwärtige Lehre favorisiert daher eine dualistische Unrechtskonzeption, die Handlungs- und Erfolgsunwert als gleichrangige »Bausteine«[300] des Unrechtsbegriffs anerkennt[301]: Tatbestandliches Unrecht werde sowohl durch den Unwert der Handlung als auch durch den

298 Vgl. Maurach/Zipf *AT I § 17* Rn 4.

299 Ausführlich Maurach/Zipf *AT I § 17* Rn 2.

300 Vgl. Maurach/Zipf *AT I § 17* Rn 5.

301 Jescheck/Weigend *AT* § 24 III 1 (S. 239ff.); Lenckner *Sch/Sch Vor § 13* Rn 54ff.; Stratenwerth *AT § 8* Rn 60; Wessels/Beulke *AT* Rn 15 sowie Kühl *Lackner Vor § 13* Rn 20 m.w.N.

Unwert des Erfolgs begründet. Folgt man dabei konsequentialistischen Begründungsmustern, so ist Fundament des Handlungsunwerts die vom ge- oder verbotswidrigen Verhalten ausgehende Erschütterung des Rechtsbewusstseins der Allgemeinheit und die damit einhergehende Gefährdung des Rechtsfriedens[302]. Der Erfolgsunwert lässt sich hingegen auf den Übergriff in eine fremde Rechtssphäre zurückführen, deren heteronome Gestaltung dem Zuweisungsgehalt des Rechtsguts an den Dritten widerspricht.[303]

Stellt man sich auf den Boden dieser Lehre, so treten damit Handlung und Erfolg als gleichrangige Bezugspunkte des Unrechtsvorwurfs hervor. Wenn die Zurechnung die Fortschreibung des Unrechtsvorwurfs für einen außenweltlichen Vorgang auf den Handelnden zum Gegenstand hat, dann muss also die Zurechnungsrelation auf Handlung und Erfolg als äquivalente Relata zurückgreifen. In Übereinstimmung hiermit werden daher nachfolgend Handlung und Erfolg als eine Zurechnungseinheit begriffen. Diese Zurechnungseinheit ist zweifach, nämlich durch die eingangs skizzierte Konnexität von Kausalität und Finalität verbunden. Diese Verbindung legitimiert sich zunächst – und hierin grenzt sich die hier vertretene Ansicht von der metaphysischen Verankerung der Synthese von Kausalität und Finalität im Aristotelischen Menschenbild ab – durch ihre metadogmatische Funktion, die in der Sicherung rationaler Standards besteht: Auf der einen Seite gewährleistet die Kausalrelation, dass Verantwortung für einen Erfolg nur dann begründet wird, wenn zwischen ihm und der Handlung eine körperliche (im weiteren Sinne: durch Masse, Kraft oder Energie; kurz: physikalisch vermittelte) Kausalkette besteht. Diese Prämisse verbietet es, raumzeitlich entfernte Relata ohne physikalischen Zusammenhang als miteinander verbunden zu betrachten. Das Verbot reflektiert den empirisch-wissenschaftlichen Grundsatz, statistische Korrelationen ohne ein Modell physikalischer Interaktion eben nur als ein Indiz für

---

302 Vgl. Wessels/Beulke *AT* Rn 594 im Kontext des Versuchs.

303 Haas *Kausalität und Rechtsverletzung* 185ff.

Konnexität zu betrachten[304]. Die Übernahme dieses Grundsatzes in die Strafrechtsdogmatik ist geboten, weil er ein Abgleiten in spiritualistische Zurechnungsmuster verhindert. Dem folgend sind – um ein elementares Beispiel zu geben – das Fluchen oder das Totbeten tatbestandlos, weil hier zwischen Handlung und ggf. eintretendem ›Erfolg‹ eine objekthafte Beziehung nicht besteht. Ein weniger drastisches Beispiel in diesem Sinne geben die Produkthaftungsfälle, wenn bei unbekanntem Wirkungsweg ein Zusammenhang zwischen Produkt und Gesundheitsschaden bejaht wird. – Auf der anderen Seite steht die Bedingung der Finalität einem Übertreten in einen ebenso irrationalen Zurechnungsphysikalismus entgegen. Zu verneinen ist daher die Tatbestandlichkeit aller Kausalverläufe, denen das Potenzial zur Zweckhaftigkeit fehlt. Denn diese verursachen, ohne zu bewirken. Auf Grund dieses Mangels greifen sie trotz Schadensursächlichkeit nicht in den Zuweisungsgehalt eines fremden Rechts ein. Denn sie treten mit dem Willen des Rechtsgutinhabers, dem durch die Schutznorm eine *geistige* Sphäre der Autonomie zugewiesen ist, nicht in *geistigen* Konflikt. In diesem Sinne sind afinale Beschädigungen ›zufällig‹ und – casum sentit dominus – vom Inhaber hinzunehmen. Elementare Beispiele hierfür geben durch Tiere oder Naturgewalten veranlasste Schäden[305]. Aus diesem Grunde ist auch im paradigmatischen Blitzschlagbeispiel Kries'[306] die Zurechnung zu verneinen: Die Handlung und der Erfolg stehen in keiner finalen Relation.

In Abkehr von der metaphysischen Verankerung der Begründung der Synthese von Kausalität und Finalität im Aristotelischen Menschenbild

---

304 Vgl. Utts *Statistics* 631: »The use of statistical methods cannot provide conclusive proof of the physical reasons causing a relationship.«

305 Die Beispiele mögen heute trivial erscheinen, was in hiesigem Kontext aber durchaus affirmativ zu verstehen ist. Tatsächlich erscheint das mittelalterliche Strafen von Tieren grausam oder das von Xerxes anbefohlene Auspeitschen des widerspenstigen Meeres lächerlich, gerade weil es sowohl Tieren als auch Naturgewalten am geistigen Potenzial fehlt.

306 Vgl. o. Fn. 260.

ist allerdings die Finalrelation nicht in einem psychologistischen Sinne zu verstehen. Denn wenn man die kategoriale Trennung von Sein und Sollen ernst nimmt, dann kann die Zurechenbarkeit nicht dadurch begründet werden, dass der Handelnde den Erfolg *tatsächlich gewollt hat*, sondern allein dadurch, dass er ihn *nicht hätte wollen sollen*[307]. Daraus leitet sich ab, dass die finale Verknüpfung von Handlung und Erfolg nicht durch einen tatsächlichen Willen vermittelt sein muss. Vielmehr ist es erforderlich, aber auch genügend, dass der Kausalverlauf als von einem Willen steuerbar vorgestellt werden kann, so dass diesem potenziellen Willen gegenüber – mag er tatsächlich vorhanden sein oder nicht – die Ver- oder Gebotsnorm greift. Es kommt also allein auf die *potenzielle* Zweckhaftigkeit des durch die Handlung initiierten Kausalvorgangs an. Der tatsächliche Wille ist hingegen ausschließlich der Frage nach der Abgrenzung von Vorsatz und Fahrlässigkeit auf der subjektive Tatseite zuzuordnen.[308]

Voraussetzung für die bezeichnete potenzielle Zweckhaftigkeit des Kausalverlaufs ist dabei, dass – um mit den Worten Kries' zu sprechen – die Handlung die »Möglichkeit des Erfolgs vermehrt«. Denn die Wahrscheinlichkeit ist es, welche dem Kausalvorgang eine potenzielle Bezweckbarkeit verleiht und ihn somit vom Zufall abgrenzbar macht. Kries ist daher im Grundsatz zuzustimmen, wenn er den wahrscheinlichkeitserhöhenden Eingriff in den »Spielraum des Möglichen« als die maßgebliche Diskriminante herausstellt. Denn nicht nur ist die Wahrscheinlichkeit, weil dimensionslose Größe[309], zur Abbildung des notwendigerweise *aphysischen* Moments der Bezweckbarkeit grundsätzlich geeignet, sondern sie synthetisiert auch das kausale und das finale

---

307 Vgl. Kelsen *Hauptprobleme* 138.

308 Dies bedeutet insbesondere, dass der eingangs skizzierten Aristotelischen Reduktion des Zurechenbaren durch Unkenntnis der Tatumstände oder Normen nicht zu folgen ist.

309 Im physikalischen Sinne, d.h. ohne Einheit.

Moment der Zurechnung. Diese Synthese ist bildlich vorstellbar als die in der Wahrscheinlichkeitserhöhung liegende Überformung des Geschehensverlaufs. Ist in allen Zwischengliedern des Geschehensverlaufs eine positive Wahrscheinlichkeitsdifferenz gegenwärtig, so wird folglich der gesamte Kausalvorgang vom Handelnden vereinnahmt und derart Handlung und Erfolg als erstes resp. letztes Glied des Kausalkette zu einer Einheit verbunden.

Folgt man diesem Gedanken und folgt man der oben erhobenen Forderung nach einer Synthese der Zurechnung für deterministische und probabilistische Prozesse, so besteht folglich ein Interesse an der Ableitung eines probabilistischen Begriffs des ›Verursachens‹ und an der Ableitung eines probabilistischen Begriffs des ›Bewirkens‹. Grundlage beider ist dabei nach dem hier Festgestellten die Vorstellung des äußerlichen Geschehensverlaufs als einer physikalisch vermittelten Kausalkette, derer sich der Handelnde durch seine wahrscheinlichkeitserhöhende Intervention bemächtigt.

Mit der Konkretisierung eben dieses Gedankens befasst sich daher das folgende Kapitel.

IV. Konzept einer probabilistischen Lösung

Kapitel IV dient der Konkretisierung der deskriptiven Voraussetzungen des probabilistischen Lösungsansatzes. Es gliedert sich in drei Abschnitte. Zunächst erfolgt die Beschreibung eines einheitlichen Modells für die Interpretation deterministischer und indeterministischer Kausalabläufe (IV, 1). Anschließend wird die probabilistische Zurechnungsrelation innerhalb des Modells entwickelt und gegenüber der gewöhnlichen strafrechtsdogmatischen Begriffsbildung abgegrenzt (IV, 2). Zuletzt werden Einzelfragen diskutiert, die sich aus dem hier entwickelten Konzept einer probabilistischen Lösung ergeben (IV, 3).

1. Modell deterministischer und indeterministischer Kausalabläufe (DS-Modell)

In Abschnitt IV, 1 wird daher ein einheitliches Modell für die Interpretation deterministischer und indeterministischer Kausalabläufe etabliert. Grundlage hierfür sind die ›einfachen Modelle deterministischer und probabilistischer Erklärungen‹ der Erkenntnistheorie Stegmüllers. Zunächst werden die Prämissen des zu Grunde liegenden Modells dargestellt und am Beispiel eines deterministischen Prozesses erläutert (1.1). Dem folgt die Einführung der für indeterministische Abläufe konstitutiven und für die spätere Ableitung der Grundbegriffe erforderlichen Wahrscheinlichkeitsbegriffe (1.2). Schließlich wird das Modell hinsichtlich seiner Prämissen diskutiert (1.3).

1.1 Prämissen des DS-Modells

Die Grundlagendiskussion hat zu dem Ergebnis geführt, dass Handlung und Erfolg äquivalente raumzeitlich distanzierte Bezugsgrößen der Zurechnungsrelation sind, die durch eine Kette kausaler und finaler Zwischenglieder verbunden sind. In deskriptiver Hinsicht leitet sich daraus die Vorstellung des zurechnungsrelevanten Vorgangs als eines sukzessionsgesetzlichen Geschehens ab. Folgt man im Hinblick hierauf der von Weber[310] gebrauchten Metapher vom Film, so verhalten sich Handlung, Zwischenglieder und Erfolg zueinander wie Einzelbilder, denen durch das Zusammenfügen zu einem fortlaufenden Film ebenso eine Ordnung zugewiesen ist wie der Sukzession der Zustände durch das Kausalgesetz. Im Sinne dieser Metapher versteht sich fernerhin ein deterministischer Prozess als Ablauf mit ›starrem‹ Drehbuch (es gibt nur ein mögliches Endergebnis), dem gegenüber ein indeterministischer Prozess freier, jedoch nicht beliebig ist (es gibt mehrere mögliche, jedoch auch nicht mögliche Wege und Resultate).

Diese bildhafte Vorstellung des Geschehensverlaufs als einer sukzessionsgesetzlichen Abfolge von Zuständen gilt es im Folgenden so zu präzisieren, dass sie als Grundlage der Begriffsbildung dienen kann. Den Anknüpfungspunkt hierfür bilden die »einfachen Modelle für deterministische und probabilistische Erklärungen« der Erkenntnistheorie Stegmüllers[311], welche mit der hier zu Grunde gelegten sukzessionsgesetzlichen Interpretation konform gehen. Der Sache nach geht die Modellbildung von der Annahme aus, dass das tatsächliche Geschehen, welches Gegenstand der Betrachtung ist, innerhalb eines Systems beschrieben werden kann, für welches die folgenden drei Prämissen gelten:

⟨1⟩ Das beschreibende System nimmt zu jedem Zeitpunkt genau einen Zustand (Realzustand) aus einer endlichen oder abzählbar unendlichen Menge von möglichen Zuständen (Zustandsraum) an (Prämisse der Eindeutigkeit).[312]

---

310 Weber *Kausalitätsbeweis* 259.

311 Stegmüller *Wissenschaftstheorie I* 246ff.

312 Hervorzuheben ist, dass der Begriff ›Zustand‹ hier nicht im Sinne eines raumzeitlich bestimmten Einzelzustands verstanden wird, sondern im Sinne einer raumzeitlich abstrakten Zustands*art*. Zum Zwecke dieser Differenzierung heißt der raumzeitlich bestimmte Einzelzustand nachfolgend ›Realzustand‹. Ein ›Realzustand‹ ist also eine raumzeitliche Individualität, die durch den ›Zustand‹ z (gleichbedeutend: die Zugehörigkeit zu einer Zustandsart z) und einen Zeitpunkt t bestimmt ist.

⟨2⟩ In zeitlicher Hinsicht ist das System diskret. Dies bedeutet, dass die Zeit in – nicht notwendigerweise äquidistanten[313] – Intervallen verläuft. Innerhalb eines Zeitintervalls bleibt der reale Zustand des Systems unverändert (Prämisse der Diskretheit).[314]

⟨3⟩ Der Übergang zwischen den verschiedenen möglichen Zuständen des Systems ist stets durch ein Gesetz beschrieben. Dies bedeutet, dass für jedes Element des Zustandsraums die Menge möglicher Nachfolger festgelegt ist (Prämisse der gesetzmäßigen Sukzession).

Diese drei Prämissen können in einem ersten Schritt wie folgt veranschaulicht werden: Grundlegend ist zunächst die Vorstellung, dass von der Zeit als einer getakteten Größe gesprochen werden kann. Dies verschafft die Möglichkeit, sinnhaft von einem *unmittelbaren* Vorgänger resp. einem *unmittelbaren* Nachfolger einer Zeiteinheit zu sprechen. Es existiert folglich ein scharf begrenztes ›früher‹ oder ›später‹.[315] Im Hinblick auf die Darstellung gewährleistet die Annahme eines diskreten Verlaufs der Zeit, dass die Glieder des betrachteten Geschehensverlaufs mit einem beidseitig begrenzten zeitlichen Index versehen werden können. Dabei wird durch eine fortlaufende Nummerierung jedem Abschnitt des Geschehens (das heißt bei modellhafter Beschreibung: jedem Systemzustand z) ein Index t zugeordnet. In der Konsequenz existiert zu jedem einzelnen realen Zustand z(t) regelmäßig[316] ein unmittelbar

313 Eine etwaige heterogene Diskretisierung kann im Sinne von Webers Metapher vom Film anschaulich als Zeitraffer oder Zeitlupe gedeutet werden.

314 Ist das Zeitintervall sehr klein, so möge im definitorischen Sinne ungenau, aber allgemeinsprachlich angemessen auch von einem ›Zeitpunkt‹ gesprochen werden.

315 Zwar bereitet die Annahme eines diskreten Verlaufs der Zeit gewisse Schwierigkeiten bei der Darstellung stetiger Vorgänge. Es sei aber bereits an dieser Stelle bemerkt, dass dieses Problem sowohl theoretisch als auch praktisch wenig bedeutsam ist. Ihm steht der Vorteil gegenüber, dass sich gemäß der Prämisse der Diskretheit das klassische Problem der zeitlichen Abgrenzbarkeit von Ursache und Wirkung auflöst. Näher dazu Koch *Kausalität* 22ff.

vorhergehender und ein unmittelbar nachfolgender Realzustand z(t−1) bzw. z(t+1).

Prämisse ⟨1⟩ stellt in diesem Kontext sicher, dass jeder reale Zustand zu jedem Zeitpunkt eindeutig[317] ist und eine kategoriale Identität besitzt, also zu einer bestimmten Zustandsart[318] zugehörig ist. Prämisse ⟨1⟩ verbietet kehrseitig, dass das Geschehen innerhalb eines Modells beschrieben wird, bei dem ein gewisser Realzustand auch bei optimaler Tatsachenerkenntnis mehrdeutig ist. Damit korrespondiert die Forderung nach einem endlichen oder abzählbar unendlich[319] großen Zustandsraum. Denn allgemein sind die Elemente endlicher oder abzählbar unendlicher Mengen eindeutig zu individualisieren[320].

Ausgehend hiervon bestimmt die Prämisse der gesetzmäßigen Sukzession ⟨3⟩, dass es für die Abfolge der Realzustände nicht nur ein zeitliches, sondern auch ein inhaltliches Kriterium gibt, nämlich das Sukzessionsgesetz. Das Sukzessionsgesetz legt abstrakt fest, welche Zustände aufeinander folgen können. Dabei bleibt offen, ob das Sukzessionsgesetz für jeden Zustand nur genau einen Nachfolger zulässt oder ob für einzelne oder alle Elemente des Zustandsraums mehr als ein möglicher Nachfolger zugelassen sind. Auf Grund von Prämisse ⟨1⟩ ist allerdings gewiss, dass von mehreren abstrakt möglichen Nachfolgern nur genau einer tatsächlich real wird.

Damit ergibt sich zunächst: Das System Σ, welches das betrachtete Geschehen modellhaft beschreibt, ist ein System gesetzmäßig verbundener

---

316 Eine Ausnahme bilden der erste Realzustand, der ohne Vorgänger ist, und – bei endlichen Abläufen – der letzte Realzustand, der keinen Nachfolger hat.

317 Die tatsächliche Eindeutigkeit impliziert nicht, dass über den Zustand epistemische Gewissheit besteht. Es kann vielmehr sein, dass mehrere Zustände für den Beobachter nicht eindeutig zu unterscheiden sind.

318 Zur Terminologie von Zustand und Zustandsart vgl. o. Fn. 312.

319 ›Abzählbar unendlich‹ bedeutet ›mit natürlichen Zahlen nummerierbar‹. Vgl. dazu Bronstein/Semendjajew *TB Mathematik* 293, 604.

320 Im einfachsten Falle durch Nummerierung der Elemente: $\{z_1, z_2, z_3; \ldots\}$.

diskreter Zustände (DS-Modell[321]). Es konstituiert sich aus dem Zustandsraum $\zeta = \{z_0; z_1; z_2; \ldots; z_i\}$ und dem für ζ geltenden Sukzessionsgesetz $\gamma = \{g_1; g_2; g_3; \ldots; g_j\}$, so dass $\Sigma = (\zeta; \gamma)$. Nimmt das System zu einem Zeitpunkt t_0 einen Zustand $z(t_0) = z_{i(t_0)} \in \zeta$ an[322], so geht aus diesem realen Zustand $z(t_0)$ eine eindeutig-individuelle Folge von realen Zuständen (Zustandskette) hervor. Dabei ist jedes Glied der Zustandskette durch seinen Zustand $z_{i(t)}$ und den Zeitpunkt $t = t_0+\mu$ seines Realseins eindeutig bezeichnet. Weil es dabei ohne allgemeine Relevanz ist, ob der zeitliche Zählparameter μ auf den Anfangszeitpunkt t_0 bezogen ist, kann die zeitliche Indizierung gemäß der Gleichung $t_0+\mu = t+\nu$, so dass $t = t_0+(\mu-\nu)$ ist, auch auf einen beliebigen anderen Zeitpunkt t bezogen werden. (Dies ist insbesondere dann von Interesse, wenn der Geschehensverlauf nicht von Anfang an verfolgt werden soll.) Eine Zustandskette σ hat dadurch allgemein die in Abb. 3 wiedergegebene Form, wobei der Pfeil nicht als logische Implikation zu verstehen ist, sondern im Sinne von: ›$z_{i(t)}$ hat $z_{i(t+1)}$ als Nachfolger gemäß dem Sukzessionsgesetz γ‹.

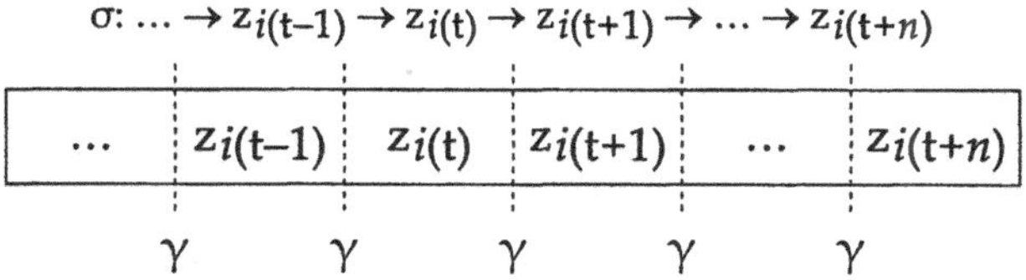

Abb. 3: Schema gesetzmäßig folgender Realzustände eines DS-Modells (Zustandsfolge).

Als ein einfaches Anschauungsbeispiel für ein solches DS-Modell kann das Schwingen eines idealen Pendels betrachtet werden. Ein solches Pendel bewegt sich ausgehend von dem Auslenkungspunkt A in gleichförmig beschleunigter Bewegung entlang einer gedachten Kreislinie in

321 Die Nomenklatur folgt Stegmüller *Wissenschaftstheorie I* 247. Das Akronym DS steht für ›diskretes System‹.

322 $i(t)$ ist die Funktion, welche dem Zeitpunkt t den Index $i(t)$ zuordnet.

Richtung des tiefsten Punktes B (vgl. die Abb. 4). Diesen durchläuft das Pendel und gelangt schließlich zu Punkt C, an dem sich die Geschwindigkeit auf null reduziert und die Bewegungsrichtung umkehrt. Von C aus bewegt sich das Pendel erneut gleichförmig beschleunigt zurück in Richtung B und gelangt sodann wieder zu A. Bei einem idealen Pendel wiederholt sich dieser Vorgang in endloser Folge.

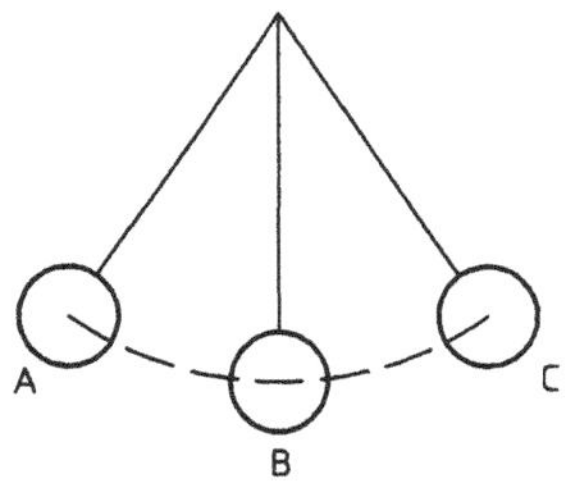

Abb. 4: Schwingendes Pendel

In einem sehr einfachen Fall werden lediglich vier Zustände des Pendelmodells $\Sigma_1 = (\zeta_1; \gamma_1)$ unterschieden: Die Bewegung[323] des Pendels im Punkt A (z_0), das Durchqueren von B in Richtung C (z_1), die Bewegung im Punkt C (z_2) sowie das Durchqueren von B in Richtung A (z_3).[324] Somit ergibt sich insgesamt $\zeta_1 = \{z_0; z_1; z_2; z_3\}$. Zwischen den Zuständen des Zustandsraums bestehen die folgenden gesetzmäßigen Übergänge:

g_1: ›Auf z_j folgt $z_{(j+1)}$ für alle $j \in \{0, 1, 2\}$.‹[325]
g_2: ›Auf z_3 folgt z_0.‹

Daraus ergibt sich $\gamma_1 = \{g_1; g_2\}$. Anstelle dieser Verbalform kann γ_1 allerdings auch gleichbedeutend mittels einer Tabelle (Γ_1) dar gestellt werden. Innerhalb einer solchen Tabelle bedeutet eine ›1‹, dass der Übergang zwischen den jeweiligen Zuständen bei ungestörtem Ablauf des Systems (nomischer Sukzession) möglich und gewiss ist, während eine ›0‹ bedeutet, dass ein Übergang unmöglich ist.[326] Es sei bereits an dieser Stelle bemerkt, dass zu einem späteren Zeitpunkt die Zeichen ›1‹ und

323 Dass man physikalisch von einer ›Bewegung‹ in einem Punkt spricht, ist nicht ungewöhnlich. Man denke beispielsweise an die ›Momentangeschwindigkeit‹, die sachlich aus einer Grenzwertbetrachtung des Quotienten von Streckendifferenz und Zeitdifferenz resultiert.

324 Man beachte, dass entgegen dem ersten Anschein die Zustände z_1 und z_3 nicht identisch sind, weil die Bewegungsrichtung differiert.

325 Das heißt: ›Auf z_0 folgt z_1‹, ›Auf z_1 folgt z_2‹ und ›Auf z_2 folgt z_3‹.

›0‹ als Zahlwerte im Sinne einer Wahrscheinlichkeitsgröße interpretiert werden, so dass die Tabelle Γ_1 als eine Übergangsmatrix zu verstehen ist[327].

$$\begin{array}{rcl} & \text{Von: } z_0 \quad z_1 \quad z_2 \quad z_3 & \text{Nach:} \\ \Gamma_1 = & \begin{bmatrix} 0 & 0 & 0 & 1 \\ 1 & 0 & 0 & 0 \\ 0 & 1 & 0 & 0 \\ 0 & 0 & 1 & 0 \end{bmatrix} & \begin{array}{l} z_0 \\ z_1 \\ z_2 \\ z_3 \end{array} \end{array}$$

Bei probabilistischen Modellen enthält die Übergangsmatrix entsprechend nichtganzzahlige Werte.

Aus ζ_1 und γ_1 leitet sich für Σ_1 ausgehend vom Zustand z_0 im Zeitpunkt t bei nomischer Sukzession die folgende Zustandsfolge σ_1 ab:

$$\sigma_1: z_0 \rightarrow z_1 \rightarrow z_2 \rightarrow z_3 \rightarrow z_0 \rightarrow \ldots$$

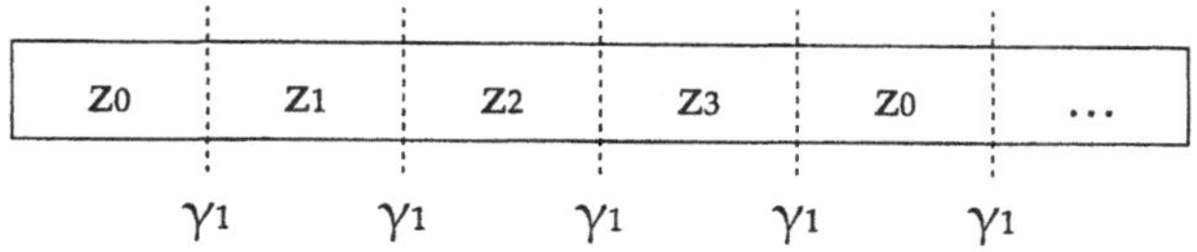

Abb. 5: Zustandsfolge σ_1 des Systems Σ_1 ausgehend von $z(t) = z_0$.

1.2 Probabilistisches DS-Modell

Das betrachtete Modell Σ_1 zeichnet sich indessen dadurch aus, dass das Sukzessionsgesetz zu jedem Zustand aus dem Zustandsraum *genau einen* Nachfolger bestimmt. Bei Kenntnis eines einzelnen Realzustands z im Zeitpunkt t und bei Kenntnis des Sukzessionsgesetzes γ_1 kann daher eine logisch gewisse Ableitung über jeden nachfolgenden Zustand sowie jeden vorhergehenden Zustand von $z(t)$ getroffen werden. Das Wis-

326 Im Hinblick auf die zu γ_1 gehörige Matrix Γ_1 kann man durch einfaches Vergleichen verifizieren, dass die ersten drei Spalten von Γ_1 der Regel g_1 entsprechen, während die vierte Spalte die Regel g_2 wiedergibt.

327 Dies bedeutet im Besonderen, dass die spaltenweise Summe gleich eins beträgt.

sen um z(t) impliziert somit eine sowohl prognostisch als auch retrognostisch lückenlose Erkenntnis der Art des Realgeschehens (ambignostischer Zustand). Dies gilt für alle Realzustände von Σ_1. Das ideale Pendel gibt also ein Beispiel für ein pro- und retrognostisch vollständig beherrschbares deterministisches System.

Diese Eigenschaft[328] ist auf der Grundlage der Prämissen des DS-Modells allgemein keineswegs zwingend. Denn die Prämisse ⟨3⟩ enthält keine Festlegung darauf, dass zu jedem Zustand nur *genau ein* potenzieller Sukzessor bestimmt ist. Vorausgesetzt ist lediglich, dass die *Menge* der möglichen Nachfolger festliegt. Daher gilt: Zwar existiert gemäß Prämisse ⟨1⟩ zu jedem einzelnen *realen* Zustand des Systems maximal[329] ein *realer* Nachfolger und kehrseitig maximal[330] ein *realer* Vorgänger. Jedoch kann das Sukzessionsgesetz durchaus zu einzelnen Zuständen aus dem Zustandsraum mehrere *mögliche* gesetzmäßige Sukzessoren zulassen (indeterministisches Modell). Ein indeterministisches Modell liegt demnach vor, wenn das Sukzessionsgesetz für mindestens einen Zustand aus dem Zustandsraum mindestens zwei mögliche unmittelbare Nachfolger festlegt.

Von mehreren möglichen Nachfolgern wird gemäß Prämisse ⟨1⟩ genau einer real. Bei einem indeterministischen Modell entspricht daher der Übergang des Systems vom vorhergehenden in den nachfolgenden Zu-

---

328 Das betrachetete Beispiel zeichnet sich fernerhin dadurch aus, dass das Sukzessionsgesetz γ_1 für den Zustand z_3 als Nachfolger den Zustand z_0 bestimmt. Der Zustandsraum wird deswegen zyklisch durchlaufen. Derartige Zyklen erhält man ebenfalls allgemein keineswegs zwingend. Ohne weiteres ist ein anderes System ohne einen solchen Rückverweis vorstellbar. Am einfachsten ist dies ausgehend vom betrachteten Pendelbeispiel dadurch zu veranschaulichen, dass die Übergangsregel g_2 durch g_2^* = ›Auf z_3 folgt z_3‹ ersetzt wird. Das System $\Sigma_1^* = (\zeta_1; \gamma_1^*)$ mit dem Sukzessionsgesetz $\gamma_1^* = \{g_1; g_2^*\}$ beschreibt einen Pendelvorgang, bei welchem das Pendel nach einer dreiviertel Vollschwingung stehen bleibt.

329 Maximal, weil bei endlichen Abläufen der letzte reale Zustand keinen Sukzessor hat.

330 Maximal, weil der reale Anfangszustand keinen realen Antezedenten hat.

stand einem Zufallsexperiment. Bei diesem Zufallsexperiment dient der Zustandsraum ζ im stochastischen Sinne als ›Ereignisraum‹ (Ω).[331] Es ist daher die im Sukzessionsgesetz niedergelegte ›Möglichkeit‹ des Übergangs im Sinne einer stochastischen Wahrscheinlichkeit zu interpretieren.[332] Dieser Interpretation folgend legt das Sukzessionsgesetz für alle Elemente des Zustandsraum die Wahrscheinlichkeit des Übergangs für jeden Zustand aus dem Zustandsraum (Übergangswahrscheinlichkeit) fest. Diese sukzessionsgesetzlichen Übergangswahrscheinlichkeiten sind gemäß Prämisse ⟨2⟩ ›elementar‹, weil zwischen unmittelbar aufeinanderfolgenden Zuständen kein dritter Zustand real werden kann.

Bezeichnet werden die elementaren Übergangswahrscheinlichkeiten im Folgenden durch $\varphi_{i(t+1);i(t)}$, wobei sich der Index $i(t)$ auf den Ausgangszustand $z_{i(t)}$ und der Index $i(t+1)$ auf den Folgezustand $z_{i(t+1)}$ bezieht. Dem ersten Axiom der Stochastik[333] folgend gilt, dass die elementaren Übergangswahrscheinlichkeiten größer oder gleich null und kleiner oder gleich eins sind, wobei die Intervallgrenze null einen ›unmöglichen‹ Übergang und die Intervallgrenze eins einen ›sicheren‹ Übergang meint.[334] Da gemäß Prämisse ⟨1⟩ der Zustandsraum abzählbar ist, kann die Gesamtheit aller elementaren Übergangswahrscheinlichkeiten eines Modells – wie bereits am obigen Pendelbeispiel illustriert – in einer Tabelle angeordnet werden. Stochastisch ist eine solche Tabelle als ›Übergangsmatrix‹ im Sinne Markovscher Ketten interpretierbar[335]. Dies bedeutet, dass es möglich ist, aus den elementaren Übergangswahrscheinlichkeiten die Wahrscheinlichkeit für den Übergang von einem Zustand $z(t)$ in jeden beliebig entfernten Zustand $z(t+\lambda)$ abzuleiten.[336] Allgemein wird im Folgenden eine solche abgeleitete Übergangs-

331 Vgl. Stegmüller *Wissenschaftstheorie I* 249 ff.

332 Vgl. dazu Stegmüller *a.a.O.* 249.

333 Vgl. Fisz *Wahrscheinlichkeitsrechnung* 11 ff.

334 Stegmüller *a.a.O.* 251.

335 Dazu Stegmüller *a.a.O.* 250.

336 Vgl. dazu Anhang III (S. 174).

wahrscheinlichkeit mit $\Phi(z_{i(t+\lambda)}; z_{i(t)}; \lambda)$ bezeichnet[337]. Bei einem deterministischen Modell sind alle Werte von Φ ganzzahlig, weil alle Elementarwahrscheinlichkeiten gleich null oder eins betragen. Bei einem probabilistischen Modell treten hingegen auch Wahrscheinlichkeitswerte größer (oder gleich) null und kleiner (oder gleich) eins auf.

$$
\begin{array}{r|ccccc|l}
\text{Von:} & z_0 & z_1 & \dots & z_{i-1} & z_i & \text{Nach:} \\
\hline
 & \varphi_{0;0} & \varphi_{0;1} & \dots & \varphi_{0;i-1} & \varphi_{0;i} & z_0 \\
 & \varphi_{1;0} & \varphi_{1;1} & \dots & \varphi_{1;i-1} & \varphi_{1;i} & z_1 \\
\Gamma = & \dots & \dots & \dots & \dots & \dots & \dots \\
 & \varphi_{i-1;0} & \varphi_{i-1;1} & \dots & \varphi_{i-1;i-1} & \varphi_{i-1;i} & z_{i-1} \\
 & \varphi_{i;0} & \varphi_{i;1} & \dots & \varphi_{i;i-1} & \varphi_{i;i} & z_i
\end{array}
$$

Als ein Beispiel für ein probabilistisches DS-Modell kann das Werfen eines Würfels (Σ_2) betrachtet werden. Im einfachen Falle werden drei Zustandsformen (Fallen, Rollen, Liegen) unterschieden. Weil es insgesamt sechs Ruhepositionen des Würfels gibt, folgt daraus ein achtelementiger Zustandsraum $\zeta_2 = \{z_1; z_2; z_3; z_4; z_5; z_6; z_7; z_8\}$, wobei z_7 das Fallen des Würfels, z_8 das Rollen und z_1 bis z_6 die Ruhelage mit oberseitiger Augenzahl ›eins‹ bis ›sechs‹ bezeichnen. Dem Zustandsraum ζ_2 ist durch das Sukzessionsgesetz γ_2 die Matrix Γ_2 von Übergangswahrscheinlichkeiten zugewiesen. Die Matrix Γ_2 kann wie folgt interpretiert werden: Aus Γ_2 ergibt sich wegen $\varphi_{8;7} = 1$, dass der fallende Würfel mit Gewissheit ins Rollen übergehen wird. Wegen $\varphi_{i;8} = 1/6$ für $1 \leq i \leq 6$ ist der Übergang vom Rollen in eine der sechs Ruhelagen zu jeweils einem Sechstel wahrscheinlich. Schließlich folgt aus $\varphi_{i;i} = 1$, dass der einmal in bestimmter Lage ruhende Würfel in dieser Lage verbleibt. Anschaulich gesprochen bedeutet dies: Es ist gewiss, dass der einmal geworfene Würfel nach dem Rollen zum Stehen kommt, und es ist gewiss, dass der einmal zum Stehen gekommene Würfel (bei nomischer Sukzession) weiter in Ruhelage verbleibt. Nicht sicher ist hingegen, in welche Ruhe-

337 Zu lesen als ›die Übergangswahrscheinlichkeit nach $z_{i(t+\lambda)}$, wenn $z_{i(t)}$‹.

$$\Gamma_2 = \begin{array}{c} \\ \left[\begin{array}{cccccccc} z_1 & z_2 & z_3 & z_4 & z_5 & z_6 & z_7 & z_8 \\ \hline 1 & 0 & 0 & 0 & 0 & 0 & 0 & \frac{1}{6} \\ 0 & 1 & 0 & 0 & 0 & 0 & 0 & \frac{1}{6} \\ 0 & 0 & 1 & 0 & 0 & 0 & 0 & \frac{1}{6} \\ 0 & 0 & 0 & 1 & 0 & 0 & 0 & \frac{1}{6} \\ 0 & 0 & 0 & 0 & 1 & 0 & 0 & \frac{1}{6} \\ 0 & 0 & 0 & 0 & 0 & 1 & 0 & \frac{1}{6} \\ 0 & 0 & 0 & 0 & 0 & 0 & 0 & 0 \\ 0 & 0 & 0 & 0 & 0 & 0 & 1 & 0 \end{array}\right] \end{array} \begin{array}{c} \\ z_1 \\ z_2 \\ z_3 \\ z_4 \\ z_5 \\ z_6 \\ z_7 \\ z_8 \end{array}$$

lage der Würfel übergehen wird. Eben diese Ungewissheit macht das Werfen des Würfels zu einem indeterministischen Vorgang. Beachtlich ist dabei, dass die Ungewissheit durch das Sukzessionsgesetz selbst begründet wird. Es handelt sich also um eine Unbestimmtheit, die unabhängig vom Kenntnisstand des Betrachters ist. Die Übergangswahrscheinlichkeiten des Sukzessionsgesetzes sind in diesem Sinne absolut-objektiv. Insbesondere hat es daher keine Bedeutung, ob der probabilistische Ablauf ex ante oder ex post betrachtet wird. So lässt sich aus Γ_2 (durch Multiplizieren der Matrix mit sich selbst[338]) exemplarisch die Übergangswahrscheinlichkeit $\Phi(z_6; z_7; 2) = \frac{1}{6}$ ableiten. Diese sagt prognostisch aus, dass der jetzt geworfene Würfel nach dem Ausrollen mit einer Wahrscheinlichkeit von einem Sechstel eine ›sechs‹ zeigen wird. Retrognostisch folgt aus $\Phi(z_6; z_7; 2) = \frac{1}{6}$, dass es (unabhängig vom tatsächlichen Resultat des Wurfs) zu einem Sechstel wahrscheinlich war, dass der Würfel nach dem Rollen eine ›sechs‹ gezeigt hat (resp. gezeigt hätte).

Eine mögliche Zustandsfolge σ_2 (Wurf der Augenzahl ›sechs‹) für Σ_2 ausgehend von $z(t_0) = z_7$ zeigt schließlich Abb. 6:

338 Vgl. dazu Anhang III (S. 174).

$\sigma_2: z_7 \rightarrow z_8 \rightarrow z_6 \rightarrow z_6 \rightarrow \ldots \rightarrow z_6$

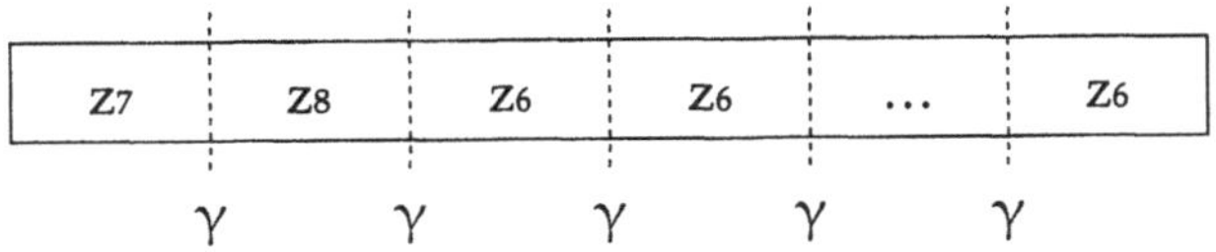

Abb. 6: Mögliche Zustandsfolge σ_2 des Systems Σ_2 ausgehend von $z(t_0) = z_7$.

1.3 Diskussion des DS-Modells

Anhand der betrachteten Beispiele wird zunächst deutlich, dass innerhalb des DS-Modells sowohl deterministische als auch indeterministische Abläufe einer einheitlichen Formalisierung unterworfen werden können. Diese einheitliche Formalisierung resultiert aus einer einheitlichen Vorstellung deterministischer und indeterministischer Prozesse, die ihre theoretische Grundlage in der Interpretation des Sukzessionsgesetzes im Sinne einer stochastischen Übergangsmatrix findet. Erfüllt wird damit zunächst die Forderung nach einem einheitlichen Vorstellungsraum für deterministische und indeterministische Prozesse. Voraussetzungsgemäß verstehen sich dabei deterministische Abläufe als Sonderfall des Allgemeinen, weil bei ihnen der Wertebereich der Elementarwahrscheinlichkeiten auf die Intervallgrenzen null und eins beschränkt ist.

Sachlich erlaubt es der hohe Abstraktionsgrad der Prämissen, das DS-Modell bei der Interpretation unterschiedlicher Vorgänge zu Grunde zu legen. Erkennbar ist es gleich möglich, die Bewegung eines Pendels oder das Werfen eines Würfels im DS-Modell zu beschreiben. Ebenso sind forensisch relevantere Vorgänge wie exemplarisch der Verlauf einer Erkrankung oder ein tödlicher Schuss darstellbar. Die Grundlage der Modellbildung bildet dabei die Vorstellung des Realgeschehens als einer eindeutigen Folge gesetzmäßig verbundener Zustände. Diese Vorstellung ist nicht nur für die empirischen Hilfswissenschaften charakteristisch, sondern auch im Strafrecht gut etabliert. Dogmatischer Bezugspunkt hierfür ist insbesondere die Formel der gesetzmäßigen Bedingung. Denn ihr folgend gilt bekanntlich ein Verhalten dann als ursächlich für einen bestimmten Erfolg, wenn sich an jenes Verhalten »als zeitlich nachfolgend Veränderungen in der Außenwelt angeschlossen haben, *die mit dem Verhalten und untereinander in ihrer Aufeinanderfolge (natur-) gesetzmäßig verbunden waren*«.[339] Eben diese Vorstellung findet in Prämisse ⟨3⟩ ihre sachliche Entsprechung.

Ebenso ist auch Prämisse ⟨1⟩ der Sache nach strafrechtsdogmatisch gut etabliert. Denn Prämisse ⟨1⟩ reflektiert die Vorstellung, dass die Wirklichkeit ›eindeutig‹ ist. Gemeint ist damit der Mangel objektiver Pluralität des Seienden. Mit Prämisse ⟨1⟩ ist also vorausgesetzt, dass es nur eine einzige ›Wirklichkeit‹ gibt. Diese Vorstellung findet ihre spezifisch strafrechtsdogmatische Entsprechung im prozessualen Grundsatz der materiellen Wahrheit[340]. Ihm folgend ist für das Strafverfahren die Prämisse konstitutiv, dass es einen und nur einen tatsächlichen Geschehensverlauf gibt, den zu erforschen Aufgabe des Gerichts ist.[341] Mit eben dieser Vorstellung geht Prämisse ⟨1⟩ konform.

Der näheren Diskussion bedarf hingegen die Prämisse der Diskretheit ⟨2⟩. Denn lebensweltliche Vorgänge – und mit diesen hat es das Strafrecht zu tun – erscheinen typischerweise stetig. Ad rem gesprochen: Ein Pendel bewegt sich nicht sprunghaft, sondern kontinuierlich durch den Raum. Prämisse ⟨2⟩ zwingt indessen dazu, einen stetigen Vorgang in ›Einzelbilder‹ aufzulösen[342], wie sie exemplarisch ein Beobachter des Pendels wahrnehmen würde, wenn er dieses mittels einer pulsierenden Lichtquelle (Stretoskoplampe) betrachtet. – In theoretischer Hinsicht resultiert daraus die Frage, ob der durch das DS-Modell entfaltete Vorstellungsraum hinreichend komplex ist, um auch stetige Abläufe adäquat zu erfassen.

---

339 Grundlegend Engisch *Kausalität* 21; vgl. ferner die Nachweise o. Fn. 6.

340 Vgl. exemplarisch: Pfeiffer *KK Einl* Rn 7.

341 Vgl. BVerfG*E 57*, 275: »Als zentrales Anliegen des Strafprozesses erweist sich daher die Ermittlung des *wahren* Sachverhalts [...]« (Hervorh. a.a.O.).

342 Vgl. dazu Weber *Kausalitätsbeweis* 259.

Anschaulich verdeutlicht wird der Einwand möglicher Unterkomplexität durch das bekannte Zenonsche Paradoxon vom Pfeil, der sein Ziel nicht erreicht: Zerlegt man den kontinuierlichen Flug eines Pfeils in diskrete Teilabschnitte, so kann zunächst zwischen dem Anfangszustand (Abschießen des Pfeils) und dem Endzustand (Erreichen des Ziels) ein dritter Zustand (Durchqueren desjenigen Punkts, welcher die Strecke zwischen Schützen und Ziel halbiert) unterschieden werden. Zwischen dem dritten Zustand und dem Endzustand ist jedoch seinerseits (durch Halbierung der restlichen Strecke) ein vierter Zustand zu identifizieren. Dem gemäß ergibt sich durch fortwährende Halbierung der Reststrecke, die sich auch als Halbierung des für die Bewegung zur Verfügung stehenden jeweiligen Zeitintervalls darstellen lässt, eine unendliche Folge von Zuständen. Hierauf stützt sich der Einwand, dass man bei diskreter Betrachtung eines stetigen Vorgangs generell nie zum Endzustand vordringt. In Bezug auf das Zenonsche Beispiels bedeutet dies bildlich gesprochen: Der abgeschossene Pfeil erreicht sein Ziel niemals.[343]

Dem Einwand des Ungenügens diskreter Modelle kann indessen sowohl theoretisch als auch praktisch entgegnet werden, wobei in theoretischer Hinsicht ein logisches und ein naturphilosophisches Argument zu unterscheiden sind. Logisch ergibt sich zunächst im Hinblick auf das Zenonsche Paradoxon, dass sich die Bewegung des Pfeils in der Tat als eine theoretisch unendliche Folge von Zuständen rekonstruiert. Eben diese Folge ist aber – wie sich bei Zenons Methode fortwährender Halbierung unmittelbar anschaulich ergibt – abzählbar. Denn es fehlt dem Pfeil von der Wegstrecke zunächst die Hälfte (= ein Halb hoch *eins*), dann ein Viertel (= ein Halb hoch *zwei*), dann ein Achtel (= ein Halb hoch *drei*) usw. Unabhängig von der Methode der Zerlegung gilt allgemein, dass jede rationale Diskretisierung maximal zu einer *abzählbar* unendlichen Menge von Zuständen führt. Mathematisch ist dies mit der

343 Das analoge Problem stellt sich beim Pendel, wenn man exemplarisch zwischen den Zuständen z_0 und z_1 Zwischenzustände zu identifizieren beginnt.

Abzählbarkeit der Menge der rationalen Zahlen zu begründen.[344] Für das DS-Modell folgt daraus: Die Diskretisierung eines stetigen Vorgangs innerhalb rationaler Zeitintervalle bereitet keine Schwierigkeit, denn mit Prämisse ⟨1⟩ ist der Zustandsraum als endlich *oder abzählbar unendlich* vorausgesetzt. Kehrseitig bedeutet dies: Erst bei einer Diskretisierung jenseits rationaler Zeitintervalle wird Prämisse ⟨1⟩ – bildlich gesprochen – ›erschöpft‹.

Eben dies verweist auf das naturphilosophische Argument. Denn verfolgt man die Diskretisierung bis auf die elementare, also die quantenphysikalische Ebene, so ist zu vergegenwärtigen, dass spätestens dort makroskopisch stetig erscheinende Vorgänge diskret ablaufen: Kleinste Einheit der Zustandsveränderung ist das Plancksche Wirkungsquantum. Elementare Prozesse laufen daher – natura facit saltus – sprunghaft ab.[345] Dies bedeutet, dass der Diskretisierung – in Übereinstimmung mit Prämisse ⟨2⟩ – eine untere Grenze gesetzt ist. Die dem DS-Modell zu Grunde liegende Vorstellung elementarer Zeiteinheiten ist daher naturphilosophisch sicher verankert. Jedenfalls findet eine den Vorstellungsraum des DS-Modells überschreitende Diskretisierung jenseits rationaler Zeitintervalle keine empirisch-wissenschaftliche sinnhafte Entsprechung. Der Einwand der Unterkomplexität läuft insofern leer.

Unbeschadet dessen ist das DS-Modell auch unter praktischen Gesichtspunkten zu verteidigen. Denn der mikrophysikalische Maßstab liegt für forensische Verhältnisse weit jenseits aller praktischen Bedürfnisse. Bei lebensweltlicher Betrachtung gehen diskrete und stetige Anschauung bereits dann ineinander über, wenn die Diskretisierung bis an die Grenze der menschlichen Unterscheidungsfähigkeit geführt wird. In Ansehung des Pendelbeispiels ist dies bildlich vorstellbar, wenn der Beobach-

---

344 Natanson *Theorie der Funktionen* 11.

345 Vgl. Heisenberg *Naturbild* 131: »Die Einschaltung der Quanten [hat] zur Folge, daß überall in der Atomphysik das Diskontinuum eingeführt wurde.« Vgl. ferner Fincklenburg *Atomphysik* 11 ff.

ter die Frequenz seiner Stretoskoplampe so sehr erhöht, dass die Sinneseindrücke dichter folgen als zur ihrer kognitiven Verarbeitung genügend ist. Eben deshalb ist Webers Metapher vom Film in einem doppelten Sinne treffend gewählt. Selbst diese – elementarphysikalisch bereits extrem grobe – Auflösung aber ist für forensische Maßstäbe noch von idealtypischer Präzision. Dass Prämisse ⟨1⟩ zur diskreten Beschreibung eines Vorgangs einen abzählbar unendlichen Zustandsraum zur Verfügung stellt, begründet also keinen Mangel, sondern bietet im Gegenteil ein praktisch geradezu unausschöpfliches Potenzial. Im Ergebnis erweist sich damit Prämisse ⟨2⟩ als zumindest für die praktischen Bedürfnisse einer strafrechtlichen Betrachtung als ausreichend und unbedenklich.

Schließlich ist zu bemerken, dass die Vorstellung eines diskreten Verlaufs der Zeit für das Recht durchaus charakteristisch ist. Zahlreiche Normen knüpfen an die Vorstellung eines scharf begrenzten ›früher‹ oder ›später‹ an.[346] In strafrechtlichem Kontext ist exemplarisch an die ›Gegenwärtigkeit‹ des Angriffs oder der Gefahr bei den Notrechten zu denken.[347] Die Prämisse der Diskretheit der Zeit ist daher nicht nur erkenntnisphilosophisch gut verankert, sondern erscheint auch dogmenkonform. Dies begründet insgesamt die Akzeptanz der Prämissen des DS-Modells, welches dem probabilistischen Lösungsansatz konzeptuell zu Grunde gelegt werden soll. Daraus leitet sich im Weiteren das Interesse an der Frage ab, wie die Grundbegriffe der Zurechnung innerhalb

---

346 Zu denken ist exemplarisch an Normen mit temporalen Relationsbegriffen wie »Die Rechtfähigkeit des Menschen beginnt *mit der Vollendung* der Geburt« (§ 1 BGB). Das BGB enthält zahlreiche derartiger Normen. Vgl. etwa § 121 (»unverzüglich, nachdem«), §§ 272, 284 (»nach« bzw. »vor Fälligkeit der Schuld«) usw. Weitere Nachweise bei Engisch *Weltbild* 71.

347 Vgl. Engisch *a.a.O.* 105f.: »Die Rechtszeit erscheint uns in [...] geschlossenen und insofern *diskreten* zeitlichen Gebilden, z.B. in der gegen Vergangenheit und Zukunft abgeschlossenen Gegenwärtigkeit eines Angriffs oder [...] in der unstetigen Aufeinanderfolge von Vortat und Nachtat« (Hervorh. a.a.O.).

des durch das DS-Modell entfalteten Vorstellungsraums zu verstehen sind.

2. Grundbegriffe im DS-Modell

Abschnitt IV, 2 stellt daher die Grundbegriffe der Zurechnung innerhalb des DS-Modells dar. Zu diesem Zweck werden zunächst Handlung und Erfolg definiert (2.1 und 2.2). Dem folgt die Erörterung des Begriffs der Kausalität (2.3). Anschließend wird die für die Zurechnung konstitutive Verklammerung von Handlung und Erfolg durch eine wahrscheinlichkeitserhöhende Überformung des Kausalverlaufs diskutiert (2.4). Schließlich erfolgt die Ableitung der Grundkonstellationen der probabilistischen Zurechnung, die sich aus den zuvor erörterten Prämissen und Begriffsbestimmungen ergeben (2.5).

2.1 ›Erfolg‹ im DS-Modell

Die Tatbestandslehre versteht gewöhnlich unter ›Erfolg‹ ein von der Handlung an sich abgrenzbares außenweltliches Ereignis[348]. Interpretiert dabei man den explizierenden Begriff ›Ereignis‹ zunächst im allgemeinen Sinne eines raumzeitlich bestimmten Vorgangs[349], so ist offenbar, dass das strafrechtliche Interesse nicht auf beliebige Ereignisse gerichtet ist, sondern nur auf solche, denen tatbestandliche Qualität zukommt. Diese tatbestandliche Qualität besteht in der Veränderung des Zustands eines vom Tatbestand geschützten Objekts. Allgemein knüpft daher der Tatbestand eines Erfolgsdelikts an einen bestimmten nachteiligen Zustand an: Ein Mensch ist ›tot‹ oder an der Gesundheit ›geschädigt‹, eine Sache ›zerstört‹ usw. Das Erfolgsereignis besteht folglich in einer nachteiligen Zustandsveränderung, durch die entweder eine *durch* den Tatbestand gesetzte Schwelle (so beim schlichten Erfolgsdelikt) oder *innerhalb* des Tatbestands gesetzte Schwelle (so beim erfolgsqualifizierten Delikt) überschritten wird.

Diese Vorstellung findet in dem durch das DS-Modell entfalteten Vorstellungsraum ihre Entsprechung, wenn man den Zustand des ge-

348 Vgl. etwa Wessels/Beulke *AT* Rn 153; Lenckner *Sch/Sch Vor § 13* Rn 71.

349 Reichold *MPhL* 142.

schützten Objekts als Zustand im Sinne des DS-Modells begreift. Der Erfolgseintritt besteht dann im Übergang des Systems von einem Zustand $z(t)=z_{i(t)}$ in den Nachfolgezustand $z(t+1) = z_{i(t+1)}$, wenn der Zustand $z_{i(t)}$ unterhalb einer tatbestandlichen Schwelle (katanomischer Zustand) und der Zustand $z_{i(t+1)}$ oberhalb einer tatbestandlichen Schwelle (ananomischer Zustand) liegt.

Ein einfaches Beispiel hierfür ergibt sich ausgehend vom obigen[350] Würfelmodell (Σ_2), wenn man die generelle Tatbestandlichkeit von Sechserwürfen unterstellt. In diesem Falle tritt mit dem Übergang von Σ_2 von z_8 nach z_6 (Wurf der Augenzahl ›sechs‹) ein ›Erfolg‹ ein, weil der Zustand z_8 ›tatbestandslos‹ und z_6 ›tatbestandlich‹ ist.

Ausgehend hiervon ist allgemein zu bestimmen:

Definition ⟨1⟩: Erfolg

Seien $z(t)$ und $z(t+1)$ zwei verschiedene aufeinanderfolgende Elemente einer Zustandskette eines Systems $\Sigma = (\zeta; \gamma)$.

Dann heißt der Übergang von $z(t)$ nach $z(t+1)$ ›Erfolgseintritt‹ und $z(t+1)$ ›Erfolg‹, wenn $z_{i(t)}$ ein katanomischer Zustand und $z_{i(t+1)}$ ein ananomischer Zustand ist.

Diese Begriffsbestimmung kann wie folgt veranschaulicht werden: Gemäß dem Dann-Teil der Definition bezieht sich die Terminologie von ›Erfolgseintritt‹ und ›Erfolg‹ auf *reale* Zustände, nämlich $z(t)$ und $z(t+1)$. Hingegen ist gemäß der definitorischen Bedingung für das Vorliegen eines Erfolgs konstitutiv, dass die realen Zustände $z(t)$ und $z(t+1)$ auf Grund ihrer *gattungsmäßigen Qualität* $z_{i(t)}$ und $z_{i(t+1)}$ als katanomisch resp. ananomisch zu qualifizieren sind. Die kategoriale Trennung innerhalb beider Teile der Definition reflektiert, dass die Strafnormen die Tatbestandlichkeit abstrakt-generell bestimmen, während von einem Erfolg stets in Bezug auf ein konkretes Geschehen gesprochen werden soll.

Zu bemerken ist fernerhin, dass Definition ⟨1⟩ keine Limitierung der Zustandskette voraussetzt. Es ist daher denkbar, dass ein oder mehrere

---

350 Vgl. o. IV, 1.2 (S. 130).

Straftatbestände mehr als ein Glied der Zustandskette einzeln oder gemeinsam erfassen. In diesem Falle tritt mit jedem tatbestandserheblichen Zustandswechsel ein ›Erfolg‹ ein. Relevanz erlangt dies insbesondere bei den Erfolgsqualifikationen. So ist exemplarisch bei § 227 StGB sowohl der Eintritt der Verletzung als auch der Eintritt des Todes des Opfers ein ›Erfolg‹ im Sinne von Definition ⟨1⟩.

2.2 ›Handlung‹ im DS-Modell

Der korrespondierende Begriff zum Erfolg ist derjenige der Handlung. Tritt man auch an diesen ausgehend von einem allgemeinen Begriffsverständnis heran, so meint ›Handlung‹ zunächst das zielgerichtete Einwirken auf einen Geschehensverlauf. In diesem Sinne geht vom Handelnden eine ›Störung‹ des Geschehens aus.[351] Im maximalen Falle bedeutet diese Störung, dass der Handelnde etwas geschehen macht, das ›normalerweise‹ nicht geschehen wäre.[352] Eben dieser Gedanke konstituiert bekanntlich die Condicio sine qua non-Formel und die für sie charakteristische kontrafaktische Frage nach dem hypothetischen Normalverlauf des Geschehens. Die Frage folgt aus der Überlegung, dass sich auf Grund der Handlung das Geschehen derart verändert, dass eine Abweichung von dem tatsächlich eingetretenen und dem vorgestellten normalen Verlauf festzustellen ist. Dieser Überlegung folgend ist die Abänderung des tatsächlichen Geschehensverlaufs hinreichend, um eine über die geistige Innensphäre hinausgehende Außenwirkung der vom Handelnden veranlassten Störung des naturgesetzlichen Ablaufs zu bejahen.

Allerdings erscheint eine derartige Intensität der Handlung keineswegs notwendig. Denn Außenwirkung erlangt nicht nur ein solches Verhalten, das etwas geschehen macht, das ceteris paribus sonst nicht eingetreten wäre, sondern auch ein solches Verhalten, das etwas geschehen

---

351 Vgl. Keil *Handeln und Verursachen* 404f. mit Verweis auf v. Wright: »Handlungen sind prototypische Störungen natürlicher Verläufe.«

352 Keil *a.a.O.* 404.

macht, dessen Eintritt zuvor weniger wahrscheinlich war. In diesem Sinne meint Handlung also nicht nur das Möglich-Machen, sondern bereits das Wahrscheinlicher-Machen einer Zustandsveränderung. Auf eben diesen Gedanken stützt sich die Risikoerhöhungslehre, wenn sie vorträgt, dass der Handelnde generell nur in der Lage sei, ein ›Gefahrquantum‹ beizusteuern.[353]

Diese Vorstellung findet in dem durch das DS-Modell entfalteten Vorstellungsraum ihre unmittelbare Entsprechung, wenn man die Handlung als Störung der sukzessionsgesetzlichen Übergangswahrscheinlichkeiten begreift. Handeln heißt dann, den Übergang des Systems von einem Zustand $z(t) = z_j$ in den Nachfolgezustand $z(t+1) = z_k$ um einen gewissen Betrag q wahrscheinlicher zu machen.

Ein einfaches Beispiel hierfür ergibt sich ausgehend vom Würfelbeispiel (Σ_2)[354], wenn man annimmt, dass der Würfel sich in Ruhelage befindet, also $z(t) = z_i$ mit $1 \leq i \leq 6$. Wegen $\varphi_{i;i} = 1$ gilt, dass der einmal in bestimmter Lage ruhende Würfel in dieser Lage verbleibt. Ausgehend vom Zustand $z(t) = z_i$ folgt daher regulär $z(t+1) = z_i$. Wird nun der Würfel im Zeitpunkt t+1 geworfen, so dass $z(t+1) = z_7$ ist, dann bedeutet dies folglich eine Veränderung des sukzessionsgesetzlichen Ablaufs von Σ_2. Diese Veränderung ist als partielle Substitution der sukzessionsgesetzlichen Übergangswahrscheinlichkeit $\varphi_{7;i} = 0$ durch die vom Handelnden erzeugte Übergangswahrscheinlichkeit $\psi_{7;i} = 1$ zu verstehen. Die Substitution hat zur Folge, dass ein unmöglicher Zustand möglich und zugleich zwingend wird. – Ein Beispiel für eine bloß wahrscheinlichkeitserhöhende Handlung ergibt sich hingegen, wenn der Handelnde den rollenden Würfel (z_8) stoppt, so dass sich eine gewisse Augenzahl einstellt, exemplarisch die Augenzahl ›sechs‹ (z_6). Hier substituiert der Handelnde die sukzessionsgesetzliche Übergangswahrscheinlichkeit $\varphi_{6;8} = 1/6$ durch $\psi_{6;8} = 1$. Die Substitution hat hier nicht zur Folge, dass ein zuvor unmöglicher Zustand möglich wird (denn eine ›sechs‹ kann sich auch bei ungestörtem Ausrollen einstellen). Wohl aber wird ein zuvor nicht gewisser Zustandswechsel gewiss.

Präzisiert man diese Überlegungen vor dem Hintergrund der Prämissen des DS-Modell, so ist allgemein festzulegen:

---

353 Vgl. o. II, 4.1 (S. 61).

354 Vgl. o. IV, 1.2 (S. 130).

Definition ⟨2⟩: Handlungsakt

Seien $z(t) = z_{i(t)}$ *und* $z(t+1) = z_{i(t+1)}$ *zwei verschiedene Elemente einer Zustandskette eines Systems* $\Sigma = (\zeta; \gamma)$ *mit* $0 \leq \varphi_{i(t+1);i(t)} < 1$.

Dann heißt die Veränderung der Übergangswahrscheinlichkeit $\varphi_{i(t+1);i(t)}$ *in* $\psi_{i(t+1);i(t)} = \varphi_{i(t+1);i(t)} + q$ *mit* $q \leq 1 - \varphi_{i(t+1);i(t)}$ *ein ›Handlungsakt‹, wenn* $q > 0$. *Eine ›Handlung‹ besteht aus mindestens einem Handlungsakt.*

Diese Begriffsbestimmung kann wie folgt erläutert werden: Der Definition ⟨2⟩ liegt die Anschauung einer mindestens zweigliedrigen Zustandskette zu Grunde. Vor diesem Hintergrund heißt Handeln, die Wahrscheinlichkeit für den Zustandswechsel wenigstens einmal um einen positiven Betrag q zu erhöhen. Die Handlung besteht also in einer mindestens einmaligen punktuellen Störung der nomischen Sukzession derart, dass unter den Zuständen aus dem Zustandsraum der Zustand $z_{i(t+1)}$ gegenüber allen anderen Zuständen als Sukzessor von $z_{i(t)}$ bevorzugt wird.

Im Besonderen sind dabei die folgenden Grenzfälle zu betrachten: Im Falle $\varphi_{i(t+1);i(t)} = 0$ macht der Handelnde durch seine Handlung den tatsächlich eingetretenen Zustandswechsel erst möglich. Entsprechend kann die durch die Handlung initiierte Zustandskette in Übereinstimmung mit der Condicio sine qua non-Formel durch gedankliche Elimination der Handlung zu Fall gebracht werden. Allerdings ist dies ein Sonderfall. Denn $\varphi_{i(t+1);i(t)}$ kann auch größer als null sein. In diesem Falle macht der Handelnde den Zustandswechsel lediglich wahrscheinlicher. Dieses Wahrscheinlicher-Machen führt im extremen Falle zu $q = 1 - \varphi_{i(t+1);i(t)}$, so dass $\psi_{i(t+1);i(t)} = 1$ ist. In diesem Falle ›zwingt‹ der Handelnde der Zustandskette einen gewissen Zustand auf. Anschaulich kann daher von einer ›determinierenden Störung‹ gesprochen werden. Gemäß der definitorischen Bedingung ist jedoch auch eine solche Determinierung nicht allgemein zwingend. Vielmehr genügt es, dass der Übergang irgend wahrscheinlicher geworden ist ($q > 0$). Dies verweist schließlich auf den Grenzfall $\varphi_{i(t+1);i(t)} = 1$, so dass $q = 0$ ist. In diesem Falle ist bereits vor der Handlung der Zustandswechsel gewiss. Dies aber bedeutet: Der Handelnde kann zu Gunsten *dieses* Zustandswechsels nicht ›störend‹ wirken. Entsprechend ist der Grenzfall $\varphi_{i(t+1);i(t)} = 1$ durch die Prämisse $0 \leq \varphi_{i(t+1);i(t)} < 1$ präkludiert. Das heißt: Zwar muss der Handelnde gemäß Definition ⟨2⟩ nicht notwendigerweise einen zuvor unmöglichen Zustandswechsel möglich machen. Es kann also sein, dass die Handlung am tatsächlichen Verlauf gegenüber einem hypothetisch möglichen Verlauf gar nichts ändert. Wohl aber muss die Handlung – um mit den Worten Kries' zu sprechen –, den ›Spielraum des Möglichen‹ verändern. Gefordert ist also eine Wahrscheinlichkeitserhöhung als minimale Manifestation des vom Handelnden kausal entäußerten Willens. Wo es aber einen solchen ›Spielraum des Möglichen‹ nicht gibt, fehlt es folglich an der erforderlichen Außenwirkung der Handlung. Definition ⟨2⟩ reflektiert insofern die allgemeine kausaltheoretische Überlegung, dass vor dem hypothetischen Hintergrund einer perfekten Gleichförmigkeit des Weltverlaufs das Sprechen von Ursachen[355] und folglich vom Verursachen durch Handeln keinen Sinn hat[356].

Indessen ist die praktische Bedeutung des präkludierten Grenzfalls $\varphi_{i(t+1);i(t)} = 1$ durchaus limitiert. Denn auch in einem volldeterminierten System kann im Sinne von Definition ⟨2⟩ gehandelt werden, nämlich dann, wenn der Handelnde die nomische Sukzession zu Gunsten eines *nicht determinierten* Zustandswechsels stört (im Hinblick auf das Pendelbeipiel exemplarisch: durch Umlenken des Pendels[357]). Lediglich dort, wo bildlich gesprochen ›alle Wege‹ zum Erfolg führen, fehlt es am erforderlichen Handlungsspielraum. Da in einem solchen Falle ohnehin die Verantwortlichkeit des Handelnden wegen der Unvermeidbarkeit

355 Vgl. Russell *On the Notion of cause* 194: »The law of gravitation will illustrate what occurs in any advaced science. In the motions of mutually gravitating bodies, *there is nothing that can be called a cause, an nothing that can be called an effect; there merely is a formula*« (Hervorh. J.Z.).

356 Keil *Handeln und Verursachen* 405.

357 In diesem Falle ersetzt der Handelnde $\varphi_{0;1} = 0$ durch $\psi_{0;1} = 1$, so dass $\varphi_{2;1} = 0$ ist und daher auf $z(t) = z_1$ der Zustand $z(t+1) = z_0$ folgt.

des Erfolgs verneint werden muss, mag es als terminologische Randfrage dahinstehen, ob man entgegen der Begriffsbestimmung aus Definition ⟨2⟩ noch von einer Handlung sprechen will oder nicht.

Nicht zu verwechseln ist die Prämisse $\varphi_{i(t+1);i(t)} < 1$ schließlich mit dem allgemeinen Problem der Überdetermination, wie es die Strafrechtsdogmatik mit dem klassischen Teetrinkerfall[358] kennt. Die Unterschiedlichkeit der Problemstellung ergibt sich bereits formal daraus, dass die Bedingung $\varphi_{i(t+1);i(t)} < 1$ auf den *unmittelbar angrenzenden* Zustand, nicht aber auf entferntere Folgen der Handlung bezogen ist. Im Hinblick auf den Teetrinkerfall ergibt sich ohne Weiteres die Handlungsqualität des Verhaltens beider Giftmischer, weil sowohl der erste als auch der zweite Giftmischer den Zustand des Tees verändert.

2.3 ›Kausalität‹ im DS-Modell

Im Sinne von Definition ⟨2⟩ heißt Handeln, eine Zustandsveränderung mehr oder minder stark zu beeinflussen. Diese Zustandsveränderung kann sich im DS-Modell sukzessionsgesetzlich mitteilen. Dem gemäß initiiert die Handlung eine sukzessionsgesetzliche Zustandsfolge, an deren Ende bei strafrechtlich relevanten Handlungen ein Erfolg steht. Der Gedanke der Sukzessionsgesetzlichkeit ist dabei bereits im Kontext der Prämissen des DS-Modells näher diskutiert und dogmatisch an Engischs Formel der gesetzmäßigen Bedingung angebunden worden. Hieran wird im Folgenden angeknüpft.

Die Formel der gesetzmäßigen Bedingung ist die in der strafrechtswissenschaftlichen Diskussion hinlänglich bekannte anwendungsgerechte Ausformung der in Engischs Monographie zur ›Kausalität als Merkmal der strafrechtlichen Tatbestände‹ vorgetragenen kausaltheoretischen Überlegungen. Als solche nimmt die Formel der gesetzmäßigen Bedingung im gegenwärtigen Schrifttum eine durchaus dominante Stellung ein[359]. Ausgangspunkt der kausaltheoretischen Überlegungen

---

358 Vgl. etwa Wessels/Beulke *AT* Rn 157: A und B schütten dem C unabhängig voneinander jeweils eine tödliche Dosis des gleichen Gift in das Getränk, nach dessen Genuss der C verstirbt.

359 Vgl. die Nachweise o. Fn. 6.

Engischs ist die Kritik der Condicio sine qua non-Formel, deren fehlenden Erkenntniswert Engisch insbesondere bemängelt[360]: Die Condicio sine qua non-Formel laufe darauf hinaus, den tatsächlichen Geschehensverlauf abschnittsweise mit demjenigen Geschehen zu vergleichen, das sich ohne das fragliche Verhalten eingestellt hätte[361]. Dieser Vergleich erfordere die Konstruktion eines zum tatsächlichen Geschehen alternativen hypothetischen Verlaufs, über welchen die Condicio sine qua non-Formel aber selbst nichts aussage. Vielmehr müsse bei der Konstruktion auf ein bereits bestehendes Kausalwissen zurückgegriffen werden[362]. Die Condicio sine qua non-Formel ziele somit letztlich auf eine stillschweigend vorausgesetzte, hintergründige Kausalrelation[363]. Vorzugswürdig sei es daher, diese hintergründige Kausalrelation unmittelbar für die Bestimmung der strafrechtlichen Ursächlichkeit heranzuziehen.

Konkret leitet Engisch daraus ab, dass ein Verhalten dann als ursächlich für einen nach einem bestimmten strafgesetzlichen Tatbestand abgegrenzten konkreten Erfolg zu erachten sei, »wenn sich an jenes Verhalten als zeitlich nachfolgend Veränderungen in der Außenwelt angeschlossen haben, die mit dem Verhalten und untereinander in ihrer Aufeinanderfolge (natur-) gesetzmäßig verbunden waren und die ausgemündet sind in irgendeinen Bestandteil des konkreten Sachverhalts, der dem Strafgesetz gemäß als Erfolg abgegrenzt ist (Formel der gesetzmäßigen Bedingung im Gegensatz zur Formel der c.s.q.n.)«.[364] Dabei

---

360 Grundlegend Engisch *Kausalität*; ferner ders. *Weltbild* 130ff.

361 Engisch *Kausalität* 18: »Offenbar verpflichtet [die condicio sine qua non-Formel] uns, den tatsächlichen auf das Verhalten folgenden Verlauf in bestimmten Punkten zu vergleichen mit demjenigen Verlauf, den wir uns auf Grund der Antezedentien ohne das Verhalten vorzustellen haben« (Erg. J.Z.).

362 Engisch *a.a.O.*: »Die Konstruktion dieses [hypothetischen] Verlaufs ist aber nur an Hand der Kausalkategorie möglich und über deren Sinn sagt uns die Formel der c.s.q.n. gar nichts [...]« (Erg. J.Z.).

363 Vgl. Engisch *a.a.O.* 20f.

364 Engisch *a.a.O.* 21.

versteht Engisch die Kausalrelation in einem »naturwissenschaftlichen und ›philosophischen‹, nichtmetaphysischen (logischen)« Sinne.[365] Es sei der Begriff des Naturgesetzes »im weitesten Sinne« gemeint. Insbesondere fordert Engisch in diesem Zusammenhang nicht, dass unter Ausschluss von Wahrscheinlichkeitsgesetzen nur ›Notwendigkeitsgesetze‹ zur Anwendung gelangen. Vielmehr zieht er grundsätzlich die Verwendung von probabilistischen Gesetzen in Betracht. Maßgeblich hierfür sei das zum Zeitpunkt des Kausalurteils verfügbare Höchstwissen.[366] Indessen unterlässt Engisch eine nähere Ausführung dieses Gedankens mit der Begründung, zu dem Phänomen probabilistischer Naturgesetze nicht Stellung nehmen zu können.[367]

Diese Lücke wird geschlossen, wenn ausdrücklich auch eine probabilistische Sukzessionsgesetzlichkeit zur Begründung des Kausalzusammenhangs zugelassen wird. Vor dem Hintergrund des DS-Modells bedeutet dies, dass Kausalität als ein sukzessionsgesetzliches Verhältnis zwischen zwei realen Zuständen zu charakterisieren ist. Dabei versteht sich die Wirkung allgemein als gesetzlicher Sukzessor der Ursache und kehrseitig die Ursache als sukzessionsgesetzlicher Antezedent der Wirkung. Präzisiert man diesen Gedanken, so ist allgemein festzulegen:

---

365 Engisch *a.a.O.* 21.

366 Engisch *a.a.O.* 23.

367 Die Ausführungen beschränken sich daher auf allgemeine Hinweise zu der möglichen Anwendung von Wahrscheinlichkeitsgesetzen. Vgl. Engisch *a.a.O.* 23: »Zu der Frage, ob die Naturgesetze als Notwendigkeitsgesetze oder Wahrscheinlichkeitsgesetze aufzufassen sind, können wir nicht Stellung nehmen. Wir betonen nur, daß sie bei Prüfung des Bedingungszusammenhangs in größtmöglicher Präzision und Strenge anzusetzen sind. Soweit Wahrscheinlichkeitszusammenhänge als Gesetze in Betracht kommen, sind darum augenblicklich nicht diejenigen Wahrscheinlichkeitszusammenhänge gemeint, die die Adäquanzlehre im Auge hat, indem sie die Tendenzbeziehungen eines in gewissem Sinne kraft Willkür ungenau definierten Verhaltens untersucht.« In der Konsequenz wendet sich Engisch in der weiteren Diskussion erkenntnistheoretischen Detailfragen der Notwendigkeitsbeziehung zu.

Definition ⟨3⟩: Ursache, Wirkung

Seien z(t) und z(t+λ) mit λ ≥ 1 Elemente einer Zustandskette eines Systems Σ = (ζ; γ).

Dann heißt z(t) ›Ursache‹ von z(t+λ) und kehrseitig z(t+λ) ›Wirkung‹ von z(t), wenn $\varphi_{i(t+\mu+1);i(t+\mu)} > 0$ für alle $0 \leq \mu < \lambda$.

Diese Begriffsbestimmung kann folgendermaßen veranschaulicht werden: Gemäß der Voraussetzung liegt Definition ⟨3⟩ die Anschauung zweier realer Zustände eines Systems zu Grunde. In Bezug auf diese beiden Zustände werden ›Ursache‹ und ›Wirkung‹ als ein wechselbezügliches Begriffspaar verstanden. Voraussetzungsgemäß geht dabei der ursächliche Zustand dem wirkungsmäßigen Zustand voraus ($t+\lambda > t$ wegen $\lambda \geq 1$). Der Bedingungsteil der Definition fordert, dass die Wahrscheinlichkeit für den Übergang des Systems vom ursächlichen Zustand z(t) in den nachfolgenden Zustand z(t+1) usw. bis hin zum wirkungsmäßigen Zustand z(t+λ) größer als null ist. Dies bedeutet zunächst negativ, dass Kausalität nicht vorliegt, wenn bei nomischem Ablauf des Systems die mutmaßliche Wirkung der mutmaßlichen Ursache nicht nachfolgen kann. Positiv gesprochen liegt Kausalität hingegen bereits dann vor, wenn der Wirkungszustand sukzessionsgesetzlich ›möglicher‹ Nachfolger des Ursachenzustands ist. Es ist also insbesondere nicht notwendig, dass die Wirkung der Ursache mit Gewissheit folgt. Es genügt, dass die Wirkung auf die Ursache tatsächlich gefolgt ist.

Im Besonderen sind dabei die folgenden Grenzfälle zu betrachten: Im Falle $\lambda = 1$ folgt die Wirkung der Ursache unmittelbar. Entsprechend kann anschaulich von einer ›elementaren Ursache-Wirkungs-Beziehung‹ gesprochen werden. In den übrigen Fällen mit $\lambda > 1$ gilt hingegen, dass zwischen Ursache und Wirkung mindestens ein weiterer realer Zustand (Zwischenzustand) liegt. Wenn allerdings für jeden Zwischenzustand die Bedingung $\varphi_{i(t+\mu+1);i(t+\mu)} > 0$ erfüllt ist, so bedeutet dies, dass zwischen der Ursache und dem ersten Zwischenzustand sowie dem letzten Zwischenzustand und der Wirkung (sowie zwischen ggf. weiteren Zwischenzuständen) jeweils eine elementare Ursache-

Wirkungs-Beziehung besteht. Folglich ist jede ursächliche Zustandskette als eine Sequenz elementarer Ursache-Wirkungs-Beziehungen (Kausalkette) darstellbar. Gemäß Definition ⟨3⟩ kann daher allgemein von Kausalketten gesprochen werden. Dabei folgt aus der Erfüllung der Bedingung $\varphi_{i(t+\mu+1);i(t+\mu)} > 0$ für alle $0 \leq \mu < \lambda$, dass $\Phi(z_{i(t+\lambda)}; z_{i(t)}; \lambda) > 0$ ist[368]. Dies bedeutet sachlich, dass bei jeder Kausalkette die Möglichkeit des Eintritts der Wirkung bereits dem ersten Glied der Kausalkette anhaftet.

Allgemein ist $0 < \Phi(z_{i(t+\lambda)}; z_{i(t)}; \lambda) \leq 1$. Ausgehend von Definition ⟨3⟩ können daher zwei Grundkonstellationen der Kausalität unterschieden werden: Im Falle $\Phi(z_{i(t+\lambda)}; z_{i(t)}; \lambda) < 1$ ist die Zustandsfolge durch das Sukzessionsgesetz nicht eindeutig festgelegt. Insbesondere ist also der Eintritt der Wirkung auf Grund es Realseins der Ursache nicht sicher. Es liegt anschaulich gesprochen eine ›indeterministische‹ Kausalkette vor. Für den Sonderfall $\Phi(z_{i(t+\lambda)}; z_{i(t)}; \lambda) = 1$ ergibt sich hingegen, dass das Realwerden der Wirkung auf Grund des Realseins der Ursache sicher ist. In diesem Falle ist der Eintritt der Wirkung durch die Ursache ›determiniert‹[369].

2.4 ›Gefahrsteigerung‹ im DS-Modell

Im Weiteren ergibt sich aus Definition ⟨3⟩ im Zusammenhang mit den Definitionen ⟨1⟩ und ⟨2⟩, dass die vom Handelnden ausgehende Störung

---

368 Vgl. dazu den Anhang IV (S. 175f. mit Fn. 408).

369 Im Weiteren können zwei Konstellationen deterministischer Kausalität differenziert werden: Zum einen ist es möglich, dass nicht nur der Übergang von der Ursache zur Wirkung sicher ist, sondern dass dies darüber hinausgehend für alle (etwaigen) Zwischenzustände gilt. Dieses ist genau dann der Fall, wenn die elementaren Übergangswahrscheinlichkeiten für alle Glieder der Kausalkette gleich eins betragen. In diesem Falle liegt eine ›starke‹ Determination vor (ein Beispiel hierfür gibt das obige Pendelsystem Σ_I). Zum anderen ist es möglich, dass zwar $\Phi(z_{i(t+\lambda)}; z_{i(t)}; \lambda) = 1$ ist, dass jedoch innerhalb der Kausalkette elementare Übergangswahrscheinlichkeiten auftreten, die kleiner als eins sind. In diesem Falle liegt eine ›schwache‹ Determination vor (ein Beispiel hierfür enthält der Anhang V [S. 177]).

der nomischen Sukzession nicht notwendig auf das raumzeitliche Nahfeld beschränkt bleibt. Vielmehr teilt sich die von der Handlung ausgehende Störung gemäß dem Sukzessionsgesetz kausal mit. Handeln bedeutet in diesem Sinne das deterministische oder indeterministische ›Verursachen‹ eines Erfolgs.

Die Einbeziehung indeterministischer Kausalketten in den Begriff des ›Verursachens‹ begründet indessen das Problem, dass sich bei einem indeterministischen Ablauf nicht notwendig der mit maximaler Wahrscheinlichkeit zu erwartende Geschehensverlauf, sondern ggf. eine minderwahrscheinliche Zustandsfolge einstellt. Dabei ist die Realisierung des minderwahrscheinlichen Geschehensverlaufs zunächst kein Kausalproblem. Denn auf der Grundlage des Kausalbegriffs aus Definition ⟨3⟩ genügt es, dass die Sukzession irgend möglich ist. Demnach liegt Kausalität auch bei derjenigen Zustandsfolge mit relativ geringster Wahrscheinlichkeit vor. Dies verdeutlicht insbesondere, dass die Ursache-Wirkungsbeziehung nach hiesigem Kausalverständnis nicht als ein logisches Implikationsverhältnis, sondern als ein reines nomisches Sukzessionsverhältnis zu charakterisieren ist. In diesem Sinne ist ›Ursache‹ nicht die ›gesetzmäßige Bedingung‹ der Wirkung, sondern lediglich deren ›gesetzmäßiges Antezedens‹.

Die Realisierung eines minderwahrscheinlichen Zustandsfolge bedeutet allerdings, dass die von der Handlung ausgehende, über das raumzeitliche Proximum reichende Erhöhung der Wahrscheinlichkeit für eine Zustandsveränderung bestimmter Art im Verlauf der Kausalkette ggf. abebbt. In einem solchen Falle reicht die von der Handlung ausgehende Störung der Übergangswahrscheinlichkeit nicht bis zum Erfolg, sondern läuft – bildlich gesprochen – auf dem Weg zum Erfolg aus. Stellt sich bei einem solchen Kausalverlauf der Erfolg dennoch ein, so beruht dieser folglich auf dem zurechnungsfeindlichen ›blanken‹ Zufall.

Dies möge das folgende Beispiel veranschaulichen: Gegeben sei ein Modell $\Sigma_3 = (\zeta_3; \gamma_3)$ mit dem Zustandsraum $\zeta_3 = \{z_0; z_1; z_2\}$. Dabei werde der Zustand z_0 als ›sicherer‹ Zustand, der Zustand z_1 als Zustand der ›Gefahr‹ und der Zustand z_2 als ›Schaden‹ betrachtet. Dem Zustandsraum ζ_3 sei ferner durch das Sukzessionsgesetz γ_3 die folgende Matrix Γ_3 elementarer Übergangswahrscheinlichkeiten mit $x \approx 0$ zugewiesen:

$$\Gamma_3 = \begin{array}{c} \\ \\ \\ \end{array}\begin{array}{c} \begin{matrix} z_0 & z_1 & z_2 \end{matrix} \\ \begin{bmatrix} 1-x & y & 0 \\ x & y & 0 \\ 0 & y & 1 \end{bmatrix} \end{array} \begin{array}{c} \\ z_0 \\ z_1 \\ z_2 \end{array}$$

Die Matrix Γ_3 ist folgendermaßen zu interpretieren: Zunächst gilt wegen $x \approx 0$, dass $\varphi_{0;0} = 1-x \approx 1$ ist. Dies bedeutet, dass der sichere Zustand bei nomischer Sukzession mit höchster Wahrscheinlichkeit erhalten bleibt. Geht das System wider Erwarten dennoch von z_0 in den Zustand der Gefahr z_1 über, so ist dieser Zustand instabil und agnostisch. Denn wegen $\varphi_{0;1} = \varphi_{1;1} = \varphi_{2;1}$ kann ausgehend von z_1 keine kurzfristige Prognose darüber getroffen werden, ob das System im Zustand z_1 verharrt oder in den sicheren Zustand z_0 zurückfällt oder ob ein Schaden eintritt (z_2). Wenn allerdings ein Schaden real wird, so ist dieser wegen $\varphi_{2;2} = 1$ dauerhaft.

Augenscheinlich macht für Σ_3 die Handlung $\psi_{1;0} = 1$, also das Überführen des Systems vom sicheren in den gefährlichen Zustand, den Eintritt eines Schadens wahrscheinlicher als dieser bei nomischer Sukzession wäre, denn für Σ_3 ist allgemein $\Phi(z_2; z_0; \lambda) < \Phi(z_2; z_1; \lambda-1)$. – Das eingangs bezeichnete ›Abebben‹ der Wahrscheinlichkeitserhöhung ist nun ausgehend von $z(t) = z_0$ und $\psi_{1;0} = 1$ im Zeitpunkt t durch die *mögliche* Zustandsfolge σ_3 (vgl. Abb. 7) darstellbar. Denn bei σ_3 stellt sich trotz des letztendlichen Erfolgs $z(t+4) = z_2$ zwischenzeitlich wegen des Übergangs von $z(t+1) = z_1$ nach $z(t+2) = z_0$ eine nur geringe Erfolgswahrscheinlichkeit $\Phi(z_2; z_0; 2)$ ein, die – und dies ist maßgeblich – *unter dem originären Niveau* $\Phi(z_2; z_0; 4)$ liegt[370].

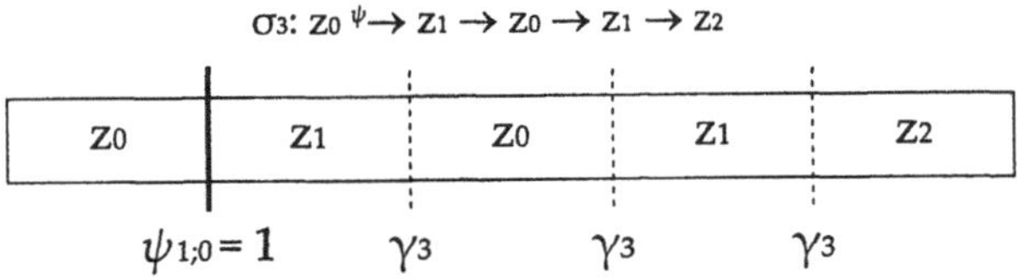

Abb. 7: Mögliche Zustandsfolge σ_3 des Systems Σ_3, wenn $z(t) = z_0$ und $\psi_{1;0} = 1$.

Dieses Zurückfallen der Wahrscheinlichkeit des Erfolgs unter das anfängliche Niveau schließt aus, dass die konkrete Kausalkette aus Sicht des Handelnden zur Zielerreichung zweckhaft erscheint.

Kehrseitig ist daher allgemein zu fordern, dass die Handlung nicht nur den Erfolg verursacht und die Wahrscheinlichkeit für den Erfolgseintritt im Moment der Handlung erhöht. Vielmehr muss sich sowohl die vom Handelnden (mit)veranlasste Zustandsveränderung kausal mitteilen als auch die Erhöhung der Wahrscheinlichkeit des Erfolgs sich im Verlauf der Kausalkette fortsetzen. Zurückgreifend auf das DS-Modell ist daher allgemein eine ›durchgängige Gefahrsteigerung‹ im Sinne der nachfolgenden Begriffsbestimmung zu fordern:

Definition ⟨4⟩: Grundrisiko, durchgängige Gefahrsteigerung

Sei der durch eine Handlung wahrscheinlicher gemachte reale Zustand $z(t) = z_{i(t)}$ Ursache des Erfolgs $z(t+\lambda) = z_{i(t+\lambda)}$ mit $\lambda \geq 1$ und $\Phi(z_{i(t+\lambda)}; z_{i(t)}; \lambda) = \Phi_1 > \Phi(z_{i(t+\lambda)}; z_{i(t-1)}; \lambda+1) = \Phi_0$.

Dann heißt Φ_0 ›Grundrisiko‹ des Erfolgs.

Ferner heißt $\delta\Phi = \Phi_1 - \Phi_0$ eine ›durchgängige Gefahrsteigerung‹, wenn $\Phi(z_{i(t+\lambda)}; z_{i(t+\mu)}; \lambda - \mu) > \Phi_0$ für alle $0 \leq \mu < \lambda$.

Diese Begriffsbestimmung kann folgendermaßen veranschaulicht werden: Definition ⟨4⟩ liegt die Anschauung einer mindestens zweigliedrigen Kausalkette zu Grunde, deren Anfangszustand durch eine Handlung eingesetzt worden ist. In Ansehung dieser Kausalkette wird die Übergangswahrscheinlichkeit des vom Täter vorgefundenen und durch

370 Vgl. dazu den Anhang VI (S. 178) mit einer Modellrechnung.

die Handlung veränderten Zustands z(t−1) zur Wirkung z(t+λ) als ›Grundrisiko‹ mit dem Formelzeichen Φ_0 bezeichnet. Dieses Grundrisiko ist die maßgebliche Größe für die Feststellung einer durchgängigen Wahrscheinlichkeitserhöhung. Vorausgesetzt ist zunächst, dass die Handlung ein über dem Grundrisiko liegendes Risiko herbeiführt. Dies bedeutet, dass die Differenz zwischen dem durch die Handlung geschaffenen Risiko und dem Grundrisiko, also $\delta\Phi = \Phi_1 - \Phi_0$ positiv ist. Gemäß der definitorischen Bedingung ist nun jedes Glied der Kausalkette z(t+μ) mit Φ_0 daraufhin zu vergleichen, ob die Übergangswahrscheinlichkeit von z(t+μ) zum Erfolg größer als Φ_0 ist. Wenn dies für alle Zwischenglieder der Fall, so liegt eine von der Handlung ausgehende ›durchgängige Gefahrsteigerung‹ vor.

Bildliches Resultat dieser sich durchgängig fortsetzenden Wahrscheinlichkeitserhöhung ist eine zur Kausalkette parallele ›Risikokette‹. Bei einer durchgängigen Gefahrsteigerung ist diese Kette lückenlos. Die von der Handlung ausgehende Störung der nomischen Sukzession teilt sich dem gemäß nicht nur kausal mit, sondern ist in jedem Glied der Kausalkette in Form der erhöhten Wahrscheinlichkeit des Erfolgseintritts wirklich. Eben dies verleiht dem Kausalverlauf das Potenzial zur Zweckhaftigkeit. Abweichend von der klassischen Risikoerhöhungslehre ist daher die Zurechnung nicht bloß auf eine die Zwischenglieder des Kausalverlaufs ›überbrückende‹ Wahrscheinlichkeitsrelation zu stützen. Denn es genügt nicht, dass der Handelnde den Erfolg zu irgend einem Zeitpunkt des Kausalverlaufs wahrscheinlicher gemacht hat, so dass auf die Betrachtung des zwischen Handlung und Erfolg liegenden Geschehens an sich verzichtet werden könnte. Insofern ersetzt das Merkmal der Gefahrsteigerung auch nicht die Kausalität.[371] Vielmehr muss grundsätzlich überprüft werden, ob die vom Handelnden angestoßene Risikoerhöhung im Kausalgeschehen wirklich ist. Dies konstituiert den probabilistischen Begriff des ›Bewirkens‹, der im Sinne einer

---

371 Anders insoweit Puppe *Erfolgszurechnung im Strafrecht* 44, die von einer »kausalitätsersetzenden« Risikoerhöhungstheorie spricht.

durchgängigen Wahrscheinlichkeitssteigerung gemäß Definition ⟨4⟩ zu verstehen ist. Dies bedeutet, dass zurechenbar der durch eine durchgängige Wahrscheinlichkeitserhöhung ›probabilistisch bewirkte‹ Erfolg ist.

2.5 Konstellationen der Gefahrsteigerung im DS-Modell

Im Hinblick auf das die Zurechnung begründende probabilistische Bewirken eines Erfolgs können dabei ausgehend von Definition ⟨4⟩ nach deskriptiven Gesichtspunkten vier Grundkonstellationen unterschieden werden (vgl. Abb. 8). Zunächst setzt Definition ⟨4⟩ allgemein voraus, dass $\Phi_1 > \Phi_0$ ist, dass also der Handelnde die Gefahr des Erfolgseintritts gesteigert hat. Dabei gibt es den Extremfall $\Phi_1 = 1$ sowie den Extremfall $\Phi_0 = 0$. Im Falle $\Phi_0 = 0$ liegt ein Grundrisiko nicht vor. Die Gefahr des Erfolgs wird also erst vom Handelnden erzeugt (Gefahrschaffung). Im sonstigen Falle steigert der Handelnde hingegen eine ursprünglich vorhandene Gefahr (Risikoerhöhung i.e.S.). Dabei ist im Falle $\Phi_1 = 1$ die durch die Gefahrschaffung oder Risikoerhöhung bewirkte Gefahrsteigerung determinierend. Im sonstigen Falle liegt eine einfache Gefahrsteigerung vor:

	$\Phi_1 = 1$	$0 < \Phi_1 < 1$
$\Phi_0 = 0$	Determinierende Gefahrschaffung (Fall I)	Einfache Gefahrschaffung (Fall II)
$0 < \Phi_0 < 1$	Determinierende Risikoerhöhung (Fall III)	Einfache Risikoerhöhung (Fall IV)

Abb. 8: Grundkonstellationen der Gefahrsteigerung.

Diese Systematisierung kann folgendermaßen erläutert werden:

Im Fall I ($\Phi_0 = 0$ und $\Phi_1 = 1$) ist der Eintritt des Erfolgs ursprünglich unmöglich, während auf Grund der Handlung der Erfolg nunmehr mit Sicherheit eintritt (determinierende Gefahrschaffung). Veranschaulichen lässt sich diese Konstellation etwa am Beispiel einer Tötung durch Zerstörung eines lebenswichtigen Körperteils[372]. Denn auf die Zerstörung eines lebenswichtigen Körperteils folgt der Tod mit Gewissheit (d.h. $\Phi_1 = 1$), während bei einem gesunden Geschädigten die Sterbewahrscheinlichkeit im zeitlichen Nahfeld praktisch gleich null (d.h. $\Phi_0 = 0$) ist.

Formal folgt im Fall I aus $\Phi_1 = 1$ gemäß dem Satz von der Durchgängigkeit der Determination[373], dass bei einer determinierenden Gefahrschaffung der Eintritt des Erfolgs während des gesamten Kausalverlaufs gewiss ist. Dies begründet wegen $\Phi_0 = 0$ unmittelbar die Durchgängigkeit der Gefahrsteigerung im Sinne von Definition ⟨4⟩.

Im Fall II ($\Phi_0 = 0$ und $0 < \Phi_1 < 1$) gilt ebenfalls, dass der Eintritt des Erfolgs ursprünglich unmöglich war. Der Handelnde schafft allerdings die Gefahr des Erfolgseintritts, die sich schließlich realisiert (einfache Gefahrschaffung). Die Konstellation lässt sich am obigen[374] Balkenfall veranschaulichen, wenn man annimmt, dass sich der Arbeiter A ursprünglich außerhalb des Gefahrbereichs aufgehalten hat (d.h. $\Phi_0 = 0$) und erst durch den Stoß des B in den Auftreffbereich des Balkens gelangt ist (d.h. $0 < \Phi_1 < 1$).

Formal folgt im Fall II aus $\Phi_1 > 0$ aus dem Satz von der Durchgängigkeit der Möglichkeit des Übergangs[375], dass bei einer schlichten Gefahrschaffung die durch den Handelnden geschaffene Möglichkeit des Erfolgseintritts allen Gliedern des Kausalverlaufs anhaftet. Auch dies begründet wegen $\Phi_0 = 0$ unmittelbar die Durchgängigkeit der Gefahrsteigerung im Sinne von Definition ⟨4⟩.

Im Fall III ($0 < \Phi_0 < 1$ und $\Phi_1 = 1$) ist hingegen der Eintritt des Erfolgs ursprünglich bereits möglich, allerdings macht der Handelnde den Erfolgseintritt gewiss (determinierende Risikoerhöhung). Die Konstella-

---

372 Das Beispiel gewissermaßen ›klassisch‹, weil die ›nobilitas partis laesae‹ bereits der gemeinrechtlichen Wissenschaft als das erste Indiz für die Tatbestandlichkeit der Verwundung galt. Vgl. dazu Kress *Carolina* Artic. CXLVII § 2 mit Verweis auf Welsch und das Beispiel der Hirnverletzung (»medulla cerebri vulnerata«).

373 Siehe dazu u. Anhang VII (S. 178ff.).

374 Vgl. o. II, 4.3 (S. 66f.).

375 Siehe dazu u. Anhang IV (S. 175ff.).

tion lässt sich am Beispiel eines vollmanipulierten Würfels veranschaulichen, bei welchem der Wurf einer ›sechs‹ ursprünglich nicht ausgeschlossen war (konkret: $\Phi_0 = 1/6$) und auf Grund der Manipulation nunmehr sicher ist (d.h. $\Phi_1 = 1$).

Formal folgt im Fall III aus dem Satz von der Durchgängigkeit der Determination[376], dass – wie im Falle der determinierenden Gefahrschaffung – der Eintritt des Erfolgs während des gesamten Kausalverlaufs gewiss ist. Dies impliziert wegen $\Phi_0 < 1$ wiederum die Durchgängigkeit der Gefahrerhöhung im Sinne von Definition ⟨4⟩.

Fall IV ($0 < \Phi_0 < 1$ und $0 < \Phi_1 < 1$) zeichnet sich schließlich dadurch aus, dass wegen $0 < \Phi_0 < 1$ der Eintritt des Erfolgs ursprünglich bereits möglich, aber ungewiss gewesen ist und wegen $0 < \Phi_1 < 1$ nach der Intervention des Handelnde wahrscheinlicher wird, aber ungewiss bleibt (einfache Risikoerhöhung). Die Konstellation veranschaulicht das Eingangsbeispiel des (teil)manipulierten Würfels, bei welchem die Wahrscheinlichkeit eines Sechserwurfs von ursprünglich $\Phi_0 = 1/6$ um einen Faktor *a* auf $\Phi_1 = a/6$ (mit $1 < a < 6$) erhöht wurde.

Formal grenzt sich Fall IV von den drei vorgenannten Konstellationen dadurch ab, dass aus der Feststellung der Gefahrsteigerung nicht allgemein folgt, dass diese Gefahrsteigerung auch durchgängig ist. Ein Beispiel für das Fehlen einer durchgängigen Risikoerhöhung gibt das obige Modell Σ_3.[377]

Für die Dogmatisierung des probabilistischen Lösungsansatzes leitet sich aus dieser Systematisierung das Folgende ab: Die Fälle I bis III sind in deskriptiver Hinsicht insofern gleichartig, als bei ihnen aus der konkreten Feststellung der Gefahrsteigerung deren Durchgängigkeit unmittelbar folgt. Wegen dieser Gemeinsamkeit und weil sich diese Konstellationen formal dadurch auszeichnen, dass wenigstens einer der beiden Werte Φ_0 und Φ_1 ganzzahlig ist, wird in den Fällen I bis III nachfolgend von einer (Semi)determination des Erfolgs gesprochen. Die semideterministischen Fallkonstellationen grenzen sich gegenüber dem indeterministischen Fall IV dadurch ab, dass bei ihnen der zwischen

---

376 Siehe dazu u. Anhang VII (S. 178ff.).

377 Vgl. o. IV, 2.4 (S. 148).

Handlung und Erfolg liegende Geschehensverlauf keine weiteren für die positive Begründung der Zurechnung relevante Informationen bereitstellt[378]. Dem gegenüber ist im indeterministischen Falle die Analyse des Kausalverlaufs in allen seinen Zwischengliedern für die Feststellung einer die Zurechnung tragenden durchgängigen Wahrscheinlichkeitserhöhung konstitutiv. – In normativer Hinsicht ist hingegen zwischen den Konstellationen I und II einerseits und III und IV andererseits eine Zäsur zu ziehen. Denn während in Fällen der Art I und II das Risiko des Erfolgs insgesamt aus der Hand des Täters stammt, findet der Handelnde in Fällen der Art III und IV ein bereits bestehendes Grundrisiko vor. Es stellt sich also hier das bekannte Problem der Dishomogenität der Teilrisiken[379].

Daraus folgt insgesamt, dass auf der Grundlage des DS-Modells vier Grundkonstellationen probabilistischen Bewirkens zu unterscheiden sind, die sich durch eine fortschreitende Komplexität auszeichnen. Während die Konstellationen der Gefahrschaffung sowohl im Hinblick auf die Durchgängigkeit der Gefahrsteigerung als auch im Hinblick auf die Homogenität des gesteigerten Risikos wenig problematisch sind, verweisen die Konstellationen der Gefahrerhöhung auf die Frage nach der Übernahme von Verantwortung für das Grundrisiko. Die Zurechnung in der Konstellation der schlichten Gefahrerhöhung macht schließlich die Auseinandersetzung mit dem prozessualen Problem des Nachweises einer durchgängigen Wahrscheinlichkeitssteigerung erforderlich.

3. Materiellrechtliche und prozessuale Perspektiven

Zum Abschluss der vorliegenden Untersuchung werden die Perspektiven für die Beantwortung der beiden bezeichneten Fragestellungen diskutiert werden. Abschnitt IV, 3 befasst sich dem entsprechend mit dem Problem der Übernahme von

---

378 Eine negative Begründungsfunktion, etwa durch den Ausschluss der Intervention eines Dritten, bleibt davon unberührt.

379 Vgl. dazu o. II, 4.1 (S. 57ff.).

Verantwortung für das Grundrisiko (3.1) und der Frage nach dem Nachweis einer durchgängigen Gefahrerhöhung (3.2). Das Ziel der Diskussion besteht darin, die praxisgerechte Ausgestaltung des probabilistischen Lösungsansatzes vorzuzeichnen.

3.1 Grundrisiko und Autonomieprinzip

Für den probabilistischen Lösungsansatz ist die Individualität der Täter-Opfer-Beziehung konstitutiv. Insbesondere dies grenzt ihn vom statistischen Lösungsansatz ab. Folgt man dieser individuellen Betrachtung, so ist die Straftat grundsätzlich als das feindliche Aufeinandertreffen zweier Interessen, bzw. allgemeiner gesprochen: Sphären zu charakterisieren. Daraus leitet sich zunächst ab, dass die zum Schaden führenden Risikobeiträge grundsätzlich exklusiv entweder der Tätersphäre oder der Opfersphäre zugeordnet werden müssen.

Wenig Probleme bereitet diese Zuordnung in den Konstellationen der Gefahrschaffung. Denn hier entstammt das gesamte Risiko originär der Tätersphäre. Anders stellt sich hingegen die Lage in den Konstellationen der Risikoerhöhung dar. Hier stößt der Täter auf ein bereits bestehendes Grundrisiko, für welches originär der Geschädigte zuständig ist. Diese originäre Zuständigkeit des Geschädigten ergibt sich vor dem Hintergrund der folgenden Überlegung: Setzt man voraus, dass die gesamte Rechtsordnung auf der Vorstellung des eigenverantwortlich handelnden Individuums aufbaut, so beansprucht im Besonderen auch im Strafrecht das Autonomieprinzip Geltung. Das Autonomieprinzip besagt allgemein, dass jeder einzelne den Zustand seines Rechtskreises eigenverantwortlich selbst bestimmt. Insbesondere für die klassischen Erfolgstatbestände wie die Tötung, die Körperverletzung oder die Sachbeschädigung gilt, dass diese Individualrechtsgüter schützen, die sich axiologisch aus individuellen Freiheitsrechten ableiten lassen[380]. Dem folgend umgrenzt das Rechtsgut eine Sphäre, in welcher der Wille des jeweiligen Inhabers unter Ausschluss aller anderen Rechtssubjekte herr-

---

380 Ausführlich Haas *Kausalität und Rechtsverletzung* 185.

schen soll. Für das Eigentum prägt § 903 BGB diesen Gedanken idealtypisch aus.[381] Für Leib und Leben ergibt sich indessen nichts anderes. Denn auch mit seinem Körper darf der einzelne grundsätzlich »nach Belieben verfahren und andere von jeder Einwirkung ausschließen«. Es existiert daher ebensowenig eine Pflicht, das eigene Eigentum[382] oder die eigene Gesundheit zu erhalten wie eine Pflicht zu leben[383]. Denn das Selbstbestimmungsrecht umfasst im Besonderen auch das Recht zur konsumtiven Nutzung eines Guts[384], welche der Kontrolle sozialer Vernünftigkeit oder Zweckmäßigkeit grundsätzlich[385] nicht unterliegt. Die Kehrseite dieser Freiheit ist, dass es dem Berechtigten obliegt, die dem Rechtsgut anhaftenden Gefahren zu tragen. Denn wer auf der einen Seite den Zustand seiner Rechtssphäre nach Belieben organisieren darf, der muss auf der anderen Seite die aus der Organisation resultierenden Gefahren hinnehmen. Daher gilt, dass – casum sentit dominus – der zufällige Schaden allein auf den Rechtsgutinhaber zurückfällt.

Im Hinblick auf die Frage nach der Zuständigkeit für das Grundrisko leitet sich aus dieser symmetrischen Relation zwischen Autonomie und Gefahrtragungspflicht ab, dass alle Risiken, welche dem Rechtsgut vor der Intervention des Handelnden bereits anhaften, im Grundsatz dem Geschädigten zuzuordnen sind. Dies mögen exemplarisch der obige Balkenfall[386] sowie der Krebspatientenfall[387] verdeutlichen: Dort resul-

381 Ebenso Haas *a.a.O.* 187.

382 Vgl. Seiler *Staudinger § 903* Rn 10.

383 Ebenso Neumann *NK Vor § 211* Rn 41ff. Spezielle Probleme ergeben sich bei Bestehen einer Sonderrechtsbeziehung. Vgl. etwa für den Strafgefangenen § 101 StVollzG. Dazu Neumann *a.a.O.* Rn 81.

384 Beim Rechtsgut Leben im Hinblick auf die zielgerichtete Selbsttötung strittig. Federführend für die Versagung des Selbstbestimmungsrechts Dürig *Maunz/Dürig/Herzog Art. 2 II* Rn 12: »[Es ist statthaft], daß der Staat dem Grundrechtsinhaber die Verfügungsgewalt *über* das Leben *abspricht*« (Hervorh. a.a.O.; Erg. J.Z.). Zur Kritik im Kontext der Sterbehilfe vgl. Neumann *a.a.O.*

385 Anders etwa beim Soldaten, vgl. § 17 WehrStGB.

386 Vgl. o. II, 4.3 (S. 66f.).

tiert aus dem Aufenthaltsbestimmungsrecht des A, dass dieser das Risiko selbst tragen muss, zur falschen Zeit am falschen Ort zu sein, wo ihm droht, vom hinabfallenden Balken erschlagen zu werden. Ebenso impliziert das Recht des Patienten zu einer beliebig gesunden oder ungesunden Lebensführung, dass er selbst für das Risiko einer nicht heilbaren Krebserkrankung einzustehen hat.

Folgt man dem Gedanken der Symmetrie zwischen Gestaltungsfreiheit und Gefahrtragungspflicht, so ist allerdings die vom Täter ausgehende Gefahrsteigerung als eine die Selbstbestimmung des Berechtigten störende Invasion in eine fremde Autonomiesphäre zu begreifen. Diese Störung impliziert einerseits eine Lockerung der originären Zuständigkeit des Geschädigten für das Grundrisiko, andererseits begründet sie dessen Anbindung an den Handelnden. Denn in dem Maße, in welchem der Handelnde das Risiko eines Schadens steigert, wird der Freiraum für die autonome Gestaltung des Rechtskreises beschränkt. Daraus folgt eine proportionale Minderung an Gefahrtragungspflicht auf Seiten des Geschädigten. Auf der anderen Seite ursurpiert der Handelnde in dem Maße, wie er das Risiko erhöht, die Herrschaft über das betroffene Gut[388]. Dieses se ut dominum gerere impliziert ein Mehr an Gefahrtragungspflicht.

Dem folgend ist es unproblematisch, im Falle der determinierenden Risikoerhöhung den vollständigen Übergang des Grundrisikos auf den Handelnden zu begründen. Denn im Falle der Determination wird der Zustand der betroffenen Rechtssphäre unmittelbar festgelegt[389]. Die Invasion des Täters in den Autonomiebereich des Geschädigten ist in diesem Falle so massiv, dass der Geschädigte als ursprünglich Berechtigter völlig verdrängt wird. Von seiner Herrschaftsmacht bleibt nichts übrig. Folglich ist er von der Gefahrtragungspflicht vollständig entbunden. Kehrseitig übernimmt der Handelnde die Herrschaftsgewalt durch

---

387 Vgl. o. II, 4.2 (S. 62f.).

388 Ähnlich Haas *Kausalität und Rechtsverletzung* 187.

389 Vgl. Haas *a.a.O.* 186.

Anmaßung der Zerstörungskompetenz vollständig. Der den ›dominus‹ ersetzende ›despotēs‹ ist daher vollständig gefahrtragungspflichtig.

Probleme bereitet hingegen die Zuordnung des Grundrisikos in Konstellation der schlichten Risikoerhöhung. Denn in diesem Falle kommt es zu einer nur partiellen Invasion des Handelnden in die Sphäre des Rechtsgutinhabers. Während im Zivilrecht die partielle Ursurpation durch einen nur teilweisen Schadensersatz (im Besonderen gemäß § 254 BGB) berücksichtigt werden kann, fehlt es im Strafrecht hingegen an einem entsprechenden dynamischen Ausgleichsprinzip. Denn die Tatbestandlichkeit kann nur als vollständig gegeben oder nicht gegeben festgestellt werden. Auch fehlt es für eine zur zivilrechtlichen Anspruchsminderung analogen ›Verrechnung‹ der nur teilweisen Ursurpation der fremden Rechtssphäre im Bereich der Strafzumessung an der Gleichartigkeit von Strafe und Schadensersatz.

Aus dieser relativen Statik der strafrechtlichen Reaktion folgt daher zunächst, dass nicht in allen Konstellationen, in denen ein zivilrechtlicher Schadensersatzanspruch besteht, die Straftatbestandlichkeit des risikoerhöhenden Verhaltens begründet ist. Diese Diskongruenz kann allerdings hingenommen werden, wenn man das Strafrecht als ein nur limitiert akzessorisches Schutzrecht versteht[390]. Andererseits impliziert die relative Statik des Strafrechts jedoch nicht, dass im Falle der schlichten Risikoerhöhung ein Übergang der Zuständigkeit für das Grundrisiko überhaupt nicht zustande kommen könnte. Vielmehr ist vorstellbar, dass das quantitative Minus der Ursurpation durch ein qualitatives Plus kompensiert wird. Eine solche qualitative Kompensation kommt insbesondere deshalb in Betracht, weil die Anbindung des Handelnden an das Grundrisiko durch Determination nur mittelbar begründet. Komplementär ist daher auch eine unmittelbare Anbindung an das Grundrisiko vorstellbar.

---

390 Prägnant: Günther *SK Vor § 32* Rn 60. Vgl. ferner Renzikowski *Täterbegriff* 55; Freund *Erfolgsdelikt* 114.

Ein solches unmittelbares Herantreten kann einerseits faktisch erfolgen, wenn etwa der Handelnde das Grundrisiko instrumentalisiert. Denn im Falle der Instrumentalisierung greift der Gestaltungswille des Handelnden über seinen Gefahrbeitrag hinaus und umfasst auch das Grundrisiko. Der Handelnde macht sich insofern das Grundrisiko zueigen. Dies ist beim Vorsatztäter, wie oben am Beispiel der betrügerischen Würfelmanipulation diskutiert[391], regelmäßig der Fall. In der Generalisierung bedeutet dies: Der Vorsatztäter, welcher das Grundrisiko zur Erlangung seines deliktischen Ziels vereinnahmt, übernimmt die Verantwortlichkeit für das Grundrisiko, auch wenn er nur einen schlicht gefahrerhöhenden Beitrag leistet.

Auf der anderen Seite besteht die Möglichkeit, dass der Handelnde aus Rechtsgründen an das Grundrisiko gebunden ist. Dies ist insbesondere dann der Fall, wenn der Handelnde zum Geschädigten in einer Rechtsbeziehung steht, vermöge derer er unmittelbar zur Minderung oder zumindest Limitierung des Grundrisikos verpflichtet ist. Anschaulich kann von einer Grundrisiko-›Garantenstellung‹ gesprochen werden. In diesem Falle begründet – abgesehen von etwaigen Minima-Fällen – die vom Garanten ausgehende Gefahrsteigerung das Umschlagen der Zuständigkeit für das Grundrisiko. Illustrativ hierfür ist wiederum der Krebspatientenfall[392]: Dem Patienten mangelt es an Wissen und Können, den Zustand seiner Rechtssphäre seinem Willen entsprechend zu organisieren. Dieser Mangel begründet ein spezifisches Autonomiedefizit. Gerade zum Zwecke der Kompensation dieses Defizits schließt der Patient mit dem Arzt einen Behandlungsvertrag ab. Durch diesen Vertrag wird der Therapeut – im Wortsinne – als Willensdiener des Berechtigten auf die Risikobegrenzung verpflichtet. Dies unterscheidet den Arzt exemplarisch von dem zufällig Beistehenden im Balkenfall[393]. Generalisiert man diesen Gedanken, so ergibt sich allgemein: Wer aus Rechts-

---

391 Vgl. o. II, 4.3 (S. 65).

392 Vgl. o. II, 4.2 (S. 62f.).

393 Vgl. o. II, 4.3 (S. 66f.).

gründen positiv an die Limitierung des Grundrisikos gebunden ist, der muss im Falle der Risikoerhöhung die Verantwortlichkeit für das Grundrisiko übernehmen. Konkret gesprochen bedeutet dies: Während der Arzt das Grundrisiko zur Last fällt, wenn er die Gesundheitsgefahr durch einen Behandlungsfehler steigert, gilt dies für den (fahrlässig handelnden) Beistehenden im Balkenfall nicht.

3.2 Probabilistische Zurechnung und Falsifikationsprinzip

Zieht man schließlich die beweisrechtliche Seite der probabilistischen Zurechnung auf der Grundlage des DS-Modells in Betracht, so ist zunächst davon auszugehen, dass die Zurechnung das probabilistische Bewirken eines Erfolgs voraussetzt. Das probabilistische Bewirken meint dabei gemäß den Definitionen ⟨1⟩ bis ⟨4⟩ das Initiieren einer bis zum Erfolg durchgängig gefahrsteigernden Kausalkette. Dem folgend setzt die Darstellung eines probabilistischen Zurechnungszusammenhangs in deskriptiver Hinsicht zweierlei voraus: Es muss das zu Grunde liegende Sukzessionsmodell Σ sowie eine konkrete Zustandsfolge σ angegeben werden, aus deren Subsumtion unter Σ sich eine durchgängige Wahrscheinlichkeitserhöhung ableiten lässt.

In theoretischer Hinsicht kann dabei stets ein Idealmodell vorgestellt werden, welches den betrachteten Vorgang so präzise darstellt, dass sämtliche Zustände aus dem Zustandsraum und sämtliche elementaren Übergangswahrscheinlichkeiten der Beschreibung zu Grunde liegen. Dabei gewährleistet Prämisse ⟨1⟩, dass der durch das DS-Modell entfaltete Vorstellungsraum unerschöpflich ist.

Das DS-Modell hat jedoch nicht nur einen theoretischen Charakter im Sinne eines idealen Vorstellungsraums, sondern ist zugleich Modell im Sinne einer praktischen Anschauungsform. Daher ist die ideale Beschreibung des betrachteten Geschehens keineswegs allgemein erforderlich. Vielmehr muss die Wirklichkeit nur so detailliert abgebildet werden, wie es dem praktischen Bedürfnis entspricht. Für den Grad der Diskretisierung gilt dabei allgemein, dass bei einem semideterministischen Ablauf wegen der aufgezeigten Interesselosigkeit der Zwischenzustände[394] ein gröberer Maßstab angelegt werden kann als bei einem indeterministischen Ablauf. Dies heißt konkret: Dort, wo der Geschehensverlauf besonders unübersichtlich ist und wo nur kleine Wahrscheinlichkeitsdifferenzen bestehen, muss die Darstellung des Zurechnungszusammenhangs besonders genau erfolgen. Implizit gewährleistet das DS-Modell daher ein hohes Maß an Transparenz der richterlichen Tatsachenfeststellung.

Darüber hinausgehend weist das DS-Modell den Vorzug auf, dass die Behauptung eines probabilistischen Zurechnungszusammenhangs in einem strengen Sinne falsifiziert werden kann. Die Falisifikation erfolgt insbesondere durch die Feststellung eines gewissen Zwischenzustands, aus dessen Realsein zu einem gewissen Zeitpunkt die Durchbrechung der Kausalkette im Sinne von Definition ⟨3⟩ oder das Abebben der Wahrscheinlichkeitserhöhung im Sinne von Definition ⟨4⟩ folgt. Diese Falisifizierbarkeit tritt der Grundtatsache entgegen, dass auf Grund des approximativen Charakters einer jeden Modellbildung die forensische Behauptung eines probabilistischen Wirkzusammenhangs niemals unbezweifelbar ist. Daher gilt: Zwar ist die Feststellung des probabilistischen Bewirkens niemals in einem positiven Sinne zwingend, wohl aber kann sich die zwingende Notwendigkeit für die Verwerfung der Annahme eines Zurechnungszusammenhangs ergeben.

Unter praktischen Gesichtspunkten resultiert daraus zunächst, dass forensisch kein objektiv unbezweifelbarer Nachweis des probabilistischen Zurechnungszusammenhangs zu erwarten ist. Gefordert werden kann allerdings, dass das Gericht das zu Grunde liegende Sukzessionsmodell zumindest qualitativ explizit macht. Dabei ist auf Grund des methodischen Skeptizismus der empirischen Wissenschaften[395] in Betracht zu ziehen, dass dieses Modell fachwissenschaftlichen Einwänden unterliegt. Unter praktischen Gesichtspunkten wird daher – wie es bei

394 Vgl. o. IV, 2.5 (S. 154f.).

395 Vgl. o. III, 1.2 (S. 83).

Tatsachenfeststellungen sonst auch der Fall ist[396] – genügen, dass sich das Gericht mit ggf. bestehenden fachwissenschaftlichen Bedenken auseinandersetzt und zu einem fachwissenschaftlich *vertretbaren* Votum gelangt. Im Weiteren ist es Aufgabe des Gerichts, den konkreten Geschehensverlauf so weit rekonstruieren, dass die Überzeugung einer durchgängigen Wahrscheinlichkeitserhöhung auf der Grundlage des angegebenen Sukzessionsmodells nachvollzogen werden kann. Gemäß der obigen Faustformel gilt, dass die Tatsachenaufklärung um so dichter erfolgen muss, je kleiner die Wahrscheinlichkeitsdifferenzen sind.

Im Ergebnis ergibt sich damit ein im Hinblick auf die Verifikation und Falsifikation des Zurechnungsurteils asymmetrisch gestaltetes Konzept einer probabilistischen Lösung. Dessen Akzeptanz hängt letztlich maßgeblich davon ab, ob man dem Ideal eines forensischen Verifikationismus anhängt oder nicht. Diese Frage ist vor dem Hintergrund der folgenden Überlegung zu Gunsten des hier favorisierten falsifikationistischen Ansatzes zu entscheiden: Wenn es allgemein keine umfassend verifizierbare objektive empirische Erkenntnis gibt, so kann eine solche auch nicht im Strafverfahren erzielt werden. Positive Grundlage des Urteils ist nach dem daher durchaus treffenden Wortlaut des § 261 StPO nicht die ›mathematische Gewissheit‹[397], sondern die persönliche »Überzeugung« der Urteilspersonen. Es geht also nicht um einen objektiv zweifelsfreien Erkenntnisakt. Vielmehr muss das Gericht die notwendigerweise bestehende Kluft zwischen dem Wahrheitsanspruch seiner tatsächlichen Feststellungen und ihrer Verifizierbarkeit durch die letztlich bloß subjektiv begründete persönliche Gewissheit überbrücken. Dies macht insbesondere erklärlich, weshalb die Entscheidungen von Kollegialspruchkörpern nach dem Mehrheitsprinzip gefällt werden

---

396 Ähnlich Puppe *NK Vor § 13* Rn 86b mit Verweis auf das Beispiel der Schuldfähigkeit: »In diesem Bereich wird längst akzeptiert, daß letztendlich der Richter nach Anhörung der streitenden Schulen für den gegeben Fall *verbindlich entscheidet, welche Theorie ›richtig‹* ist. Mit gleichem Recht kann und soll dies bei der forensischen Anwendung naturwissenschaftlicher Theorien geschehen« (Hervorh. a.a.O.).

397 Vgl. etwa Meyer-Goßner *Kleinknecht § 261* Rn 2.

können (§§ 196 GVG, 263 StPO). Denn wenn es darauf ankäme, dass die Entscheidung objektiv zweifelsfrei und daher ›zwingend‹ ist, dann wäre das abweichende Votum der Minderheit nur als ein bloßer ›Irrtum‹ zu verstehen, dem abzuhelfen Mehrheitsregeln allenfalls pragmatisch zu rechtfertigen sind (die ›verstockt irrende‹ Minderheit muss sich der die Wahrheit erkennenden Mehrheit beugen[398]). Tatsächlich geht es aber nicht um ein Abirren der Minderheit, sondern um einen partiellen Dissenz, welcher zugleich ein mehrheitlicher Konsens ist.

Wo es indessen an einem objektiven Erkenntnisakt fehlt, der an harten Maßstäben auf seine ›Richtigkeit‹ hin überprüft werden kann, da müssen – bereits um der Fairness des Verfahrens willlen – kehrseitig wenigstens konkrete Kriterien für die Falsifikation der richterlichen Tatsachenbehauptung zur Verfügung stehen. Denn Falisifizierbarkeit bedeutet prozessual Angreifbarkeit. Gegen eine falsifizierbare Tatsachenfeststellung kann sich der Beschuldigte konkret zur Wehr setzen. Eben hieran mangelt es insbesondere dem von der Rspr. favorisierten statistischen Lösungsansatz. Denn die Quivis-quomodocumque-Kausalität entzieht sich auf Grund ihrer ›weichen‹ Falsifikationsbedingungen dem Beschuldigten völlig: Gegen die anonyme Masse der Geschädigten ist der Einzelfallnachweis nicht führen, und zur Erschütterung einer statistische Korrelationshypothese dringt das forensische Beweisinstrumentarium nicht durch, welches auf den Einzelfallnachweis gemünzt ist[399]. Dem gegenüber ist dem Beschuldigten durch das DS-Modell eine konkrete Verteidigungschance eröffnet. Exemplarisch rekonstruiert sich diese am Beispiel des Contergan-Verfahrens wie folgt: Dass es sich nicht um einen Fall semideterministischen probabilistischen Bewirkens handelt, ergibt sich relativ unproblematisch daraus, dass einerseits das

398 Im Übrigen wäre es zum Zwecke der Vermeidung eines ›Irrtums‹ eher plausibel, dass der erfahrenste Richter zuerst stimmt, und nicht, wie es § 197 GVG vorsieht, zuletzt.

399 Wie hier Puppe *NK Vor § 13* Rn 86a: »Forensische Beweismittel [...] taugen nur dazu, singuläre Tatsachen, also Ereignisse oder Zustände zu beweisen.«

Dysmelie-Syndrom bereits vor dem Vertrieb des thalidomidhaltigen Präparats aufgetreten ist (so dass $\Phi_0 > 0$ ist) und andererseits nicht alle Mütter, welche das Medikament eingenommen hatten, fehlgebildete Kinder zur Welt brachten (so dass $\Phi_1 < 1$ ist)[400]. Dies bedeutet, dass es eines Sukzessionsmodells mit einem höheren Grad der Diskretisierung bedurft hätte. Ein solches war aber trotz der vom Gericht sachlich zutreffenden und den Quivis-quomodocumque-Nachweis auch tragenden statistische Korrelation zeitgenössisch nicht verfügbar. Im damaligen Verfahren hätte also nach dem Lösungsgedanken des hier zu Grunde gelegten Modells die Zurechnung verneint werden müssen.

Ein Beispiel für das Gelingen des Nachweises probabilistischen Bewirkens gibt dem gegenüber das eingangs bezeichnete Würfelbeispiel. Weil sowohl der Wurf einer ›sechs‹ sowohl ursprünglich möglich war, als auch nach der Manipulation nicht gewiss ist, handelt es sich auch hier nicht um einen semideterministischen Ablauf. Im Hinblick auf das daher erforderliche Sukzessionsmodell ergibt sich dabei: Wenn die Art und Weise der Manipulation (etwa durch Einlegen eines Gewichts) festgestellt ist, so ist – abgesehen von der konkreten Ausgestaltung der Übergangswahrscheinlichkeiten – gewiss, dass die abweichende Beschaffenheit des Würfels die Bewegung bis zur Ruhelage permanent störend beeinflusst. Dies führt zu einer durchgängigen Wahrscheinlichkeitserhöhung. Weil überdies der betrügerisch Handelnde das Grundrisiko vom Geschädigten übernimmt, ist ihm schließlich der Wurf einer ›sechs‹ zurechenbar.

400 Vgl. dazu ausführlich Hilgendorf *Strafrechtliche Produzentenhaftung* 115f. und Schulz *Kausalität und strafrechtliche Produkthaftung* 67.

»Ein ›Es-gibt-nicht-Satz‹ ist falsifizierbar.«
KARL R. KOPPER

V. Zusammenfassung

In der vorliegenden Untersuchung wurde eine Antwort auf die Frage nach einer einheitlichen deskriptiven Grundlage für die Beschreibung deterministischer und indeterministischer Geschehensverläufe zum Zwecke der Zurechnung probabilistisch bewirkter Erfolge im Strafrecht gegeben. Die Antwort stützt sich auf die Synthese des DS-Modells Stegmüllers und Engischs Formel der gesetzmäßigen Bedingung. Aus der Verbindung beider Theorien resultiert zunächst ein durch die Grundannahmen des DS-Modells entfalteter Vorstellungsraum, innerhalb dessen ein deterministischer oder indeterministischer Geschehensverlauf als eine sukzessionsgsetzliche Zustandsfolge interpretierbar ist, auf welche der Handelnde störend einwirkt. Vor dem Hintergrund dieser Vorstellung können die zentralen Grundbegriffe der Zurechnung so definiert werden, dass sie auch auf indeterministische Zusammenhänge anwendbar sind. Dabei hat sich insbesondere gezeigt, dass das hier entwickelte Modell die weitgehend unproblematischen Konstellationen der Gefahrschaffung und der determinierenden Risikoerhöhung als Grenzfälle enthält. Dies bedeutet, dass das bestehende begriffliche Instrumentarium in einer Weise erweitert werden konnte, die seine unmittelbare Anwendung auf die bisher problematische Konstellation ›einfacher Risikoerhöhung‹ erlaubt. Beispielhaft hierfür ist das Eingangsbeispiel des teilmanipulierten Würfels.

Ausgehend hiervon besteht allerdings kein Zweifel daran, dass die Ausbildung eines probabilistischen Begriffsraums allein noch keine materielle Problemlösung bereitstellt. Wohl aber ist sie Voraussetzung für eine theoretisch befriedigende Problembehandlung. Denn nur dort, wo über das Bezeichnete Klarheit besteht, kann dieses auch inhaltlichen Differenzierungen Ausdruck verleihen. Entsprechend verstehen sich die vorliegend entwickelten, in hohem Maße abstrahierten und formalisierten Grundbegriffe als ein Beitrag, die materielle Diskussion über die probabilistische Zurechnung zu ermöglichen. Durch die Differenzierung der vier Grundkonstellationen probabilistischen Bewirkens ergibt sich dabei eine systematische Ordnung für die Erörterung der Probleme probabilistischer Zurechnung. Vorausblickend ist in diesem Zusammenhang darauf hinzuweisen, dass auf der Grundlage des hiesigen Modells im Weiteren ein praktisches Interesse an der Behandlung der Frage nach der Verantwortlichkeit bei einer Mehrheit von Tatbeteiligten besteht, für deren Haftung insbesondere Derogationsregeln zu formulieren sind.

Abgesehen von den theoretischen Fragen ist schließlich in Betracht zu ziehen, dass auf Grund der scharf umgrenzten Begriffsbildung, wie sie in der vorliegenden Untersuchung vorgeschlagen wird, bereits ein substanzieller Effekt eo ipso eintritt. Denn wenn festliegt, was genau durch einen materiellrechtlichen Begriff des probabilistischen Bewirkens bezeichnet ist – nämlich eine vom Handelnden initiierte bis zum Erfolg reichende durchgängige Wahrscheinlichkeitserhöhung –, so resultiert daraus eine klare Anweisung und ein klares Selektionskriterium für die forensisch zu beschaffenden Informationen. Das Beweisrecht wird dadurch auf seine originäre ›dienende Rolle‹ gegenüber dem materiellen Recht zurückgeführt. Dies beugt nicht nur einer ›Prozessualisierung‹ des materiellen Rechts vor, die wegen der Gefahr des Abgleitens in kriminalpolitisch motivierte und bestenfalls kasuistisch beherrschbare Zurechnungsmuster unerwünscht ist, sondern stärkt zugleich die Stellung des Beschuldigten, der nicht mehr auf den Schutz von Beweisregeln vertrauen muss, sondern sich selbst mit konkreten Beweisanträgen zur Wehr setzen kann.

Anhang

I. Zur statistischen Lösung des Würfelbeispiels[401]

Die Wahrscheinlichkeit dafür, dass beim Würfelspiel unter Verwendung eines regulären Würfels wenigstens ein Sechserwurf weniger erzielt worden wäre als bei Verwendung des manipulierten Würfels tatsächlich erzielt worden ist, beträgt allgemein

$$P(N;x) = \sum_{i=0}^{x-1} \binom{N}{i} \cdot \left(\frac{1}{6}\right)^{i} \cdot \left(\frac{5}{6}\right)^{N-i},$$

wobei N die Gesamtzahl der Würfelwürfe und x die Anzahl der mit dem manipulierten Würfel erzielten Sechserwürfe bezeichnet.

Exemplarisch ergibt sich somit für $N = 12$ und $x = 6$, d.h. bei sechs ›Sechserwürfen‹ unter insgesamt zwölf Würfen eine Wahrscheinlichkeit von

$$P(12;6) = \sum_{i=0}^{5} \binom{12}{i} \cdot \left(\frac{1}{6}\right)^{i} \cdot \left(\frac{5}{6}\right)^{12-i} = 0{,}9920\ldots > 0{,}99.$$

Dies begründet sich wie folgt:

a) Allgemein beträgt die Wahrscheinlichkeit $p(N;j)$ dafür, dass sich *genau* j Elemente mit einer Elementarwahrscheinlichkeit q zufällig in einer Stichprobe von N Elementen befinden[402], gleich

$$\langle 1 \rangle \quad p(N;j) = \binom{N}{j} \cdot q^{j} \cdot (1-q)^{N-j}.$$

401 Zu II, 1 (S. 22 mit Fn. 10).

402 Zu Formel ⟨1⟩ vgl. Bortz/Lienert *Kurzgefaßte Statistik* 53.

b) Aus ⟨1⟩ folgt, dass die Wahrscheinlichkeit $P(N;k)$ dafür, dass sich *höchstens* $k = j-1$ Elemente mit einer Elementarwahrscheinlichkeit q zufällig in einer Stichprobe von N Elementen befinden, gleich

$$\langle 2\rangle \quad P(N;k) = p(N;0) + p(N;1) + \ldots + p(N;j-1)$$
$$= \sum_{i=0}^{j-1} p(N;i) = \sum_{i=0}^{j-1} \binom{N}{i} \cdot q^i \cdot (1-q)^{N-i}.$$

beträgt.[403]

c) Da sich bei einem regulären Würfel eine Elementarwahrscheinlichkeit für den Wurf einer ›sechs‹ von $q = 1/6$ ergibt, folgt aus ⟨2⟩, wie eingangs bezeichnet:

$$\langle 3\rangle \quad P(N;x) = \sum_{i=0}^{x-1} \binom{N}{i} \cdot \left(\frac{1}{6}\right)^i \cdot \left(\frac{5}{6}\right)^{N-i}.$$

II. Zur deterministischen Lösung des Würfelbeispiels[403]

Die Wahrscheinlichkeit dafür, dass der redliche Spieler beim Würfelspiel unter Verwendung eines manipulierten Würfels gewinnt, beträgt allgemein

$$G(a) = \frac{1}{2} - \frac{a-1}{10},$$

wobei a den Faktor bezeichnet, um welchen die Wahrscheinlichkeit eines Sechserwurfs proportional zu Lasten der übrigen Augenzahlen erhöht worden ist.

Exemplarisch ergibt sich somit für $a = 2$, d.h. bei Verdoppelung der Wahrscheinlichkeit eines Sechserwurfs, eine Gewinnwahrscheinlichkeit des redlichen Spielers von

$$G(2) = \frac{1}{2} - \frac{2-1}{10} = \frac{1}{2} - \frac{1}{10} = 0{,}40.$$

403 Zu II, 2.1 (S. 25).

Dies begründet sich wie folgt:

a) Allgemein ist bei einem regulären Würfel ist die Wahrscheinlichkeit für den Wurf einer jeden Augenzahl gleich hoch, nämlich

⟨1⟩ $q_0 = 1/6$.

Wird ein regulärer Würfel derart manipuliert, dass sich die Wahrscheinlichkeit für einen Sechserwurf um einen Faktor a zu Lasten der übrigen Augenzahlen erhöht, so beträgt die Wahrscheinlichkeit für einen Sechserwurf gleich

⟨2⟩ $q_a = a \cdot \frac{1}{6} = \frac{a}{6}$ mit $1 \leq a \leq 6$.

Dabei bedeutet der Grenzwert $a = 6$, dass der Wurf einer ›sechs‹ gewiss ist (›determinierende Manipulation‹ mit $q_6 = 1$), und der Grenzwert $a = 1$, dass der Wurf einer ›sechs‹ normal wahrscheinlich ist (›Nichtmanipulation‹ mit $q_1 = q_0 = 1/6$).

Für die Augenzahlen ›eins‹ bis ›fünf‹ beträgt die Wurfwahrscheinlichkeit unter der Bedingung, dass sich die Manipulation gleichmäßig auswirkt, hingegen gleich

⟨3⟩ $p_a = \frac{1 - q_a}{5} = \frac{1 - \frac{a}{6}}{5} = \frac{6 - a}{30}$.

Interpretiert man Gleichung ⟨3⟩ anschaulich, so ›verteilt‹ sich die Restwahrscheinlichkeit $1 - q_a$ gleichmäßig auf die fünf verbleibenden Augenzahlen. Durch Einsetzen der Grenzwerte für a ergibt sich im Falle der determinierenden Manipulation $a = 6$ ein Wert $p_6 = 0$, was bedeutet, dass der Wurf einer anderen Augenzahl als der ›sechs‹ unmöglich ist, und im Falle der Nichtmanipulation $a = 1$ ein Wert $p_1 = q_0 = 1/6$, also die Wahrscheinlichkeit eines regulären Würfels.

b) Das Spiel wird dadurch entschieden, dass einer der beiden Spieler innerhalb einer Wurfrunde eine höhere Augenzahl als der Mitspieler erzielt (Siegwurf). Der redliche Spieler A erzielt einen solchen Siegwurf, wenn innerhalb derselben Runde

- A eine ›zwei‹ würfelt und der unredliche Mitspieler B eine ›eins‹ (kurz: 2/1)
- *oder* A eine ›drei‹ würfelt und B eine ›eins‹ (3/1) oder ›zwei‹ (3/2)
- *oder* A eine ›vier‹ würfelt und B eine ›eins‹ (4/1), ›zwei‹ (4/2) oder ›drei‹ (4/3) usw.

Insgesamt ergeben sich daher fünfzehn Kombinationen (2/1 – 3/1, 3/2 – 4/1, 4/2, 4/3 – 5/1, 5/2, 5/3, 5/4 – 6/1, 6/2, 6/3, 6/4, 6/5) für einen Siegwurf des A. Die Wahrscheinlichkeit $g(a)$ hierfür beträgt gemäß ⟨1⟩ und ⟨3⟩:

$$\langle 4\rangle \quad g(a) = \frac{1}{6} \cdot \frac{6-a}{30} \cdot 15 = \frac{6-a}{12}$$

Hingegen beträgt die Wahrscheinlichkeit γ für ein ›Patt‹ (Gleichheit der Wurfergebnisse) innerhalb einer Wurfrunde wegen der sechs möglichen Kombinationen (1/1 – 2/2 – 3/3 – 4/4 – 5/5 – 6/6) gleich

$$\langle 5\rangle \quad \gamma = \frac{1}{6} \cdot \frac{6-a}{30} \cdot 5 + \frac{1}{6} \cdot \frac{a}{6} = \frac{1}{6} \cdot \frac{6-a}{6} + \frac{a}{36} = \frac{6-a}{36} + \frac{a}{36} = \frac{6}{36} = \frac{1}{6}$$

c) Aus $g(a)$ und γ ermittelt sich die Gesamtgewinnwahrscheinlichkeit $G(a)$ wie folgt: A gewinnt, wenn entweder

- A in der ersten Runde einen Siegwurf erzielt
- oder A nach einem Patt in der ersten Runde in der zweiten Runde einen Siegwurf erzielt
- oder A nach einem Patt in den ersten beiden Runden in der dritten Runde einen Siegwurf erzielt usw.

Daraus ergibt sich[404]:

$$\langle 6\rangle \quad G(a) = \lim_{n\to\infty} \langle g(a) + \gamma \cdot g(a) + \gamma^2 \cdot g(a) + \ldots + \gamma^n \cdot g(a)\rangle$$

$$= g(a) \cdot \lim_{n\to\infty} \langle 1 + \gamma + \gamma^2 + \ldots + \gamma^n \rangle$$

$$= g(a) \cdot \frac{1}{1-\gamma}$$

404 Zur Auflösung des Grenzwerts in Gleichung ⟨6⟩ vgl. Sieber/Huber *Mathematische Formeln* 7.

Durch Einsetzen der Werte für $g(a)$ und γ aus ⟨4⟩ und ⟨5⟩ in ⟨6⟩ resultiert, wie eingangs bezeichnet:

$$\langle 7\rangle \quad G(a) = \frac{6-a}{12}\cdot\frac{1}{1-\frac{1}{6}} = \frac{6-a}{12}\cdot\frac{6}{5} = \frac{6-a}{10} = \frac{1}{2}+\frac{1-a}{10} = \frac{1}{2}-\frac{a-1}{10}.$$

Für die Nichtmanipulation ($a = 1$) folgt daraus $G(1) = ½$. Der redliche Spieler hat in diesem Falle eine ›faire‹ Gewinnchance. Für die determinierende Manipulation ($a = 6$) ergibt sich hingegen $G(6) = 0$. In diesem Falle hat der redliche Spieler keine Gewinnchance (denn er kann mit dem sicheren Sechserwurf seines Gegner bestenfalls gleichziehen, durch ein ›Patt‹ aber niemals gewinnen).

III. Ableitung der Übergangswahrscheinlichkeit[405]

Die Ableitung der Übergangswahrscheinlichkeit erfolgt durch das Multiplizieren der Übergangsmatrix mit sich selbst. Das Produkt zweier Matrizen entsteht dadurch, dass die Einträge der *i*-ten Zeile der ersten Matrix mit den Einträgen der *k*-ten Spalte der zweiten Matrix paarweise multipliziert und die jeweiligen Produkte addiert werden (Skalarprodukt).[406]

Im nachfolgenden Beispiel ergibt sich ausgehend von Übergangsmatrix Γ_1 somit exemplarisch für die dritte Zeile der ersten Matrix und erste Spalte der zweiten Matrix $0 \cdot 0 + 1 \cdot 1 + 0 \cdot 0 + 0 \cdot 0 = 1$. Insgesamt resultiert:

$$\Gamma_1 \cdot \Gamma_1 = \begin{bmatrix} 0 & 0 & 0 & 1 \\ 1 & 0 & 0 & 0 \\ 0 & 1 & 0 & 0 \\ 0 & 0 & 1 & 0 \end{bmatrix} \cdot \begin{bmatrix} 0 & 0 & 0 & 1 \\ 1 & 0 & 0 & 0 \\ 0 & 1 & 0 & 0 \\ 0 & 0 & 1 & 0 \end{bmatrix}$$

$$= (\Gamma_1)^2 = \begin{bmatrix} 0 & 0 & 1 & 0 \\ 0 & 0 & 0 & 1 \\ 1 & 0 & 0 & 0 \\ 0 & 1 & 0 & 0 \end{bmatrix}$$

Die Übergangsmatrix $(\Gamma_1)^2$ stellt die Wahrscheinlichkeiten für den Übergang des Pendels in einen *zwei* Zeiteinheiten entfernten Zustand dar. Exemplarisch ergibt sich aus $(\Gamma_1)^2$: Wenn sich das Pendel momentan in Punkt A befindet, also $z(t) = z_0$ ist, dann wird es in zwei Zeiteinheiten mit Gewissheit an Punkt C sein, also $z(t+2) = z_2$, weil $\Phi(z_2; z_0; 2) = 1$ ist.

405 Zu IV, 1.2 (S. 129 und S. 131).

406 Vgl. Sieber/Huber *Mathematische Formeln* 44f.

IV. Satz von der Durchgängigkeit der Möglichkeit des Übergangs

Gilt für eine Kausalkette, dass

$$\varphi_{i(t+\mu+1);i(t+\mu)} > 0 \text{ für alle } 0 \leq \mu < \lambda$$

ist, so ist auch

$$\Phi(z_{i(t+\lambda)};\, z_{i(t+\mu)};\, \lambda-\mu) > 0 \text{ für alle } 0 \leq \mu < \lambda.$$

Anschaulich gesprochen bedeutet dies, dass bei einer Kausalkette die Möglichkeit des Eintritts des Zielzustands jedem Glied der Kausalkette anhaftet. Dem Sprachgebrauch aus Definition ⟨4⟩ folgend ist daher die Möglichkeit des Erfolgs als ›durchgängig‹ zu bezeichnen.

Dies begründet sich wie folgt: Vorausgesetzt werden können ⟨I⟩, ⟨II⟩ und ⟨III⟩.

⟨I⟩
$$\begin{aligned}\Phi(z_{i(t+\lambda)};\, z_{i(t+\mu)};\, \lambda-\mu) &= \Phi(z_{i(t+\lambda-1)};\, z_{i(t+\mu)};\, \lambda-\mu-1) \cdot \varphi_{i(t+\lambda);i(t+\lambda-1)}\\ &\quad + \Phi(z_{i(t+\lambda-1)};\, \neg z_{i(t+\mu)};\, \lambda-\mu-1) \cdot \varphi_{i(t+\lambda);\neg i(t+\lambda-1)}.\end{aligned}$$

Gleichung ⟨I⟩ sagt aus, dass der Weg von einem Zustand $z(t+\mu)$ zum Zielzustand $z(t+\lambda)$ entweder über den Zwischenzustand $z_{i(t+\lambda-1)}$ führt (erster Summand) oder über einen von $z_{i(t+\lambda-1)}$ verschiedenen Zwischenzustand $\neg z_{i(t+\lambda-1)}$ (zweiter Summand).

⟨II⟩ $\Phi(z_{i(t+\lambda-1)};\, \neg z_{i(t+\mu)};\, \lambda-\mu-1) = 1 - \Phi(z_{i(t+\lambda-1)};\, z_{i(t+\mu)};\, \lambda-\mu-1)$

Gleichung ⟨II⟩ folgt aus dem allgemeinem Satz der Stochastik[407], dass $P(\neg A) = 1 - P(A)$ ist.

⟨III⟩ $\varphi_{i(t+\lambda);\, i(t+\lambda-1)} > 0$ und $\varphi_{i(t+\lambda);\, \neg i(t+\lambda-1)} > 0$.

Die beiden Ungleichungen folgen aus der Prämisse $\varphi_{i(t+\mu+1);i(t+\mu)} > 0$ für alle $0 \leq \mu < \lambda$.

407 Vgl. Sieber/Huber *Mathematische Formeln* 28.

Gemäß ⟨II⟩ kann ⟨I⟩ umgeformt werden in ⟨1⟩:

$$\langle 1\rangle \quad \Phi(z_{i(t+\lambda)}; z_{i(t+\mu)}; \lambda-\mu)$$
$$= \Phi(z_{i(t+\lambda-1)}; z_{i(t+\mu)}; \lambda-\mu-1) \cdot \varphi_{i(t+\lambda);\, i(t+\lambda-1)}$$
$$+ (1-\Phi(z_{i(t+\lambda-1)}; \neg z_{i(t+\mu)}; \lambda-\mu-1)) \cdot \varphi_{i(t+\lambda);\, \neg i(t+\lambda-1)}$$

Gemäß ⟨III⟩ sind $\varphi_{i(t+\lambda);\, i(t+\lambda-1)}$ und $\varphi_{i(t+\lambda);\, \neg i(t+\lambda-1)}$ größer als null. Weil fernerhin

$$\Phi(z_{i(t+\lambda-1)}; z_{i(t+\mu)}; \lambda-\mu-1) \text{ und } 1-\Phi(z_{i(t+\lambda-1)}; z_{i(t+\mu)}; \lambda-\mu-1)$$

nicht zugleich gleich null sein können, folgt daraus insgesamt, dass die Summe ⟨1⟩ größer als null ist, also:

$$\langle 2\rangle \quad \Phi(z_{i(t+\lambda)}; z_{i(t+\mu)}; \lambda-\mu) > 0.$$

Weil für alle $0 \leq \mu < \lambda$ ein letztes Glied der Kausalkette ›ausgeklammert‹ werden kann, folgt aus ⟨2⟩, wie eingangs bezeichnet, dass $\Phi(z_{i(t+\lambda)}; z_{i(t+\mu)}; \lambda-\mu) > 0$ für alle $0 \leq \mu < \lambda$ ist.[408]

408 Im Sonderfall $\mu = 0$ folgt daraus $\Phi(z_{i(t+\lambda)}; z_{i(t)}; \lambda) > 0$.

V. Beispiel eines ›schwach‹ deterministischen Modells[409]

Für ein System $\Sigma_4 = (\zeta_4; \gamma_4)$ mit $\zeta_4 = \{z_0; z_1; z_2; z_3\}$ weise das Sukzessionsgesetz γ_4 dem Zustandsraum die folgende Übergangsmatrix Γ_4 zu:

$$\Gamma_4 = \begin{bmatrix} 0 & 0 & 0 & 1 \\ 1/2 & 0 & 0 & 0 \\ 1/2 & 0 & 0 & 0 \\ 0 & 1 & 1 & 0 \end{bmatrix}$$

Aus Γ_4 ergibt sich durch Multiplizieren der Matrix mit sich selbst[410]:

$$(\Gamma_4)^2 = \begin{bmatrix} 0 & 1 & 1 & 0 \\ 0 & 0 & 0 & 1/2 \\ 0 & 0 & 0 & 1/2 \\ 1 & 0 & 0 & 0 \end{bmatrix}$$

Aus $(\Gamma_4)^2$ resultiert $\Phi(z_3; z_0; 2) = 1$, d.h. der Übergang von z_0 nach z_3 ist gewiss, obwohl ausgehend von $z(t) = z_0$ wegen $\varphi_{1;0} = \varphi_{2;0}$ nicht einmal eine schwache probabilistische Prognose über $z(t+1)$ abgegeben werden kann.

409 Zu IV, 2.2 (Fn. 369 auf S. 147).

410 Vgl. dazu vorstehend Anhang III (S. 174).

VI. Durchgängigkeit der Risikoerhöhung[411]

Für Γ_3 folgt aus $\varphi_{0;1} = \varphi_{1;1} = \varphi_{2;1}$, dass $y = 1/3$ ist. Fernerhin werde x sehr klein gewählt[412], exemplarisch $x = 0{,}001$. Dann lautet Γ_3:

$$\Gamma_3 = \begin{bmatrix} 0{,}999 & 1/3 & 0 \\ 0{,}001 & 1/3 & 0 \\ 0 & 1/3 & 1 \end{bmatrix}$$

Aus Γ_3 folgen[413] $(\Gamma_3)^2$ und $(\Gamma_3)^4$:

$$(\Gamma_3)^2 = \begin{bmatrix} 0{,}9983 & 0{,}4441 & 0 \\ 0{,}0013 & 0{,}1114 & 0 \\ 0{,}0003 & 0{,}4444 & 1 \end{bmatrix}$$

$$(\Gamma_3)^4 = \begin{bmatrix} 0{,}9973 & 0{,}4929 & 0 \\ 0{,}0015 & 0{,}0130 & 0 \\ 0{,}0013 & 0{,}4941 & 1 \end{bmatrix}$$

Durch Ablesen aus $(\Gamma_3)^2$ und $(\Gamma_3)^4$ ergibt sich

$$\Phi(z_2; z_0; 2) = 0{,}0003 < 0{,}0013 = \Phi(z_2; z_0; 4).$$

VII. Satz von der Durchgängigkeit der Determination

Gilt für eine Kausalkette, dass

$$\Phi(z_{i(t+\lambda)}; z_{i(t)}; \lambda) = 1$$

ist, so ist auch

411 Zu IV, 2.3 (S. 150).

412 Die Veranschaulichung erfolgt anhand eines numerischen Beispiels, um die Nachvollziehbarkeit zu erleichtern.

413 Vgl. dazu vorstehend Anhang III (S. 174).

$\Phi(z_{i(t+\lambda)}; z_{i(t+\mu)}; \lambda-\mu) = 1$ für alle $0 \leq \mu < \lambda$.

Dies bedeutet, dass bei einem deterministischen Kausalverlauf der Eintritt des Erfolgs zu jeden Zeitpunkt des Geschehens gleichermaßen gewiss ist. Die Determination ist daher dem Sprachgebrauch aus Definition ⟨4⟩ folgend als ›durchgängig‹ zu bezeichnen.

Dies begründet sich wie folgt: Vorausgesetzt werden können ⟨I⟩, ⟨II⟩ und ⟨III⟩.

⟨I⟩ $\Phi(z_k; z_i; \lambda)$
$= \Phi(z_j; z_i; \mu) \cdot \Phi(z_k; z_j; \lambda-\mu) + \Phi(\neg z_j; z_i; \mu) \cdot \Phi(z_k; \neg z_j; \lambda-\mu)$.

Gleichung ⟨I⟩ sagt aus, dass der Weg von einem Ausgangszustand $z(t) = z_i$ zum Zielzustand $z(t+\lambda) = z_k$ entweder über den Zwischenzustand $z(t+\mu) = z_j$ führt (erster Summand) oder über einen von z_j verschiedenen Zwischenzustand $z(t+\mu) = \neg z_j$ (zweiter Summand).

⟨II⟩ $\Phi(\neg z_j; z_i; \mu) = 1 - \Phi(z_j; z_i; \mu)$.

Gleichung ⟨II⟩ folgt aus dem allgemeinem Satz der Stochastik[414], dass $P(\neg A) = 1 - P(A)$ ist.

⟨III⟩ $\Phi(z_k; z_i; \lambda) = 1$.

Gleichung ⟨III⟩ entspricht der Prämisse $\Phi(z_{i(t+\lambda)}; z_{i(t)}; \lambda) = 1$.
Gemäß ⟨II⟩ kann ⟨I⟩ umgeformt werden in ⟨1⟩:

⟨1⟩ $\Phi(z_k; z_i; \lambda)$
$= \Phi(z_j; z_i; \mu) \cdot \Phi(z_k; z_j; \lambda-\mu) + (1-\Phi(z_j; z_i; \mu)) \cdot \Phi(z_k; \neg z_j; \lambda-\mu)$.

Für ⟨1⟩ soll der Übersichtlichkeit wegen durch Substitution von $\Phi(z_j; z_i; \mu)$ durch das Zeichen q, von $\Phi(z_k; z_j; \lambda-\mu)$ durch das Zeichen ξ und von $\Phi(z_k; \neg z_j; \lambda-\mu)$ durch das Zeichen ξ^* kurz geschrieben werden:

⟨2⟩ $\Phi(z_k; z_i; \lambda) = q \cdot \xi + (1-q) \cdot \xi^*$.

---

414 Vgl. Sieber/Huber *Mathematische Formeln* 28.

Aus ⟨2⟩ folgt durch Umformen:

⟨3⟩ $\Phi(z_k; z_i; \lambda) = q \cdot \xi + (1-q) \cdot \xi^* = q \cdot \xi + \xi^* - q \cdot \xi^*$
$= \xi^* + q \cdot \xi - q \cdot \xi^* = \xi^* + q \cdot (\xi - \xi^*).$

Aus ⟨3⟩ resultiert gemäß ⟨III⟩:

⟨4⟩ $\xi^* + q \cdot (\xi - \xi^*) = 1.$

Im Hinblick auf ⟨4⟩ können zwei Fälle unterscheiden werden:
Entweder ist $\xi = \xi^*$ (Fall 1). Dann folgt wegen des Fortfallens des zweiten Summanden unmittelbar $\xi^* = 1$ und wegen $\xi = \xi^*$ schließlich:

⟨5⟩ $\xi = 1.$

Oder es ist $\xi \neq \xi^*$ (Fall 2). Dann geht ⟨4⟩ über in:

⟨6⟩ $\xi^* + q \cdot (\xi - \xi^*) = 1 \qquad | - \xi^*$
$q \cdot (\xi - \xi^*) = 1 - \xi^* \qquad | : (\xi - \xi^*)$
$q = \dfrac{1-\xi^*}{\xi - \xi^*}.$

Weil q eine Wahrscheinlichkeitsgröße ist, folgt aus ⟨6⟩ gemäß dem ersten Axiom der Stochastik[415], dass $0 \leq P(\mathrm{A}) \leq 1$ ist:

⟨7⟩ $0 \leq \dfrac{1-\xi^*}{\xi - \xi^*} \leq 1 \qquad | \cdot (\xi - \xi^*)$
$0 \leq 1 - \xi^* \leq \xi - \xi^* \qquad | + \xi^*$
$\xi^* \leq 1 \leq \xi.$

Aus ⟨7⟩ folgt, weil auch ξ eine Wahrscheinlichkeitsgröße ist:

⟨8⟩ $\xi^* \leq 1 \leq \xi \leq 1.$

Aus ⟨8⟩ ergibt sich unmittelbar:

⟨5⟩ $\xi = 1.$

415 Vgl. Fisz *Wahrscheinlichkeitsrechnung* 11.

Somit ist jedenfalls $\xi = 1$. Durch Resubstitution von ξ durch $\Phi(z_k; z_j; \lambda - \mu)$ in ⟨5⟩ ergibt sich zunächst $\Phi(z_k; z_j; \lambda - \mu) = 1$. Da die Zerlegung der Kausalkette in zwei Teile für alle $0 \leq \mu < \lambda$ gelingt, folgt daraus schließlich, wie eingangs bezeichnet: $\Phi(z_{i(t+\lambda)}; z_{i(t+\mu)}; \lambda - \mu) = 1$ für alle $0 \leq \mu < \lambda$.

Bibliographie

Zitiert wird, sofern nicht anders angegeben, nach der Seitenzahl, sonst nach Randnummer (Rn.) oder Abschnitt (z.B. § 5 II 1). Alle wörtlichen Zitate folgen in der Orthographie der Quelle.

Das Eingangsmotto (S. 13) stammt aus v. Liszt *Strafrechtliche Vorträge und Aufsätze*, Bd. 2 (1905), S. 39, das Schlussmotto (S. 167) aus Popper *Logik der Forschung*, S. 39.

Anmerkungen BayStGB II
– o. Hg.: Anmerkungen zum Strafgesetzbuche für das Königreich Baiern. Nach den Protocollen des königlichen geheimen Raths. Zweiter Band (1813).

Aristoteles *Metaphysik*
– Bekker, Immanuel (Hg.): Aristotelis Opera (1831) [= Berliner Akademie-Ausgabe; zit. nach Seite mit Spalte und Zeile; z.B. 1368b, 32].

Aristoteles *Technē Rhētorikē*
– Bekker, Immanuel (Hg.): Aristotelis Opera (1831) [= Berliner Akademie-Ausgabe; zit.: wie vorstehend].

Atmanspacher *Ontic and Epistemic Descriptions*
– Atmanspacher, Harald: Ontic and Epistemic Descriptions of Chaotic Systems (2000).

Baumann/Weber/Mitsch *AT*
– Baumann, Jürgen/Weber, Ulrich/Mitsch, Wolfgang: Strafrecht. Allgemeiner Teil. Lehrbuch (10. Aufl., 1995).

Berner *LB*
– Berner, Albert: Lehrbuch des Deutschen Strafrechts (18. Aufl., 1898).

Binns *Inus-Bedingung*
– Binns, Martin: Inus-Bedingung und strafrechtlicher Kausalbegriff (2001).

Birkmeyer *Ursachenbegriff*
– Birkmeyer, Karl: Ueber Ursachenbegriff und Causalzusammenhang im Strafrecht, in: Der Gerichtssaal 37 (1885), S. 257ff.

Bleich *Verhandlungen*
– Bleich, Eduard: Verhandlungen des im Jahre 1848 zusammengerufenen Vereinigten Ständischen Ausschusses. Band IV (1848).

Bortz/Lienert *Kurzgefaßte Statistik*
– Bortz, Jürgen/Lienert, Gustav: Kurzgefaßte Statistik für die klinische Forschung (1998).

Bronstein/Semendjajew *TB Mathematik*
– Bronstein, Ilja/Semendjajew, Konstantin: Taschenbuch der Mathematik (5. Aufl., 2000).

Burgstaller *Fahrlässigkeitsdelikt*
– Burgstaller, Manfred: Das Fahrlässigkeitsdelikt im Strafrecht. Unter besonderer Berücksichtigung der Praxis in Verkehrssachen (1974).

Buri *Causalität*
– v. Buri, Maximilian: Über Causalität und deren Verantwortung (1873).

Cartwright *How the Laws of Physics Lie*
– Cartwright, Nancy: How the Laws of Physics Lie (1983).

Engisch *Kausalität*
– Engisch, Karl: Die Kausalität als Merkmal der strafrechtlichen Tatbestände (1931).

Engisch *Vorsatz und Fahrlässigkeit*
– ders.: Untersuchungen über Vorsatz und Fahrlässigkeit im Strafrecht (1930).

Engisch *Weltbild*
– ders.: Vom Weltbild des Juristen (2. Aufl., 1965).

Erb *Rechtmäßiges Alternativverhalten*
– Erb, Volker: Rechtmäßiges Alternativverhalten und seine Auswirkungen auf die Erfolgszurechnung im Strafrecht. Eine systematische Darstellung unter Berücksichtigung der entsprechenden zivilrechtlichen Fragestellung (1991).

Feuerbach *LB*
– Feuerbach, Johann Paul Anselm: Lehrbuch des gemeinen in Deutschland geltenden peinlichen Rechts (1801).

Fincke *Arzneimittelprüfung*
– Fincke, Martin: Arzneimittelprüfung. Strafbare Versuchsmethoden. ›Erlaubtes‹ Risiko bei eingeplant fatalem Ausgang? (1977).

Finkelnburg *Atomphysik*
– Finkelnburg, Wolfgang: Einführung in die Atomphysik (12. Aufl., 1997).

Fisz *Wahrscheinlichkeitsrechnung*
– Fisz, Marek: Wahrscheinlichkeitsrechnung und mathematische Statistik (5. Aufl., 1970).

Frank *Kausalgesetz*
– Frank, Philipp: Das Kausalgesetz und seine Grenzen (1988).

Freund *AT*
– Freund, Georg: Strafrecht. Allgemeiner Teil: Personale Straftatlehre (1998).

Freund *Erfolgsdelikt*
– ders.: Erfolgsdelikt und Unterlassen (1992).

Goltdammer *Materialien PreußStGB*
– Goltdammer, Theodor: Die Materialien zum Straf-Gesetzbuch für die Preußischen Staaten (1851).

Gropp *AT*
– Gropp, Walter: Strafrecht. Allgemeiner Teil (1998).

Günther *Kausalität im Strafprozeß*
– Günther, Klaus: Die Feststellung der Kausalität im Strafprozeß, in: KritV 1997, S. 211ff.

Haas *Kausalität und Rechtsverletzung*
– Haas, Volker: Kausalität und Rechtsverletzung. Ein Beitrag zu den Grundlagen strafrechtlicher Erfolgshaftung am Beispiel des Abbruchs rettender Kausalverläufe (2002).

Hassemer *Produktverantwortung*
– Hassemer, Winfried: Produktverantwortung im modernen Strafrecht (1994).

Heisenberg *Naturbild*
– Heisenberg, Werner: Das Naturbild der modernen Physik (1962).

Hilgendorf *Strafrechtliche Produzentenhaftung*
– Hilgendorf, Eric: Strafrechtliche Produzentenhaftung in der ›Risikogesellschaft‹ (1993).

Honig *Kausalität und objektive Zurechnung*
– Honig, Richard: Kausalität und objektive Zurechnung, in: Festgabe für Reinhard v. Frank (1930), Bd. 1, S. 174ff.

Hoyer *Herausforderungen der traditionellen Strafrechtsdogmatik*
– Hoyer, Andreas: Die traditionelle Strafrechtsdogmatik vor neuen Herausforderungen: Probleme der strafrechtlichen Produkthaftung, in: GA 1996, S. 160ff.

Isaac *De vulnerum lethalitate*
– Isaac, Johannes Capsar: Dissertatio inauguralis chirurgo-medico. De vulnerum lethalitate (1703).

Jakobs *AT*
– Jakobs, Günther: Strafrecht. Allgemeiner Teil. Die Grundlagen der Zurechnungslehre (2. Aufl., 1991).

Jescheck/Weigend *AT*
– Jescheck, Hans-Heinrich/Weigend, Thomas: Lehrbuch des Strafrechts. Allgemeiner Teil (5. Aufl., 1996).

Jordan *Placebokontrollierte Therapiestudien*
– Jordan, Adolf: Zur strafrechtlichen Zulässigkeit placebokontrollierter Therapiestudien (1988).

Kahrs *Vermeidbarkeitsprinzip*
– Kahrs, Hans-Jürgen: Das Vermeidbarkeitsprinzip und die condicio-sine-qua-non-Formel im Strafrecht (1968).

Kaufmann *Tatbestandsmäßigkeit und Verursachung*
– Kaufmann, Armin: Tatbestandsmäßigkeit und Verursachung im Conterganverfahren, in: JZ 1971, S. 569ff.

Keil *Handeln und Verursachen*
– Keil, Geert: Handeln und Verursachen (2000).

Kelsen *Hauptprobleme*
– Kelsen, Hans: Hauptprobleme der Staatsrechtslehre (2. Aufl., 1923).

KK
– Pfeiffer, Gerd (Hg.): Karlsruher Kommentar zur Strafprozessordnung und zum Gerichtsverfassungsgesetz mit Einführungsgesetz (5. Aufl., 2003).

Kleinknecht
– Kleinknecht, Theodor (Bg.): Strafprozessordnung. Gerichtsverfassungsgesetz, Nebengesetze und ergänzende Bestimmungen (46. Aufl., 2002).

Kluge *Etymologisches Wörterbuch*
– Kluge, Friedrich: Etymologisches Wörterbuch der deutschen Sprache (23. Aufl., 1999).

Koch *Kausalität*
– Koch, Günter: Kausalität, Determinismus und Zufall in der wissenschaftlichen Naturbeschreibung (1994).

Koller *Statistische Ursachenforschung*
– Koller, S.: Mögliche Aussagen bei Fragen der statistischen Ursachenforschung, in: Metrika 17 (1970), S. 30ff.

Koriath *Grundlagen strafrechtlicher Zurechnung*
– Koriath, Heinz: Grundlagen strafrechtlicher Zurechnung (1994).

Kress *Carolina*
– Kress[ius], Johannes Paul: Commentatio Svccinata in Constitutionem Criminalem Caroli V. Imperatoris (1744).

Kries *Wahrscheinlichkeit*
– v. Kries, Johannes: Über die Begriffe der Wahrscheinlichkeit und Möglichkeit und ihre Bedeutung im Strafrechte, in: ZStW 9 (1889), S. 528ff.

Kühl *AT*
– Kühl, Kristian: Strafrecht. Allgemeiner Teil (4. Aufl., 2002).

Kuhlen *Strafrechtliche Produkthaftung*
– Kuhlen, Lothar: Fragen einer strafrechtlichen Produkthaftung (1989).

Kuhn *Struktur wissenschaftlicher Revolutionen*
– Kuhn, Thomas: Die Struktur wissenschaftlicher Revolutionen (2. Aufl., 1976).

L/R
– Rieß, Peter (Hg.): Löwe-Rosenberg. Die Strafprozessordnung und das Gerichtsverfassungsgesetz. Großkommentar (sofern nicht anders vermerkt 25. Aufl., 2003).

Lackner
– Lackner, Karl/Kühl, Kristian: Strafgesetzbuch mit Erläuterungen (24. Aufl., 2001).

Lampe *Fahrlässigkeitsdelikte*
– Lampe, Ernst-Joachim: Tat und Unrecht der Fahrlässigkeitsdelikte, in: ZStW 101(1989), S. 3ff.

Larenz *Hegels Zurechnungslehre*
– Larenz, Karl: Hegels Zurechnungslehre und der Begriff der objektiven Zurechnung (1927).

Leiber *Kausalität*
– Leiber, Theodor: Kosmos, Kausalität und Chaos. Naturphilosophische, erkenntnistheoretische und erkenntniswissenschaftliche Perspektiven (1996).

Lexicon Totius Latinitatis
– Forcellini, Aegidio (Bg.)/Furlanetto, Joseph (Bg.)/Lorrandini, Francisco: Lexicon Totius Latinitiatis (1965).

Liszt *LB*
– v. Liszt, Franz: Lehrbuch des Deutschen Strafrechts (7. Aufl, 1896).

Liszt *Reichsstrafrecht*
– ders.: Das Deutsche Reichsstrafrecht (1881).

Loening *Zurechnungslehre*
– Loening, Richard: Geschichte der strafrechtlichen Zurechnungslehre. Erster [einziger] Band. Die Zurechnungslehre des Aristoteles (1903).

Lück *Geschichte der Psychologie*
– Lück, Helmut: Geschichte der Psychologie (2. Aufl., 1996).

Mackie *Causes and Conditions*
– Mackie, John: Causes and Conditions, in: American Philosophical Quarterly Vol. 2 (1965), S. 245ff.

Maiwald *Funktion der objektiven Zurechnung*
– Maiwald, Manfred: Zur strafrechtssystematischen Funktion des Begriffs der objektiven Zurechnung, in: Festschrift für Koichi Miyazawa (1995), S. 465ff.

Maiwald *Kausalität und Strafrecht*
– ders.: Kausalität und Strafrecht (1980).

Maunz/Dürig
– Maunz, Theodor/Dürig, Günter (Bg.): Grundgesetz (42. Liefg., 2002).

Maurach/Zipf *AT I*
– Maurach, Reinhart/Zipf, Heinz: Strafrecht. Allgemeiner Teil. Teil 1. Grundlehren des Strafrechts und Aufbau der Straftat (8. Aufl., 1992).

Meurer *Arzneimittel in der modernen Gesellschaft*
– Meurer, Dieter: Arzneimittel in der modernen Gesellschaft. Hilfe oder Risiko für den Patienten? (1985).

MPhL
– Prechtl, Peter/Burkard; Franz-Peter (Hg.): Metzler-Philosophie-Lexikon (2. Aufl., 1999).

Mummenhoff *Beweis der Kausalität*
– Mummenhoff, Winfried: Erfahrungssätze im Beweis der Kausalität (1997).

NK
– Neumann, Ulfrid/Puppe, Ingeborg/Schild, Wolfgang (Hg.): Nomos Kommentar zum Strafgesetzbuch (13. Liefg., 2003).

Otto *Risikoerhöhungsprinzip*
– Otto, Harro: Risikoerhöhungsprinzip statt Kausalitätsgrundsatz als Zurechnungskriterium bei den Erfolgsdelikten, in: NJW 1980, S. 417ff.

Planck *Determinismus oder Indeterminismus*
– Planck, Max: Determinismus oder Indeterminismus (1938).

Popper *Logik der Forschung*
– Popper, Karl: Logik der Forschung (10. Aufl., 1994).

Popper *Objektive Erkenntnis*
– ders.: Objektive Erkenntnis. Ein evolutionärer Entwurf (4. Aufl., 1998).

Puppe *Brauchen wir eine Risikoerhöhungstheorie?*
– Puppe, Ingeborg: Brauchen wir eine Risikoerhöhungstheorie? in: Festschrift für Claus Roxin (2001), S. 287ff.

Puppe *Erfolgszurechnung im Strafrecht*
– dies.: Die Erfolgszurechnung im Strafrecht: dargestellt an Beispielen aus der höchstrichterlichen Rechtsprechung (2000).

Puppe *Zurechnung und Wahrscheinlichkeit*
– dies.: Zurechnung und Wahrscheinlichkeit. Zur Analyse des Risikoerhöhungsprinzips, in: ZStW 95 (1983), S. 287ff.

Reinach *Ursachenbegriff*
– Reinach, Adolf: Über den Ursachenbegriff im geltenden Strafrecht, in: Schumann, Karl/ Smith, Barry (Hg.), Sämtliche Werke. Textkritische Ausgabe in zwei Bänden, Bd. 1 (1989).

Renzikowski *Täterbegriff*
– Renzikowski, Joachim: Restriktiver Täterbegriff und fahrlässige Beteiligung (1997)

Riedl *Biologie des Ursachen-Denkens*
– Riedl, Rupert: Über die Biologie des Ursachen-Denkens – ein evolutionistischer, systemtheoretischer Versuch, in: Mannheimer Forum 1978/1979, S. 12ff.

Rolinski *Statistische Kausalität*
– Rolinski, Klaus: ›Statistische Kausalität‹ im Strafrecht? in: Festschrift für Koichi Miyazawa (1995), 483ff.

Roxin *AT/1*
– Roxin, Claus: Strafrecht. Allgemeiner Teil. Band 1. Grundlagen. Der Aufbau der Unrechtslehre (3. Aufl., 1997).

Roxin *Pflichtwidrigkeit und Erfolg*
– ders.: Pflichtwidrigkeit und Erfolg bei fahrlässigen Delikten, in: ZStW 74 (1962), S. 411ff.

Rümelin *Causalbegriffe*
– Rümelin, Max: Die Verwendung der Causalbegriffe in Straf- und Civilrecht, in: AcP 90 (1900), S. 171ff.

Rüping *Strafrechtsgeschichte*
– Rüping, Hinrich: Grundriß der Strafrechtsgeschichte (3. Aufl., 1998).

Russell *On the Notion of cause*
– Russell, Betrand: On the Notion of cause, in: Proceedings of the Aristotelian Society. New Series Vol. 13 (1913), S. 1ff.

Salmon *Probabilistic Causality*
– Salmon, Wesley: Probabilistic Causality, in: Pacific Philosophical Quarterly Vol. 61 (1980), S. 50ff.

Samson *Erfolgszurechnung und Risiko*
– Samson, Erich: Erfolgszurechnung und Risiko. Kritische Anfragen an die Lehre von der objektiven Zurechnung, in: Festschrift für Klaus Lüderssen (2002), S. 587ff.

Samson *Strafbarkeit der klinischen Arzneimittelprüfung*
– ders.: Zur Strafbarkeit der klinischen Arzneimittelprüfung, in: NJW 1978, S. 1182ff.

Sieber/Huber *Mathematische Formeln*
– Sieber, Helmut/Huber, Leopold: Mathematische Begriffe und Formeln (1991).

SK
– Rudolphi, Hans Joachim/Horn, Eckard/Samson, Erich/Günther, Hans-Ludwig/Hoyer, Andreas/Wolters, Gereon: Systematischer Kommenbtar zum Strafgesetzbuch (38. Liefg., 2003).

Suppes *Probabilistic Theory of Causality*
– Suppes, Patrick: A Probabilistic Theory of Causality (1970).

Sch/Sch
– Schönke, Adolf/Schröder, Horst (Bg.): *Strafgesetzbuch. Kommentar* (26. Aufl., 2001).

Schaffstein *Gefahrurteil*
– Schaffstein, Friedrich: Der Maßstab des Gefahrurteils beim rechtfertigenden Notstand, in: Festschrift für Hans-Jürgen Bruns (1978), S. 89ff.

Schaffstein *Gemeinrechtliche Verbrechenslehren*
– ders.: Die Allgemeinen Lehren vom Verbrechen in ihrer Entwicklung durch die Wissenschaft des gemeinen Strafrechts (1973).

Schmidhäuser *AT*
– Schmidhäuser, Eberhard: Strafrecht. Allgemeiner Teil (2. Aufl., 1970).

Schulz *Kausalität und strafrechtliche Produkthaftung*
– Schulz, Lorenz: Kausalität und strafrechtliche Produkthaftung. Materiell- und prozeßrechtliche Aspekte, in: Lübbe, Weyma (Hg.): Kausalität und Zurechnung: über Verantwortung in komplexen kulturellen Prozessen (1994), S. 55ff.

Schünemann *Einführung*
– Schünemann, Bernd: Einführung in das strafrechtliche Systemdenken, in: ders. (Hg.): Grundfragen des modernen Strafrechtssystems (1984).

Schünemann *Objektive Zurechnung*
– ders.: Über die objektive Zurechnung, in: GA 1999, S. 207ff.

Schwarze *StGB Norddt. Bund*
– v. Schwarze, Friedrich: Das Strafgesetzbuch für den Norddeutschen Bund vom 31. Mai 1870 (1870).

Staudinger
– Gursky, Karl Heinz (Red.): J. von Staudingers Kommentar zum Bürgerlichen Gesetzbuch mit Einführungsgesetz und Nebengesetzen (2002).

Stegmüller *Kausalität*
– Stegmüller, Wolfgang: Das Problem der Kausalität (1960).

Stegmüller *Wissenschaftstheorie I*
– ders.: Probleme und Resultate der Wissenschaftstheorie und Analytischen Philosophie 1. Bd (2. Aufl., 1983).

Stratenwerth *AT*
– Stratenwerth, Günther: Strafrecht. Allgemeiner Teil. Die Straftat (4. Aufl., 2000).

Stratenwerth *Bemerkungen zum Prinzip der Risikoerhöhung*
– ders.: Bemerkungen zum Prinzip der Risikoerhöhung, in: Festschrift für Willhelm Gallas (1973), S. 227ff.

Struck *Gesetz in Natur- und Rechtswissenschaft*
– Struck, Gerhard: Gesetz und Chaos in Naturwissenschaft und Rechtswissenschaft, in: JuS 1993, S. 992ff.

Tiedemann *Statistische Kausalität und Opfer-Wahlfeststellung*
– Tiedemann, Klaus und Inge: Zur strafrechtlichen Bedeutung des sogenannten kontrollierten Versuchs bei der klinischen Arzneimittelprüfung. Zugleich ein Beitrag zur statistischen Kausalität und Opfer-Wahlfeststellung, in: Festschrift für Rudolf Schmitt (1992), S. 139ff.

Utts *Statistics*
– Utts, Jessica: The Significance of Statitics in Mind-Matter Resaerch, in: Journal of Scientific Exploration Vol.13 (1999), S. 615ff.

Wahrig *Deutsches Wörterbuch*
– Wahrig, Gerhard: Deutsches Wörterbuch (2000).

Weber *Kausalitätsbeweis*
– Weber, Helmut: Der Kausalitätsbeweis im Zivilprozeß: Kausalität – Beweiswürdigung und Beweismaß – Beweiserleichterungen vornehmlich im Blick auf den Schadensersatzprozeß wegen unerlaubter Handlungen (1997).

Welzel *Fahrlässigkeit*
– Welzel, Hans: Fahrlässigkeit und Verkehrsdelikte (1961).

Welzel *LB*
– ders.: Das Deutsche Strafrecht (11. Aufl., 1969).

Wessels/Beulke *AT*
– Wessels, Johannes/Beulke, Werner: Strafrecht. Allgemeiner Teil (32. Aufl., 2002).

Westermann *Wissenschaftstheorie*
– Westermann, Rainer: Wissenschaftstheorie und Experimentalmethodik (2000).

Wittkau-Horgby *Materialismus*
– Wittkau-Horgby, Annette: Materialismus. Entstehung und Wirkung in den Wissenschaften des 19. Jahrhunderts (1998).

Zielinski *Unrechtsbegriff*
– Zielinski, Diethart: Handlungs- und Erfolgsunwert im Unrechtsbegriff. Untersuchungen zur Struktur von Unrechtsbegründung und Unrechtsausschluß (1973).

FRANKFURTER KRIMINALWISSENSCHAFTLICHE STUDIEN

Band 1 Peter Böning: Die Lehre vom Unrechtsbewußtsein in der Rechtsphilosophie Hegels 100 S., 1978.

Band 2 Wolfgang Schneider: Kriminelle Straßenverkehrsgefährdung (§ 315c Abs. 1 Ziff. 2, Abs. 3 StGB). Eine kriminologische und strafrechtliche Untersuchung zur Problematik dieser Verkehrsstraftaten unter Berücksichtigung ausländischer Rechte. 342 S., 1978.

Band 3 Lothar Kuhlen: Die Objektivität von Rechtsnormen. Zur Kritik des radikalen labeling approach in der Kriminalsoziologie. 178 S., 1978.

Band 4 Günther Grewe: Straßenverkehrsdelinquenz und Marginalität. Untersuchungen zur institutionellen Regelung von Verhalten. 148 S., 1978.

Band 5 Dieter Haberstroh: Strafverfahren und Resozialisierung. Eine Studie über Verstehen und Nicht-Verstehen, über Verstanden-Werden und Nicht-Verstanden-Werden und deren Bedingungen in der Hauptverhandlung. 202 S., 1979.

Band 6 Thomas Vogt: Die Forderungen der psychoanalytischen Schulrichtungen für die Interpretation der Merkmale der Schuldunfähigkeit und der verminderten Schuldfähigkeit (§§ 51 a.F., 20, 21 StGB). 182 S., 1979.

Band 7 Andreas Michael: Der Grundsatz in dubio pro reo im Strafverfahrensrecht. Zugleich ein Beitrag über das Verhältnis von materiellem Recht und Prozeßrecht. 214 S., 1981.

Band 8 Ilias G. Anagnostopoulos: Haftgründe der Tatschwere und der Wiederholungsgefahr (§§ 112 Abs. 3, 112 a StPO). Kriminalpolitische und rechtssystematische Aspekte der Ausweitung des Haftrechts. 1984.

Band 9 Helga Müller: Der Begriff der Generalprävention im 19. Jahrhundert. Von P.J.A. Feuerbach bis Franz v. Liszt. 1984.

Band 10 Frowin Jörg Kurth: Das Mitverschulden des Opfers beim Betrug. 1984.

Band 11 Martin J. Worms: Die Bekenntnisbeschimpfung im Sinne des § 166 Abs. 1 StGB und die Lehre vom Rechtsgut. 1984.

Band 12 Jong-Dae Bae: Der Grundsatz der Verhältnismäßigkeit im Maßregelrecht des StGB. 1985.

Band 13 Helmut Fünfsinn: Der Aufbau des fahrlässigen Verletzungsdelikts durch Unterlassen im Strafrecht. 1985.

Band 14 Christoph Krehl: Die Ermittlung der Tatsachengrundlage zur Bemessung der Tagessatzhöhe bei der Geldstrafe. 1985.

Band 15 Walter-Hermann Kiehl: Strafrechtliche Toleranz wechselseitiger Ehrverletzungen - Zur ratio legis der §§ 199, 233 Strafgesetzbuch -. 1986.

Band 16 Matthias Krahl: Die Rechtsprechung des Bundesverfassungsgerichts und des Bundesgerichtshof zum Bestimmtheitsgrundsatz im Strafrecht (Art. 103 Abs. 2 GG). 1986.

Band 17 Patrick Carroll Campbell: § 220a StGB. Der richtige Weg zur Verhütung und Bestrafung von Genozid? 1986.

Band 18 Winfried Hassemer (Hrsg.): Strafrechtspolitik. Bedingungen der Strafrechtsreform. 1987.

Band 19 Felix Herzog: Prävention des Unrechts oder Manifestation des Rechts. Bausteine zur Überwindung des heteronom-präventiven Denkens in der Strafrechtstheorie der Moderne. 1987.

Band 20 Astrid Michalke-Detmering: Die Mindestanforderungen an die rechtliche Begründung des erstinstanzlichen Strafurteils. Zur Auslegung des § 267 StPO. 1987.

Band 21 Lothar Kuhlen: Die Unterscheidung von vorsatzausschließendem und nichtvorsatzausschließendem Irrtum. 1987.

Band 22 Michael Buttel: Kritik der Figur des Aufklärungsgehilfen im Betäubungsmittelstrafrecht (§ 31 BtMG). 1988.

Band 23 Matthias Kögler: Die zeitliche Unbestimmtheit freiheitsentziehender Sanktionen des Strafrechts. Eine vergleichende Untersuchung zur Rechtslage und Strafvollstreckungspraxis in der Bundesrepublik Deutschland und den USA. 1988.

Band 24 Klaus Lüderssen/Cornelius Nestler-Tremel/Ewa Weigend(Hrsg.): Modernes Strafrecht und ultima-ratio-Prinzip. 1990.

Band 25 Jürgen Taschke: Die behördliche Zurückhaltung von Beweismitteln im Strafprozeß. 1989.

Band 26 Daniela Westphalen: Karl Binding (1841-1920). Materialien zur Biographie eines Strafrechtsgelehrten. 1989.

Band 27 Sigrid Jans: Die Aushöhlung des Klageerzwingungsverfahrens. 1990.

Band 28 Dimitris Spirakos: Folter als Problem des Strafrechts. Kriminologische, kriminalsoziologische und (straf-)rechtsdogmatische Aspekte unter besonderer Berücksichtigung der Folterschutzkonvention und der Pönalisierung der Folter in Griechenland. 1990.

Band 29 Stephan Moll: Strafrechtliche Aspekte der Behandlung Opiatabhängiger mit Methadon und Codein. 1990.

Band 30 Stefan Werner: Wirtschaftsordnung und Wirtschaftsstrafrecht im Nationalsozialismus. 1991.

Band 31 Xanthi Bassakou: Beiträge zur Analyse und Reform des Absehens von Strafe nach § 60 StGB. 1991.

Band 32 Rainer Runte: Die Veränderung von Rechtfertigungsgründen durch Rechtsprechung und Lehre. Moderne Strafrechtsdogmatik zwischen Rechtsstaatsprinzip und Kriminalpolitik. 1991.

Band 33 Olaf Hohmann: Das Rechtsgut der Umweltdelikte. Grenzen des strafrechtlichen Umweltschutzes. 1991.

Band 34 Klaus Jochen Müller: Das Strafbefehlsverfahren (§§ 407 ff. StPO). Eine dogmatisch-kriminalpolitische Studie zu dieser Form des schriftlichen Verfahrens unter besonderer Berücksichtigung der geschichtlichen Entwicklung – zugleich ein Beitrag zum StVÄG 1987. 1993

Band 35 Sang-Don Yi: Wortlautgrenze, Intersubjektivität und Kontexteinbettung. Das strafrechtliche Analogieverbot. 1991.

Band 36 Birgit Malsack: Die Stellung der Verteidigung im reformierten Strafprozeß. Eine rechtshistorische Studie anhand der Schriften von C. J. A. Mittermaier. 1992.

Band 37 Rüdiger Schäfer: Die Privilegierung des "freiwillig-positiven" Verhaltens des Delinquenten nach formell vollendeter Straftat. Zugleich ein Beitrag zum Grundgedanken des Rücktritts vom Versuch und zu den Straftheorien. 1992.

Band 38 Cornelius Nestler-Tremel: AIDS und Strafzumessung. 1992.

Band 39 Christine Gutmann: Freiwilligkeit und (Sozio-)Therapie – notwendige Verknüpfung oder Widerspruch? 1993.

Band 40 Walter Kargl: Der strafrechtliche Vorsatz auf der Basis der kognitiven Handlungstheorie. 1993.

Band 41 Jürgen Rath: Zur strafrechtlichen Behandlung der aberratio ictus und des error in objecto des Täters. 1993.

Band 42 Martin Fischer: Wille und Wirksamkeit. Eine Untersuchung zum Problem des *dolus alternativus.* 1993.

Band 43 Regina Harzer: Der Naturzustand als Denkfigur moderner praktischer Vernunft. Zugleich ein Beitrag zur Staats- und Rechtsphilosophie von Hobbes und Kant. 1994.

Band 44 Helmut Pollähne: Lockerungen im Maßregelvollzug. Eine Untersuchung am Beispiel der Anwendung des nordrhein-westfälischen Maßregelvollzugsgesetzes im Westfälischen Zentrum für Forensische Psychiatrie (Lippstadt). 1994.

Band 45 Hans-Joachim Leonhardt: Rechtsmittelermessen der Staatsanwaltschaft. Eine Gegenüberstellung von § 296 StPO mit Nummern 147 und 148 Richtlinien für das Strafverfahren und das Bußgeldverfahren (RiStBV). 1994.

Band 46 Rolf Grünebaum: Zur Strafbarkeit des Therapeuten im Maßregelvollzug bei fehlgeschlagenen Lockerungen. 1996.

Band 47 Barbara Bialas: Promille-Grenzen, Vorsatz und Fahrlässigkeit. 1996.

Band 48 Christine Pott: Die Außerkraftsetzung der Legalität durch das Opportunitätsdenken in den Vorschriften der §§ 154, 154a StPO. Zugleich ein Beitrag zu einer kritischen Strafverfahrensrechtstheorie. 1996.

Band 49 Wolfgang Köberer: *Iudex non calculat.* Über die Unmöglichkeit, Strafzumessung sozialwissenschaftlich-mathematisch zu rationalisieren. 1996.

Band 50 Institut für Kriminalwissenschaften Frankfurt a.M. (Hrsg.): Vom unmöglichen Zustand des Strafrechts. 1995.

Band 51 Petra Kamberger: Treu und Glauben (§ 242 BGB) als Garantenstellung im Strafrecht? 1996.

Band 52 Anastassios Triantafyllou: Das Delikt der gefährlichen Körperverletzung (§ 223a StGB) als Gefährdungsdelikt. (Zugleich ein Beitrag zur Dogmatik der Gefährdungsdelikte). 1996.

Band 53 Norbert Kissel: Aufrufe zum Ungehorsam und § 111 StGB. Grundrechtlicher Einfluß bei der Feststellung strafbaren Unrechts. 1996.

Band 54 Susanne Ehret: Franz von Liszt und das Gesetzlichkeitsprinzip. Zugleich ein Beitrag wider die Gleichsetzung von Magna-charta-Formel und Nullum-crimen-Grundsatz. 1996.

Band 55 Stefan Braum: Geschichte der Revision im Strafverfahren von 1877 bis zur Gegenwart. Zugleich eine Kritik der Kontinuität politischer Macht im Recht. 1996.

Band 56 Katja Diel: Das Regreßverbot als allgemeine Tatbestandsgrenze im Strafrecht. 1997.

Band 57 Christoph Koller: Die Staatsanwaltschaft – Organ der Judikative oder Exekutivbehörde? Die Stellung der Anklagebehörde und die Gewaltenteilung des Grundgesetzes. 1997.

Band 58 Frank Schößler: Anerkennung und Beleidigung. Rechtsgut und Strafzweck des § 185 StGB. 1997.

Band 59 Regina Engelstädter: Der Begriff des Unfallbeteiligten in § 142 Abs. 4 StGB. Zugleich eine Kritik an aktuellen Zurechnungslehren. 1997.

Band 60 Jörg Reinhardt: Der Ausschluß und die Ablehnung des befangen erscheinenden Staatsanwaltes. 1997.

Band 61 Jens Christian Müller-Tuckfeld: Integrationsprävention. Studien zu einer Theorie der gesellschaftlichen Funktion des Strafrechts. 1998.

Band 62 Peter Maria Rohe: Verdeckte Informationsgewinnung mit technischen Hilfsmitteln zur Bekämpfung der Organisierten Kriminalität. Zugleich eine rechtsvergleichende Analyse der polizeilichen Abhörbefugnisse in den U.S.A. 1998.

Band 63 Dirk Fabricius: Was ein Lehrbuch lehrt ... Eine exemplarische Untersuchung von Jakobs *Strafrecht – Allgemeiner Teil*. 1998.

Band 64 Stefan Sinner: Der Vertragsgedanke im Strafprozeßrecht. 1999.

Band 65 Sebastian Schattenfroh: Die Staatsphilosophie Giovanni Gentiles und die Versuche ihrer Verwirklichung im faschistischen Italien. 1999.

Band 66 Athanassia Dionyssopoulou: Der Tatbestand der Geldwäsche. Eine Analyse der dogmatischen Grundlagen des § 261 StGB. 1999.

Band 67 Klaus von Lampe: *Organized Crime*. Begriff und Theorie organisierter Kriminalität in den USA. 1999.

Band 68 Christian Hanssen: "Trennung der Märkte". Rechtsdogmatische und rechtspolitische Probleme einer Liberalisierung des Drogenstrafrechts. 1999.

Band 69 Institut für Kriminalwissenschaften und Rechtsphilosophie Frankfurt a.M. (Hrsg.): Irrwege der Strafgesetzgebung. 1999.

Band 70 Konstantinos Chatzikostas: Die Disponibilität des Rechtsgutes Leben in ihrer Bedeutung für die Probleme von Suizid und Euthanasie. 2000.

Band 71 Bettina Wirmer-Donos: Die Strafrechtstheorie Karl Christian Friedrich Krauses als theoretische Grundlage des spanischen Korrektionalismus. 2001.

Band 72 Christine Löw: Die Erkundigungspflicht beim Verbotsirrtum nach § 17 StGB. 2001.

Band 73 Florian Ufer: Der Verwertungswiderspruch in Theorie und Praxis. Prozessuale Obliegenheiten des Verteidigers und ihre Bedeutung für die Rechtsposition des Beschuldigten. 2002.

Band 74 Katja Melzer: Psychisch kranke Straftäterinnen. Frauen im Maßregelvollzug. 2001.

Band 75 Gregor Kuntze-Kaufhold: Lebenswelt und Unparteilichkeit. Kriterien für eine Rechtsanwendungslehre am Beispiel der Analyse von fünf Hauptverhandlungen in Strafverfahren. 2002.

Band 76 Iris Kristina Passek: Die erstinstanzliche Zuständigkeit der Oberlandesgerichte in Staatsschutzstrafsachen. Historische Entwicklung und aktuelle Probleme. 2002.

Band 77 Michael Krebs: Die Weisungsgebundenheit des Staatsanwalts unter besonderer Berücksichtigung des rechtstatsächlichen Aspekts. 2002.

Band 78 Kerstin Degenhardt: Europol und Strafprozeß. Die Europäisierung des Ermittlungsverfahrens. 2003.

Band 79 Domenico Siciliano: Das Leben des fliehenden Diebes: Ein strafrechtliches Politikum. 2003.

Band 80 Marc Colussi: Produzentenkriminalität und strafrechtliche Verantwortung. 2003.

Band 81 Thilo Lars Hild: Grenzen einer strafrechtlichen Regulierung des Kapitalmarktes. Eine kriminalrechtliche Untersuchung von Börsengängen und Aktienhandel in Deutschland und den USA. 2004.

Band 82 Philipp Rau: Schweigen als Indiz der Schuld. Ein Vergleich des deutschen und englischen Rechts zur Würdigung des Schweigens des Beschuldigten. 2004.

Band 83 Alexandra Pfeiffer: Die Regelung der Lebendorganspende im Transplantationsgesetz. 2004.

Band 84 Elena Fischer: Recht auf Sterben?! Ein Beitrag zur Reformdiskussion der Sterbehilfe in Deutschland unter besonderer Berücksichtigung der Frage nach der Übertragbarkeit des Holländischen Modells der Sterbehilfe in das deutsche Recht. 2004.

Band 85 Jörg Ziethen: Grundlagen probabilistischer Zurechnung im Strafrecht. 2004.

www.peterlang.de

Kolibri 360 GmbH
Ferdinand-Jühlke-Straße 7
99095 Erfurt, Deutschland
produktsicherheit@kolibri360.de

Druck:
CPI Druckdienstleistungen GmbH
im Auftrag der
Kolibri 360 GmbH
Ferdinand-Jühlke-Str. 7
99095 Erfurt